呢

地势坤，君子以厚德载物。

贾志刚 著

说春秋

天下大乱

History Stories on Spring and Autumn Period

4

Great Disorder under Heaven

花山文艺出版社
河北·石家庄

图书在版编目（CIP）数据

说春秋.4,天下大乱/贾志刚著.— 石家庄：花山文艺出版社,2024.4
ISBN 978-7-5511-6991-2

Ⅰ.①说… Ⅱ.①贾… Ⅲ.①中国历史—春秋时代—通俗读物 Ⅳ.① K225.09

中国国家版本馆 CIP 数据核字（2024）第 007371 号

书　　名：	说春秋 4——天下大乱
	Shuo Chunqiu4 Tianxia Daluan
著　　者：	贾志刚
责任编辑：	董　舸
责任校对：	李天璐
产品经理：	董懿德
装帧设计：	人马艺术设计·储平
美术编辑：	王爱芹
出版发行：	花山文艺出版社（邮政编码：050061）
	（河北省石家庄市友谊北大街 330 号）
销售热线：	0311-88643221/34/48
印　　刷：	北京世纪恒宇印刷有限公司
经　　销：	新华书店
开　　本：	700 毫米 ×1000 毫米　1/16
印　　张：	25
字　　数：	333 千字
版　　次：	2024 年 4 月第 1 版
	2024 年 4 月第 1 次印刷
书　　号：	ISBN 978-7-5511-6991-2
定　　价：	58.00 元

（版权所有　翻印必究·印装有误　负责调换）

目录

第一二一章	红甲将军	3
第一二二章	郤家的覆灭	13
第一二三章	下手要果断	23
第一二四章	别忽悠小孩	33
第一二五章	臧文仲的策略	42
第一二六章	好兄弟公孙敖	51
第一二七章	三桓	60
第一二八章	都是真爱惹的祸	69
第一二九章	东门卖国	79
第一三〇章	三桓的胜利	89
第一三一章	不完美的爱情故事	99
第一三二章	双床记	107
第一三三章	叔孙兄弟	116
第一三四章	三夫人的妙计	125
第一三五章	齐国的权力斗争	135
第一三六章	宋国族争	145
第一三七章	宋国人的面子工程	155
第一三八章	晋国重振霸业	165
第一三九章	晋国新策略	175
第一四〇章	郑国穆族兄弟	185

第一四一章	荀罃妙计安天下	195
第一四二章	腐败二人组	205
第一四三章	腐败分子挂帅	215
第一四四章	栾范成仇	225
第一四五章	孙良夫的领悟	235
第一四六章	腐败大会	245
第一四七章	晋齐暗斗	256
第一四八章	齐灵公疯了	266
第一四九章	姥爷不疼，舅舅不爱	275
第一五〇章	栾盈一步之差	285
第一五一章	齐庄公耗子赶猫	295
第一五二章	又是一个风流鬼	305
第一五三章	了不起的春秋史官	315
第一五四章	廉政风暴	325
第一五五章	楚材晋用	334
第一五六章	和平大会	344
第一五七章	司城子罕的大智慧	354
第一五八章	孟姜女的传说	364
第一五九章	王子围	374
第一六〇章	楚灵王争霸	384

天下大乱

第一二一章

红甲将军

人类历史就是一部斗争史，与天斗，与地斗，与人斗。主要的是与人斗，其乐无穷。

大国有斗争，小国同样有斗争。从斗争的角度说，国无大小。

从权力斗争的角度说，古今中外，都遵循同样的规律。生命不息，斗争不止。

胜利总是令人兴奋吗？答案是否定的。

战胜了楚国人的晋国人就并不兴奋，除了三郤，其他的人似乎个个忧心忡忡，心事满怀。从鄢陵回新绛的路上，晋军将领们一个个阴沉着脸，好像不是打了胜仗，而是大败归来。

255

晋军凯旋，郤至派人事先回来，到处去说这次战争的经过，当然主要是渲染郤至将军如何运筹帷幄、据理力争，又如何英勇作战，得到楚共王的赞赏，并且在战场上赠送他礼物。

"能得到敌国国君的赞赏，当初先轸也没有做到啊。据说，楚国人都把郤至元帅称为红衣战神啊。"郤至派回去的人说得绘声绘色，在大街小巷一遍又一遍地说。

"郤至元帅好帅哟。"好多小姑娘都会害羞地说，把郤至当成了崇拜的偶像和梦中情人。

少不得，在说得带劲的时候，郤至派回去的人会顺带着贬低栾书和士燮等人，以此来衬托郤至的了不起。

晋军回到新绛的时候，随着得胜鼓的声音，首先进入人们视野的是一乘战车，战车上站着一个红人，只见他身穿红色铠甲，头顶红盔，脚踏红靴，就连马的缰绳也是红色的。这么说吧，整个人从头红到了脚。在夕阳的斜射之下，郤至红得有些发紫。

"郤至将军！郤至将军！"群众欢呼起来，偶像回来了。

面对欢呼的人群，郤至面带胜利的微笑，向大家挥着手。

郤至的后面，是晋厉公的战车。只见晋厉公一脸笑容，不过那是挤出来的。

郤至夺走了所有的风头，以至于人们竟然没有注意到中军帅栾书在队伍的什么位置。

很快，整个晋国都在流传红甲将军郤至的英雄事迹，他不仅为晋军的胜利出谋划策，而且英勇作战，险些活捉楚王。

国家英雄，绝对的国家英雄。

作为晋国的特使，郤至前往洛邑向周王室献上战胜楚国的战利品和战俘。在洛邑，郤至得意扬扬，目中无人，拼命鼓吹自己的巨大贡献。

"微我，晋不战矣……战而胜，是吾力也……若是而知晋国之政，楚、越必朝。"（《国语》）郤至说如果不是他据理力争，晋国根本就不会跟楚国交战。所以，晋国能够战胜楚国，那完全是他的功劳。如果他当了晋国中军帅，楚国、越国这样的国家都要臣服了。

太张狂了，前所未有的张狂。

"就是就是，元帅神勇，来来来，祝郤至元帅早日高升，干杯。"王室的公卿们拍起了马屁，对于他们来说，拍马屁是日常工作的主要组成部分，多拍一次无所谓。

郤至喝了不少，昏昏沉沉被扶回了使馆。

"郤至很危险了，他在卿里排最后一位，却把自己的功劳说成第一位，企图独揽大权，这不是明目张胆招人怨恨吗？看上去他很聪明，实际上很愚蠢啊。"郤至走后，单襄公断言郤至很快就会遭殃，"以吾观之，兵在其颈，不可久也。"

"就是就是，老单说的是，来来来，为老单的真知灼见，干杯。"王室的公卿们还是这一套，拍马屁的机会他们从来不错过。

郤至从洛邑回到晋国的时候，晋厉公决定组织一场八卿打猎，算是犒劳大家。其实，早就准备打猎的，就是因为晋厉公一定要等郤至，所以推迟了。

照理，打猎是个娱乐项目，重在参与，大家嘻嘻哈哈不要太在乎，到最后把猎物分一分，就算皆大欢喜。所以，大家都把最好的机会留给晋厉公，边边角角的留给自己。说白了，不就是陪着国君来玩玩吗？可是，有一个人例外。谁？不用猜，红甲将军。

郤至穿着红甲去打猎，大家看着都很别扭，这样的场合，把自己弄那么扎眼干什么？郤至不管这些，他要的是风头。

打猎开始之后，晋厉公的箭法不错，连连斩获野兔、野羊、野鸡，大家叫着好，都很高兴。射中猎物第二多的就是郤至，他的箭术比晋厉公要好，只是他的位置靠边，不太理想。不过令他最不爽的倒不是位置不好，而是除了自家的郤犨和郤锜偶尔喝个彩，其他人对他的表演都当没看见。

正在恼火，突然，一头野猪被赶了出来，这是今天最大的猎物了。这样的猎物，大家自然是让给晋厉公的。

晋厉公不客气，挽弓搭箭就射，旁边郤至也不客气，也抄起弓来。

晋厉公的射术虽然不错，但毕竟不是战将，一箭出去，擦着野猪的屁股过去，正要再抓一支箭，不料却晚了。旁边郤至的箭已经出去了，不偏不倚，准准地扎在那头猪的耳朵里，野猪惨叫一声，栽倒在地。

所有人都笑了，三郤得意地笑，其余的五个卿苦笑，晋厉公开心地笑。对于郤至射死野猪，晋厉公并没有感到不快，反而很高兴。

可是，不高兴的事情随后发生了。

按规矩，谁射死的猎物，由谁的随从拿走。郤至射死了野猪，自然是郤至的随从拿来放在自己的车上，算是郤至的猎物。谁知道晋厉公有个随从叫作孟张，大概以为这头猪是晋厉公先射的，所以应该归晋厉公，于是不等命令就跑过去抢那头野猪。

郤至一看，不高兴了，心想，你没看见野猪是我射死的吗？就算献给国君，那也该我献啊。

想到这里，郤至又抄起了弓，一箭出去，可怜孟张也是耳朵中箭，然后栽倒在猪的身边。

"哗。"所有人都吃了一惊，为了一头猪，郤至竟然射死晋厉公的随从。

"来人，把猪给我扛过来。"郤至面不改色心不跳，让自己的随从把猪扛了过来。

郤至跳下车，来到晋厉公的面前，高声说："主公，这头野猪献给您。"

晋厉公摆了摆手，没有回答。

"收队。"晋厉公下令，他已经没有心思再打猎了，随后他轻声嘟囔了一句，"欺人太甚。"大家不欢而散。

晋厉公为什么要忍下这口气？因为郤家的实力太强了，即便他对郤至再怎么不满意，也不敢轻举妄动。

郤家的实力强到什么地步？三卿五大夫都是他们的人。

回去的路上，郤至谈笑自若，毫不在乎。栾书、荀偃阴沉着脸，他们知道自己应该有所动作了。有一个人愁眉不展，整天没有说一句话，没有发一支箭。谁？士燮。

士燮早已看到了危机，现在则看得更清楚。他很担心，不是担心三郤，而是担心自己会受到连累。

回到家里，士燮把自己宗族的祝史找来，祝史是干什么的？主持宗教仪式的人。

"从今天开始，我要你天天诅咒我，求上天让我早点儿死。"士燮给了一个让祝史大吃一惊的命令，让人诅咒自己的人还真没见过。

"搞笑呢吧？"

"搞你个头。如今权力斗争白热化，随时变天，说不定什么时候就大难临头。我要是死了，不仅我躲过去了，我们士家也能继续存在下去了。"士燮很严肃地说，这也算牺牲自己保全大家吧。

从那之后，士氏家族每天都在诅咒士燮，祝他早日实现死的愿望。

"老天爷，求求您了，让士燮早点儿死吧，早点儿死吧，早点儿死吧。"

终于，鄢陵之战第二年的六月九日，士燮的心愿实现了。

在临死之前，士燮和儿子士匄还有一段临终对话。

士燮："我的话你记住了吗？"

士匄："记住了。"

士燮："说一遍。"

士匄："多吃肉，少喝酒；宁可嗓子多发炎，也要开会少发言。"

士燮闭上了眼睛。

第一二一章　红甲将军

256

士燮把自己给诅咒死了之后,卿的位置腾出来一个。现在,谁来接替士燮的中军佐,谁晋升为卿,这是一个人们关注的事情。

晋厉公把苗贲皇找来了,他很喜欢这个楚国裔的晋国人。

"老苗啊,鄢陵之战你立了大功,我打算让你当卿。"晋厉公要提拔苗贲皇,破格提拔。

"主公,不行不行。我哪有卿的水平啊?我连晋国话都说不好,您还是找别人吧。"出乎晋厉公的意料,苗贲皇竟然拒绝了。

"哎,你就别谦虚了,你有这个实力啊,你一定要当。"

"主公,真不行。咱们明人不说暗话吧。我一个外来户,除了主公您,没谁待见我,好些人盯着这个位子,要是给了我,我真不知道哪天怎么死的。主公,求求您放过我吧,我爹的教训还不够惨痛吗?我还想多活几年呢。要是主公一定要我当,我只好跑到齐国去了。"苗贲皇的态度异常坚决,看来是想得太明白了。

"唉。"晋厉公叹了一口气,他有些恼火,又有些无奈。

苗贲皇第二天就回到自己的采邑,远远离开了是非之地。

用句《三国演义》的句式:苗贲皇,聪明人也。

多亏苗贲皇够聪明,否则百家姓就没有苗了。

有的人远远避开,有的人却在殷殷期盼。

三郤都在等待,而郤至更是瞄准了中军佐的位置。此外,郤家还有五个大夫,也有望晋升为卿。郤至没有跑跑关系什么的?那年头,还不时兴这个呢。

终于,等到了宣布的日子。

"经过我和栾元帅反复商量，现决定，因为暂时没有合适人选，中军佐空缺。"晋厉公宣布。为什么这个位子空起来？晋厉公从苗贲皇拒绝出任卿这件事情得出了一个结论：卿的位置不给郤家，郤家不高兴；给了郤家，全国人不高兴。所以，干脆空着。

巧合的是，栾书也是这么个想法，两人一拍即合，就这么决定了。

三郤很郁闷。

"这个栾书，一定是他在搞鬼。"三郤一致认定是栾书在整他们，他们猜对了，但是也不全对，因为在这个问题上，晋厉公和栾书的意见高度一致。

不管怎样，三郤恨死了栾书。

"栾书，让你牛，看你能牛多久，老子总有一天要当上中军帅。"郤至公开这样说。

可是，郤至没有去想，现在有多少人在说：三郤，让你们牛，看你们能牛多久？

栾书不是傻瓜，他很聪明，也很能忍。

事实上，栾书的名声非常好，他是个廉洁奉公的人，家里说不上穷，但是绝对不能说是富足。这么说吧，一不贪污，二不受贿，三不结党。

可是，栾书这个好人也觉得不能再忍下去了。

而当好人决定反击的时候，其手段可能更加彻底。这一点，就像当初荀林父收拾先縠一样。

栾书下定了决心：动手。

晋军在鄢陵之战中活捉了楚共王的弟弟公子筏，就关押在栾书的家里。那时候捉到了高级俘虏，通常都是关押在某个大夫的家里。

栾书把公子筏叫来了。

"公子，想家吗？"栾书问。

"想。"

"想回家吗？"

"想。"

"想老婆吗？"

"想。"

"想回家见老婆吗？"

"想。"

栾书啰里吧唆问些问题，要把公子筏的念头吊起来。果然，他看见公子筏的眼中散放出人性的光芒。

"照我说的去做，就放你回家，行不行？"

"行，当然行。"

第二天，栾书去找晋厉公了。

"主公，上次我们捉了公子筏，还记得吗？"栾书问。

"记得，什么事？"

"这小子想戴罪立功啦，他要检举揭发。"

"检举揭发什么？"

"他不肯说，说一定要直接跟主公说，还说事关晋国的存亡。"

"那叫他来。"

于是，栾书把公子筏给弄来了，晋厉公把身边人都打发走了。

"公子，据说你要戴罪立功，有什么要检举揭发的？"晋厉公问，他很想知道。

"我不是贪生怕死的人，本来，我就准备死在晋国了，可是，您优待俘虏的政策感动了我，您的人格魅力打动了我，所以我才决定戴罪立功的。"公子筏先拍了拍马屁，这是栾书教给他的。

晋厉公听了，果然有些高兴。

"不过，我要您先答应，要是我确实有立功表现，就放我回家。"公子筏继续说，这也是栾书教给他的。栾书知道，要求提得越具体，看起来就越是那么回事。

"好，我答应你。"

"还有，您一定要为我保密。否则，我肯定活不到回去的那一天。"公子筏还在提要求，看上去，事情真是很严重。当然，这也是栾书教的。

"好，你说吧。"晋厉公说，到现在，他已经很迫切地想知道公子筏要检举揭发什么了。

公子筏看了晋厉公一眼，又看了栾书一眼，然后咽了咽口水，使劲眨了两下眼，开始检举揭发了。

"鄢陵大战您知道是谁挑起来的吗？"公子筏问。

"谁？是我吗？还是楚王？"这个问题问得晋厉公有点儿发蒙。

"都不是，是郤至。"

"郤至？"

"其实，楚王根本不想跟晋国打仗的，都是郤至派人去劝说的。为什么郤至要挑起这场战争呢？我听说他跟公孙周关系好，想把公孙周给弄回来当晋国国君。为什么想把公孙周弄回来当晋国国君呢？因为他想当中军帅。他派人对楚王说他会策应楚军击败晋国，然后把您杀了，把公孙周弄回来。"公子筏讲了一通，中心思想就是说郤至想利用楚国人除掉晋厉公，所以才有了鄢陵之战。

晋厉公听完了，狠狠眨了一顿眼，他要把这段话消化一下。仔细想了一阵，发现这段话的逻辑很清晰，很有道理。可是，他还是觉得有些疑问。

"元帅，这个，你看有这个可能吗？"晋厉公问栾书。

栾书挠了挠头，假装思考。

"我觉得吧，公子筏的话可信。当时郤犨去齐国和鲁国调兵，他故意磨磨蹭蹭，让两国军队迟迟不到。而郤至呢，在我们的援军未到的情况下坚持出战，什么意思？如果我们战败了，他一定趁机把您害了，现在跟我们说话的就不是您了。老天保佑我们胜了，他分明能够捉住楚王，却故意放走了他，为什么？这不是他的风格啊，他喜欢抢功啊。唯一的解释，他怕捉住了楚王就把自己暴露了。他不仅放了楚王，还放了郑侯，为什么？有阴谋啊。"栾书的这番话杀伤力更强，更是头头是道。

栾书这人，特别擅长火上浇油，当初赵家被灭，也跟他的表态有很大关系。

晋厉公听得直点头，不过，他很聪明，他也怀疑这是不是他们两个编好了来忽悠自己的。所以，尽管觉得栾书说得有理，晋厉公还是有些将信将疑。

"这样吧，我知道您决不会冤枉一个好人。但是，我们也不能放过一个坏人。我有一个办法，我们不妨派郤至出使王室，如果他真的跟公孙周有勾结，那他一定会跟公孙周碰头。您派人跟踪他，到时候不就真相大白了？"栾书想得周到，一步一步引导着晋厉公。

晋厉公点了点头，这样的事情，宁可信其有。

第一二二章

郤家的覆灭

一个好的政治家，不仅要会提出问题，还要会解决问题；不仅要忽悠得你产生怀疑，还要忽悠得你按照他的思路去把怀疑变成事实。

其实，栾书是个老实人，就如当初荀林父是个老实人。

老实人狠起来，有的时候确实比坏人还要狠，因为老实人是被逼的。

所以，不要欺负老实人，更不要逼急了老实人。

257

公孙周是谁？当初晋襄公的小儿子叫姬捷，又叫桓叔。晋襄公死的时候姬捷还很小，按照规矩必须离开晋国，于是被带到了洛邑，公孙周就是桓叔的孙子。

关于公孙周，《国语·周语下》中有一段叫作"单襄公论晋周"，专门说到了公孙周这个人，或者说这个孩子。大概意思是这样的。

公孙周来到周王室，侍奉单襄公。他站不歪身，目不斜视，听不侧耳，言不高声；谈到敬必定连及上天，谈到忠必定连及心意，谈到信必定连及自身，谈到仁必定连及他人，谈到义必定连及利益，谈到智必定连及处事，谈到勇必定连及制约，谈到教必定连及明辨，谈到孝必定连及神灵，谈到惠必定连及和睦，谈到让必定连及同僚；晋国有忧患他总是为之悲戚，有喜庆他总是为之高兴。

后来有一次单襄公病重，叫来儿子顷公告诉他说："你一定要好好对待公孙周，他将来会成为晋国的国君。"

单襄公讲了理由，具体不说了。他归纳了公孙周的上述十一条优点，说这十一条优点在整个周朝只有周文王有过，如此完美的人，上天会保佑他拥有晋国的。

单襄公还说了一个理由，说是当年晋成公从洛邑回到晋国继位的时候，晋国人占了一卦，结果显示晋国将有三个国君从洛邑归国继位。第一个是成公，那么第二个一定是公孙周。

公孙周真的有单襄公说的那么了得吗？他真的能够回到晋国当国君吗？

还是先看看郤至的洛邑之行吧。

郤至再次被派往王室，晋厉公给他找了一个可有可无的简单任务，简单到都不用提起。

郤至很高兴，他喜欢到处去宣传自己。

到了洛邑，一切都按程序进行，尽管王室的人都不喜欢他，却也不敢得罪他，假惺惺地欢天喜地欢迎他。

办完了事，照例，周王赐宴，一帮公卿又跟着一起吃喝。

酒过三巡，话就多了，郤至甩开了腮帮子鼓吹自己，好像没有自己晋国就存在不下去的意思。大家打着哈哈，习惯性地拍着马屁。说着说着，就说到了晋国最近的人事变动。

"哎，我听说栾书的身体不太好，万一有个三长两短，不知道谁能接任中军帅。"单襄公故意这么问，他非常讨厌郤至。

"哈哈，我当仁不让啊。"郤至说得信心十足。

"这个，按规矩不是中军佐递补吗？你的排位太靠后了吧？"单襄公心思很坏，要让郤至难堪。

"我们晋国历来是谁有能力谁上啊，当年先轸就是下军佐直升中军帅啊，赵盾从没打过仗，不是也直接当了中军帅？就是栾书，不也是从下军佐破格到了中军帅？嘿嘿，论能力，晋国还有比我强的吗？"郤至说得挺好，有理有据。其实，从能力上说，他倒真是晋国最强的。问题是，他当中军帅，几个人同意？

"就是就是。"单襄公奉承起来，举起杯来，"让我们预祝郤至元帅早日成为晋国执政。"

一片酒杯碰撞的声音，郤至的感觉好极了。

郤至万万没有想到，自己已经钻进了栾书为他设计好的圈套。

单襄公回到家里的时候，早已有人在等着他。谁？公孙周。

原来，当年桓叔来到洛邑，因为是晋国的公子，周王给了大夫的待遇。到桓叔的儿子，降一级到下大夫。桓叔的儿子很早就死了，那时候公孙周和他哥哥、弟弟岁数都小，桓叔的儿子就把自己的三个儿子都托付给了单襄公。就这样，公孙周和他哥哥都在单襄公家里长大，长大以后就做了单襄公的家臣。

公孙周从小就聪明懂事，特别招人喜欢。可是他哥哥智商很低，看上去傻乎乎的，说话也是着三不着两。

这个时候，公孙周已经十四岁。

"主公，郤至来了吗？"见单襄公回来，公孙周急忙迎上去，一边搀扶他，一边轻轻地问。

"你怎么知道？"单襄公觉得挺奇怪。

"今天栾书派人来找我了,说郤至来出使,让我无论如何要去见见郤至。"

"见郤至?"单襄公的第一反应就是不要去见,不过想想,既然栾书让去见,不见也不好,所以还是要去见,"孩子,我告诉你,要去见可以,但是千万不要多说话。"

"为什么?"

"我告诉你,郤家很可能要遭殃。郤至咄咄逼人,郤锜狂妄自大,郤犨贪财忘命。所以,三郤肯定不得好死。既然栾书让你去见,那就见见,但是跟他应该保持距离,明白吗?"单襄公交代得清清楚楚。

当天晚上,单襄公派人送公孙周去了使馆,见了郤至。

两人见面的内容无非就是互致问候,公孙周问了些晋国的事情,郤至则摆起架子,做出一副谆谆教导、诲人不倦的样子。

郤至其实并不喜欢公孙周,原因很简单:来见我,竟然没带厚礼来。

因此,除了摆架子、讲大话,临行的时候,郤至的脸上还带着冷笑。

"公孙周上门拜访,谈话约半个时辰,临别时,郤至送到院子门口,面带神秘微笑。"使馆门口,有一个人在详细地记录,这个人是晋厉公派来跟踪郤至的。

现在,晋厉公不能不相信郤至确实在勾结公孙周了。

"老子一向对他不错啊,什么好事也没落下他啊,还准备破格提拔他呢,竟然还要害我。"晋厉公很恼火,因为他确实很欣赏郤至。恼火之后,晋厉公决定召开"自己人会议"。

什么叫自己人?就是自己的一帮哥们儿。

晋厉公的哥们儿是些什么人?胥童、长鱼矫、夷阳五等人,还真巧,个个都是三郤的仇人。为什么三郤的仇人们聚在了一起?因为三郤的仇人太多了。

"各位兄弟,种种迹象表明,郤至正在勾结公孙周害我,我想杀了他,可是又没有确凿证据，怎么办？"晋厉公把事情的来龙去脉简单讲了一遍，最后提出问题。

"哇。"大家首先表达了极度赞成和兴奋，然后开始发言。

第一个发言的是胥童，他对郤家的仇恨是深到骨子里的，要不是当年郤缺忘恩负义，自己早就是卿了，自己的父亲也不会死得那么悲惨。

"主公，不仅郤至该杀，三郤都该杀啊。郤家的势力太大，随时威胁到主公啊，不灭他们，主公永远不能安枕啊。"胥童够狠，他要一次性了结。

胥童开了头，其余的兄弟你一言我一语，个个都说不杀三郤不足以平民愤。

晋厉公算了算，外面有栾书支持，里面有兄弟们卖命，而三郤的罪行好像也很确定，既然这样，还犹豫什么？

"老胥，夷阳五，你们两个率领大内卫队，灭了三郤。"晋厉公一咬牙一跺脚，一闭眼一拍桌子，下令了。

胥童和夷阳五兴奋得差点儿叫出声来，两人就要起身。这时候，长鱼矫先起身了，两只手按住了两个人的肩膀："两位坐下来，听我说完再走不迟。主公，我们的大内卫队有多少人？宫甲八百啊，满打满算八百人，这点人马去了郤家，那就是给人家送菜啊。主公还记得吗？当年郤克要用自己的家族兵力攻打齐国，想想三郤家的实力吧。要这么莽撞行事，三郤没死，咱们先死了。"

众人一听，都傻眼了。掰手指头算算，好像自从楚国斗家被灭之后，郤家就可称得上天下第一家族了。

胥童和夷阳五一屁股坐了下来。

"那……那怎么办？"胥童急了，原以为大仇就要报了，谁知道没那么容易。

"是，是啊。"夷阳五很沮丧。

所有人都盯着长鱼矫，看他有什么主意。事实上长鱼矫在这帮人中最

第一二二章　郤家的覆灭

有头脑，换了是三国以后，直接就要被称为小诸葛了。

"对于三郤，只能智取，不能力敌。办法我已经想好了，只要清沸魋跟我走一趟就行了。"长鱼矫说，清沸魋也是他们的一个兄弟，十分勇猛。

大家一听，长鱼矫也太牛了，两个人就能搞定三郤？

"你忽悠我们吧？你有什么好办法？"夷阳五忍不住问了出来。

"忽悠？我这办法不能告诉大家，泄露了就不灵了，我回头告诉主公一个人就行了。"长鱼矫够谨慎，不肯透露，他转头又对晋厉公说："主公，据我所知，栾书和三郤有私怨，这件事情保不定就是栾书栽赃陷害的。不过这我们不管了，反正三郤死有余辜。但是主公别忘了，三郤固然实力强大，栾家和荀家的势头也很猛啊。依我看，一只羊也是放，一群羊也是赶，咱们一不做，二不休，不如趁这个机会，把栾书和荀偃也干了，这样咱们才能安枕啊。"

长鱼矫的话音一落，现场就炸了锅，想想看，人家栾书和荀偃没干过坏事啊，是好人啊，这不是牵连无辜吗？

辩论开始，你一言我一语，不过最终大家基本达成共识：杀。

杀的理由有两个，胥童给出来的理由是：什么好人坏人，当初我爹和我爷爷不是好人吗？夷阳五给出来的理由是：一个萝卜一个坑，拔掉五个萝卜不就腾出五个坑？兄弟们当卿的机会不就增加了一倍？

晋厉公是不愿意杀栾书和荀偃的，一来人家没有罪，二来一口气杀这么多卿，国家很容易动乱啊。不过在兄弟们的忽悠下，晋厉公勉强同意了。

"好，长鱼矫和清沸魋负责三郤，胥童率领大内卫队捉拿栾书和荀偃。大家各去准备，等候动手命令。"晋厉公做了最后的布置。

权力斗争，是不分好人坏人的。

晋厉公七年（前574年）十二月二十六日，所有姓郤的人都应该记住这一天，这是郤家的受难日。当然，如今姓郤的人已经不多了。

按照晋国的规矩，晋国的诉讼由八卿轮流掌管。说白了，大家轮流值班担任法官。从前六卿的时候，两人一组共分为三组，每组十天，一个月一轮。如今八卿了，依然分为三组，中军帅栾书搭配一个人，其余都是三人一组。

这一天，轮到了三郤这一组。为什么三郤恰好成了一组呢？原来，当初分组的时候，三郤要求分在一组，而且别人也不愿意跟他们一组，所以，他们就自己一组了。

当初夷阳五和长鱼矫的土地被三郤抢走，就是这个法庭判决的。既当运动员，又当裁判员，说的就是三郤这样的。

通常，这叔侄三人往这里一坐，打官司的都不来了，走到门口看见是三郤，仇人也要立即拥抱，假装主动和解，然后过十天再来。人人都知道三郤的法庭是雁过拔毛，只要来了，不死也要掉层皮。特别是郤犨，恨不能把人榨干了卖油的那种。

除了他们自己徇私枉法，别人值班的时候，他们也通过各种方法去干预。

这一天叔侄三个往这里一坐，反正也没人来打官司，三人就开始聊天。聊着聊着，聊到了最近的传闻，说是晋厉公好像对三郤不满，频频召开"自己人会议"，似乎有要采取某种行动的迹象。

"喂喂喂，你们自己找地方凉快去，不叫你们不要进来。"郤锜把法庭里的衙役们都给赶出去了，事关机密，不能让他们听见。

衙役们也知道没人来打官司，既然三郤下了命令，正好出去转转。于是大家都出去了，法庭里只剩下三郤。

"两位，最近风声不对啊，我听说主公要对我们动手，好像胥童这家伙最近挺活跃，还喜气洋洋的，我们要小心啊。"郤锜的消息比较灵通，他比另外两个的警惕性也要高些。

"啊,真有这事?"郤犨吃了一惊,他平时只顾挣钱,对政治倒没有什么敏感度。

"我也觉得最近的气氛不对,八卿会议的时候感觉有些怪怪的,栾书对我们比从前客气多了,这倒让我感到不安。难道,大家都看出什么来了?"郤至也感觉到了什么。

"那,我们怎么办?"郤犨怕得要命,没有主意了。

郤锜瞪了他一眼,没理他,对郤至说:"我看,先下手为强,后下手遭殃,不如咱们先下手,干掉主公,顺便把胥童那帮人也收拾了,然后把公孙周迎回来。"郤锜够狠,准备用最激烈的方式来解决这个问题。

郤至摇了摇头,尽管他很自负,但他还是个在乎名声的人,杀国君的事情他觉得不能做。

"不行,对抗国君那可是大罪啊,不能这样。"郤至反对,他还说了一句很有良心的话,"受君之禄,是以聚党。有党而争命,罪孰大焉?"

意思是说,受君之禄,因此才有了自己的人马。如果用自己的人马去对抗国君,还有比这更大的罪过吗?

"难道我们等死?"郤锜坚持。

"我们可以想别的办法。"郤至还是反对。

"什么办法?"

"我想想。"

"你们快想办法啊。"

就在三郤争论还没有结果的时候,法庭外面传来争吵声,并且越来越近。

奇怪,竟然有人来打官司了。

"嘿嘿,生意来了。"听见有人来打官司,郤犨来了精神。

生意确实来了,要命的生意。

两个人互相扭打着走了进来,手上还拿着长戟。简单判断,这两个人在决斗。决斗未果，于是傻乎乎地来找三郤判决。

两个人一边扭打，还一边骂着。

"勾引我老婆，我宰了你。"一个说。

"是你老婆勾引我，你个臭乌龟。"另一个说。

等到两人走到近前，郤犨看清楚了其中一个人，忍不住笑了出来："哈哈哈哈，原来是长鱼矫啊，怎么，你老婆又跟别人跑了？哈哈哈哈，笑死我了。"

郤锜脸色大变，就算全世界的人都来这里打官司，长鱼矫也不可能来啊。

"卫士，卫士。"郤锜大声喊了起来，哪里还有卫士？都逛街去了。

郤锜是打过仗的人，见势不妙，急忙起身，去腰间拔剑。

说时迟，那时快，刚才还扭打在一起的两个人猛然分开了，两条长戟分刺郤犨和郤锜，郤犨毫无防备，还在那里幸灾乐祸，长鱼矫的大戟直接刺透了他的脖子。郤锜已经站了起来，剑拔到一半，还没有站稳，清沸魋的大戟也到了，郤锜躲无可躲，只听"噗"的一声，大戟穿透了肚子，血溅当场。

也就在一瞬之间，三郤就死了二郤。

郤至是要风度的人，原本还想呵斥两人，让他们慑服于自己红甲将军的威严。现在一看形势不对，也顾不得红甲将军的风度了，与风度相比，命似乎还是重要一些。当时怪叫一声，起身就跑。后面长鱼矫和清沸魋自然不会放过他，提着大戟追来。郤至跑出了法庭，来到后院，看见自己的车在院子里，一纵身上去，大喊："快走快走。"

跑晕了，郤至是跑晕了，他完全没有注意到御者根本不在车上，不知道去哪里鬼混了。等到郤至发现自己犯了错误之后再跳下车来逃命，长鱼矫和清沸魋已经追了上来，清沸魋大戟先到，郤至也不白给，用剑格开。与此同时，长鱼矫的大戟直奔后心而来，郤至再也躲不开，被长鱼矫刺了一个透心凉，尸横当场。

三郤就这样完了，曾经不可一世的三郤就这么简单地被干掉了。在第一大家族若敖氏被消灭之后，第二大家族郤家也遭受了同样的命运。

人，不能太张扬。

第一二三章

下手要果断

两只大戟，三条人命。

权倾天下、横行中原的三郤如此戏剧性地被消灭了。这样说来，任何两个亡命之徒都可以置他们于死地。大戟穿过身体的时候，它所感受到的无非就是血和肉，最多还有骨头。卿或者平民，红甲将军或者烂衣乞丐并没有区别。

任何人，看似强大，实际上都很脆弱。任何家族，看似不可动摇，实际上却可能因为一件小事而崩溃。

258

三郤被杀，晋厉公的特使和卫队立即赶到，当场宣布三郤谋反被诛，随后将三郤的尸体拉到外面示众。

昨天还是红甲将军，今天就成了尸体。昨天还是权势遮天，今天就成了尸体。晋国百姓不禁感慨万千。

当然，有很多人幸灾乐祸。自古以来，幸灾乐祸就是人们的一大快乐来源。

由于事情发生得太过突然，栾书和荀偃也没有想到。两人立即赶往朝廷，一来要撇清跟三郤的关系，二来要祝贺晋厉公的英明决策，三来要讨论一下接下来的工作。两人高高兴兴，结伴而来。

来到朝廷门口，只见里三层外三层说不清有多少不明真相的群众在那里围观三郤的尸体。

"开水来了，开水来了。"栾书和荀偃大声叫着，这才从人群中穿过，终于进了门。

厅堂上，晋厉公已经正襟危坐，等待卿们前来。

"主公，一举粉碎了三郤卖国集团，恭喜恭喜啊。"栾书和荀偃急忙上前祝贺。

晋厉公张张嘴，没说话。

晋厉公没说话，旁边有人说话了。

"拿下。"是胥童的喝令。

大内卫士们一拥而上，将栾书和荀偃拿下了。

"这，这，这是怎么回事？"栾书大吃一惊，弄了半天，怎么自己也成清洗对象了？

没人理他，卫士们直接将两个人押到了旁边柴房里凉快去了。

"主公，杀了他们。"长鱼矫建议。

"唉，算了，我们已经杀了三个卿了，再杀两个，那就真是滥杀无辜了，放过他们吧。"原来，晋厉公实在是不忍心下手，他临时变卦了。

"主公，你不忍心杀他们，只怕他们忍心杀你啊。"长鱼矫说。

"你不要劝我了，我已经决定了。来人，去把栾书和荀偃放了，让他们领军讨伐三郤家族。"晋厉公下令。

其实，晋厉公说得也有道理，郤家、栾家和荀家是晋国最大的三个家族，要是一并给杀了，连去抄家的部队都凑不够，如果三家联合造反，只怕自己的脑袋也要搬家。

问题是，早知如此，何必要抓他们呢？不抓，和抓了再放，绝对是两回事。

长鱼矫摇了摇头，没再说话。

第二天，长鱼矫带领全家出走，移民北狄去了。

三郤家族尽管家大业大实力大，但是三郤一死，群龙无首，乱成一团，随后栾书率领大军前来灭门，老百姓们纷纷声援或者幸灾乐祸，于是郤家死的死，逃的逃。用句《水浒传》里常用的词："作鸟兽散"。

郤家后人四散而逃，从此，郤家就从晋国的政治版图中被抹去了。

至此，楚国和晋国的四大家族——斗家、先家、赵家和郤家被灭，除了赵家起死回生，其余三家就此消亡。斗姓、先姓和郤姓都成了稀有的姓，不过斗姓衍生了苗姓，郤姓的一些人也改姓了谷或者温，先姓衍生了居姓。斗姓和先姓都没有能够进入宋版《百家姓》，居姓在宋版《百家姓》中排第三百四十六位。

三郤被灭，八卿空出来三个位置，怎么填补？

胥童被任命为卿，还有两个卿的位置空着。

"爷爷，爹，我给你们报仇了。"胥童在家庙祷告，将好消息告诉了爷爷和爹。之后，昂首参加八卿会议去了。

看起来，胥家要复兴了。

干掉了三郤，栾书本来应该心情愉快，可是想到自己险些被清洗，他就高兴不起来了。特别是看到胥童，感觉就更糟糕。如果灭了三郤仅仅是为晋厉公的"自己人"扫清道路，对自己来说是好事还是坏事？

"老荀，咱们要商量商量了，从前三郤在，有坏处也有好处，坏处是他们总是压着我们，好处是他们是大家的关注点。如今他们完蛋了，好像大

第一二三章　下手要果断

家的目光就都在咱们两家身上了。主公除掉三郤，说白了是忌讳他们势力太大。如今他们完蛋了，下一个目标会不会就是咱们两家了？"栾书悄悄找来荀偃，商讨当前的形势。

"元帅啊，你不找我，我还想找你呢。主公肯定是有心要除掉我们的，否则当初也不会抓我们。还有啊，胥童现在是主公最信任的人了，他跟郤家有仇，跟咱们两家也不是朋友啊，想当初，你爹和我爹也没为他爹主持公道啊，保不定他也恨我们呢。"荀偃跟栾书一个想法，都愁着呢。

"是啊，据说主公正准备把他那帮吃喝玩乐的随从都任命为卿呢，咱们难道能够跟这些人共事？"

"就是啊。"

既然大家看法一致，事情就好办了，谁也不用说服谁，直接就讨论对策了。

两个人都是聪明人，很快就又达成共识：要想活得安生，就要干掉晋厉公的那帮"自己人"。要干掉那帮"自己人"，首先就要干掉晋厉公。

以两家的实力，只要想做，就一定能做到。

长鱼矫真是个绝顶聪明的人。可惜，他已经逃走了。

一个月后。

这一天晋厉公心情很好，于是出了城，来到了宠臣匠丽氏在郊外的别墅游玩。

栾书和荀偃一直在等待这样的机会，他们绝不会像当初赵穿一样明目张胆地攻击国君。接到线报之后，两家各自出兵五百，包围了匠丽氏的家，然后扣押了晋厉公。

没有人去救晋厉公吗？宫甲一共才八百，怎么去救？以栾家和荀家的实力相加，谁是对手？

晋厉公的"自己人"们本身实力就有限，如今长鱼矫跑了，其余人都没有主意。别说别人，连胥童都装孙子了。

扣押了晋厉公，栾书和荀偃发现又来了一个问题，谁来下手杀人？两人你推我，我推你，谁也不肯。那年头还挺注重名声，谁也不愿意承担弑君的坏名声。

怎么办？两人一商量，干脆，忽悠别人动手吧。

春秋的时候通常是这样的，如果要灭哪一个家族，就要忽悠其他家族并肩齐上，算是大家合伙干的，今后谁也别说谁。灭先家、赵家和三郤的时候，都是这样做的。如今要杀国君了，也是这个路子。

栾书和荀偃两人算了算，三郤被灭了之后，现在，晋国的大家族就只剩下栾家、荀家、士家和韩家了。

"忽悠士匄吧，这小子年轻气盛，说不定一冲动就干了。"栾书和荀偃一商量，觉得这个主意挺好。

于是，荀偃去找士匄了。

"小士啊，这个，栾元帅和我把那个昏君给捉起来了。这个昏君宠信小人，荒淫无道，还想把我们都给害死。这么说吧，他是恶贯满盈了。我们决定处死他，栾元帅跟我一商量，说是你前途无量，人又正直，这个光荣而艰巨的任务一定要交给你。小士，你可不要推辞啊。"荀偃开始忽悠。

士匄一听，好嘛，黄鼠狼给鸡拜年，没安好心啊。

"这个，按理说，这样光荣而艰巨的任务我应该去完成。可是，我爹去世还没满三年呢，三年之内，别说杀人，杀个鸡都犯忌讳啊。老荀，谢谢你，另请高明吧。"士匄说得挺客气，就是不上当。

士匄没有忽悠住，没办法，只好忽悠韩厥。忽悠韩厥这个老滑头，栾书和荀偃都觉得很困难。可是事到如今，也只好死马当活马医了。

"老韩，你看，我们把那个昏君给捉起来了。这个昏君宠信小人，荒淫无道，还想把我们都给害死。这么说吧，他是恶贯满盈了。我们决定处死他，可是我们资历不够啊，算来算去，就您是个元老了，除了您，别人谁也不配啊。老韩啊，您可不要推辞啊。"基本还是这个套路，栾书和荀偃一起来忽悠韩厥。

韩厥笑了，心想，老子忽悠人的时候你们还不知道在哪里呢，忽悠我？你们还嫩点儿。

"两位，别忽悠了。我从小在赵家长大，当初灭赵家的时候，只有我没有出兵。俗话说：宰杀老牛，无人做主。家里的老牛养得时间长了，还不忍心杀死它呢，何况杀死自己的国君呢？两位，这份荣耀还是留给你们自己吧。"韩厥一口回绝，倒把那两个弄得大红脸。

谁也不是傻鸟。

从韩厥那里出来，荀偃很恼火。

"元帅，韩厥这个老油条太可恨了，要不，先办了他？"荀偃有点儿气糊涂了，要杀韩厥。

"别啊，咱们找人动手不就是怕坏了自己的名声吗？这要是无缘无故把韩厥给杀了，那不也是坏了名声？这老油条人缘好着呢，咱们还是想别的办法吧。"栾书当即否决了，骨子里，他是个不愿意滥杀无辜的人。

259

背黑锅这个事情，做不好就是替罪羊；做好了就是见义勇为。

所以我们说：当小弟的最高境界，就是为老大背黑锅。

这个黑锅，有人不愿意背，却有人要抢着背。

"元帅，让我去吧。"程滑，一个比下大夫还低一级的小官主动请缨了，他看到了机会，因此不在乎背黑锅。

栾书有些犹豫，有人愿意背黑锅是好事，可是，这么重的黑锅，程滑实际上是背不起来的。譬如，韩厥杀了晋厉公，史官的记载是"韩厥弑晋厉公"，如果是程滑杀晋厉公，史官的记载将会是"栾书、荀偃弑晋厉公"

或者"栾书、荀偃使程滑弑晋厉公"。

"程滑愿意去，可是他级别太低了，现在提拔又来不及，你看怎么办？"栾书找荀偃来商量。

"是啊，他不行。"果然，荀偃也觉得不合适。

"可是，除了他，别人也不愿意干啊。要不，咱们干脆把主公给放了，跟他订立一个不秋后算账的盟约。"栾书有点儿动摇了。

"元帅，千万别。要不就别抓，抓了就别放，放了就等于等死啊。实在不行，程滑就程滑吧。"在这个问题上，荀偃比栾书要坚定。

商量了半天，似乎也没有更好的办法，让程滑去杀，总比自己动手强些。

"那就他吧。胥童呢？要不要也顺便办了？"栾书问。

"先办了他。"

栾书和荀偃召开了一个八卿会议。当然，实际上只有五卿。

"各位，今天，我们讨论一下胥童的问题。"栾书开门见山，其实没什么好讨论的，什么都定了。

"我的问题？我什么问题？我没有问题啊。"胥童很害怕，自从晋厉公被扣押，他就一直很害怕。不过，他显然没有长鱼矫的胆略，还心存侥幸。

"你害死了三郤，虽然他们有错，但是罪不至死，都是你在挑拨离间，公报私仇。"栾书严肃地说，想来想去，也只有这顶帽子能扣到胥童的头上。

"开玩笑吧？郤至里通外国不是你揭发的吗？"

"开什么玩笑？我是据实揭发，你是挑拨离间，事是同一件事，动机完全不同。"栾书一拍桌子，站了起来。

动机这东西说起来，那谁说得清楚？

"你，你血口喷人。"

"胥童，你不仅害了三郤，还要害栾元帅和我，你罪大恶极，还要狡辩？"

荀偃也站了起来。

韩厥没有说话,他回想起当年赵盾驱逐胥甲以及郤缺把胥克打成精神病的那两次会议,这简直就是那两次的翻版。

"同样的事情竟然发生在祖孙三代的身上,真是不可思议。"韩厥暗想,他救不了胥童,也没有准备救胥童。

但是,胥童的命运比他父亲和爷爷还要糟糕一些。

"来人,将乱臣胥童拿下,斩首示众。"栾书高声下令,卫士们一拥而上。

胥童傻眼了,在这一瞬间,他思绪万千,心中久久不能平静。他也许很坦然,因为他报了仇;他也许很后悔,明知道权力场凶险,还要混进来;他也许很懊恼,当初捉住栾书和荀偃的时候就该两刀砍死,自己怎么还会有今天的下场?

坦然也好,后悔也好,懊恼也好,一切都已经晚了。

十二月二十九日,胥童被杀,并且族灭。

回想当初随同晋文公流亡的重臣,狐家、先家、赵家、胥家先后覆灭。还剩下哪一家?魏家。当初魏犨还因为不受重用而心怀不满,如今看来,真是因祸得福了。

数一数狐、先、赵、郤四大家族,哪一家的富贵超过了三代?

俗话说:富不过三代。

这句俗话应当是来自春秋。

六天之后,也就是转年的一月五日,程滑杀了晋厉公。晋厉公被草草埋在翼城东门之外,规格相当于下大夫。按照常规,晋国国君薨后,应当埋葬在曲沃祖坟。

史官果然没客气,这样记载:"栾书、荀偃使程滑弑也。"(《左传》)

晋厉公谥号"厉",也是个很糟糕的谥号。

到这里，我们要来回顾一下晋文公当初的决策了。

晋国历史上，从曲沃武公开始，就进入了自相残杀的节奏，到了晋献公则到了顶峰。吸取了前辈的教训，为了避免子孙后代自相残杀，晋文公规定除了太子即位，其余的儿子必须离开晋国。这个决策确实避免了兄弟、父子自相残杀，可是立即就带来了一个更加严重的副作用，那就是国君没兄弟也没叔伯、子侄，简单说就是没亲戚，典型的孤家寡人一个。于是，权臣掌握国家，权臣掌握国君的命运。自相残杀没有了，可是被权臣所杀就成了常态。

晋文公的儿子中，两个被赵盾所杀，晋文公的孙子晋灵公也被赵盾所杀，现在晋厉公又被栾书所杀。

杀了晋厉公，谁来接任？

晋厉公没有孩子，就算有孩子也不能继任，晋厉公的兄弟呢？

栾书不傻，晋厉公的兄弟都已经是成人了，不好忽悠了。

"我看，把公孙周接回来吧，听说他名声很好。"栾书想起公孙周来，弄来弄去，自己成了继承郤至的遗志。

荀偃举双手赞成。于是，全体通过。

为什么要把公孙周弄回来？因为公孙周只有十四岁。十四岁的孩子，好忽悠。

栾书一定没有认真学习过历史，栾书一定不知道郑庄公的故事。

十三岁的孩子都那么厉害，十四岁的难道就不行？

如果栾书见过公孙周的话，打死他也不会去迎公孙周了。

不管怎样，栾书派出荀罃和士会的二儿子——也就是士燮的弟弟士鲂，两人前往洛邑，迎请公孙周回来即位。在这一点，栾书是讲规矩的，迎请国君，应该是下卿级别的官员前往。

郤至没有杀害晋厉公，也没把公孙周弄回来，而是栾书杀害了晋厉公，把公孙周弄回来了。

来说是非者,必是是非人。往往来揭发别人要做什么的人,其实就是他自己想要做什么。

第一二四章

别忽悠小孩

荀罃和士鲂来到了洛邑，前去迎请公孙周回国继任国君。

到了单襄公家里，两人说明来意，公孙周和单襄公连忙请两位就座详谈。荀罃把晋国最近发生的事情介绍了一遍，说是国家无主，栾书元帅特派两人前来，希望公孙周为了国家的前途，勇挑重担，回国登基。

"两位大夫，感谢栾书元帅，也辛苦你们了。不过，这件事情是国家大事，不是我一个人的事。如果我能做而不做，那是我对不起祖国；如果我做不了而非要做，那同样对不起祖国。所以我要慎重一些，两位稍坐，容我们商量一下。"公孙周跟单襄公交换了眼色，然后镇定地说。

十四岁的小孩，说话如此直率简洁而且直达要害，荀罃和士鲂都不免心中一惊，看来，这个小孩名不虚传。

260

"您看，我能不能回去？"回到单襄公的房间里，公孙周问单襄公。

"你先说说自己的看法。"

"当初赵盾派赵穿来接成公，我听说成公在路上险些被杀，回国之后也是装了一辈子孙子。如果栾书也像赵盾一样，我宁可不回去。"

"冷静。"单襄公忍不住赞叹出来，对于别的人来说，当国君是日思夜想，死也要上的事情，可是这么个十四岁的小孩，在这个时候竟然还能够如此冷静地思考问题，确实令人称奇，"孩子，你有这样的想法，我也就放心了。我来给你分析下，当初赵盾杀灵公，是因为他要独掌大权；而栾书杀厉公，是因为自己的安全受到威胁。当初赵穿来迎请成公，级别是不够的，之所以派他来，是赵盾准备随时铲除成公，还好成公一路上忍气吞声装孙子，这才活着回到了晋国；如今栾书派来的人级别够，而且不是他的亲信，而这两个人都是君子，所以，栾书是有诚意迎请你回去的。"

一番分析，头头是道，公孙周豁然开朗。

"那我就回去了。"

"孩子，去吧，你一定能重振晋国的霸业的。"

"回去之前，给我些教诲吧。"

"《太誓》曰：民之所欲，天必从之。""《书》曰：民可近也，而不可上也。""《诗》曰：恺悌君子，求福不回。……故王天下者必先诸民，然后庇焉，则能长利。"（《国语》）单襄公的意思是，要顺从民意，不要试图凌驾于民意之上，为老百姓着想，实际上也就是为了自己的长远利益着想。

公孙周随着两位大夫回国，来到清原这个地方，晋国的卿大夫们就已经在这里迎接了。这个时候，公孙周还不是国君，因此在级别上与卿相当。所以，大家基本上就平起平坐，开了个恳谈会。

栾书先来了一段开场白，说了一顿什么"历史的重任历史性地落在了公孙周的身上"等套话，最后欢迎公孙周发表讲话。

十四岁的小孩要说话了。通常，十四岁的小孩看见这个场合连话都说不出来了，可是，公孙周不是通常的小孩，他是公孙周。

"各位，我从来没有想到我还能回到自己的祖国。现在既然到了这一步，只能说是上天的安排。人们之所以拥立国君，就是为了让他发号施令。如果立了国君而又不听他的，那要这个国君还有什么用呢？如果我当了国君却没有什么成就，那是我才能不够；如果立了我而又不听我的，那就是各位的过错了。立我还是不立我，取决于在座各位。如果你们认为我不行，那我立马就走；如果认为我还行，那今后就要听我的。是扶立一个好国君以延续晋国的霸业，还是任由这个国家衰落下去，都在今天了。现在，各位做决定吧。"

公孙周话音落下，整整三分钟没人说话。

谁能相信，这样一段话出自一个十四岁的小孩子之口？什么叫不卑不亢？什么叫从容不迫？什么叫胸有成竹？

"您就是我们翘首以盼的国君啊，我们都听您的。"卿大夫们异口同声，他们服了。

"那好，我们对天盟誓。"公孙周趁热打铁。

于是，公孙周与卿大夫们歃血为盟，歃什么血？诸侯用牛耳，卿大夫用鸡。《史记》："刑鸡与大夫盟而立之。"

公孙周随后前往曲沃朝拜祖庙，然后到新绛登基。

公孙周，就是晋悼公。

"主公，夷阳五等人是厉公余党，心怀不满，恐怕不利于主公，建议灭了他们。"栾书提出建议，想要借此表示忠心。

"不必了，刚登基就杀人，容易人心不稳。这样吧，把他们赶走就算了，你看怎样？"公孙周拒绝了栾书的建议，不过给了他一个台阶。

就这样，晋悼公赶走了夷阳五等七人，既表现出宽容仁慈，又铲除了潜在威胁，还没有得罪栾书。

二月一日，晋悼公正式登基。

"各位，自从襄公去世之后，晋国就党争不断，大臣们为了权力和家族利益而互相攻击、互相拆台，导致国家混乱，国力衰微，国家形象损毁。曾经为国家做出突出贡献的狐家、先家、赵家、胥家和郤家先后成为权力斗争的牺牲品。其余家族虽然依然存在，但是也都生活在胆战心惊、朝不保夕之中。我宣布，从现在开始，重新任命百官，推出一系列振兴措施。至于过去的事情，既往不咎，今后大家齐心合力，共同为建设一个强盛的晋国而努力。如果还有谁搞帮派、搞权力斗争，严惩不贷。"晋悼公的就职宣言铿锵有力，直抵要害。很显然，他早就有自己的想法，而且非常系统。

栾书以下，一个个都有些战战兢兢。自己的那些小算盘，看来今后都不好使了。

晋悼公随后宣布了自己的新政，什么样的新政？《左传》记载，新政如下：救济贫困，援助灾民，严禁邪恶，减少税赋，赦免轻罪，免除百姓债务；照顾鳏夫寡妇，起用被废黜和屈居下位的贤人。节省开支，该赏没有赏的要补上，该罚没有罚的要处罚。恰当地役使百姓，决不能违背农时。

新政公布之后，晋悼公开始宣布人员任免。

八卿现在只剩下了四卿，空出来的四个位置需要填补。晋悼公心中暗暗高兴，这简直就是老天爷给自己重新布局人事的大好时机。

"我宣布新的八卿组成，中军帅栾书不变，荀偃递补为中军佐；上军帅和上军佐分别由韩厥和荀罃递补。当初魏锜在两次晋楚大战中表现英勇，射伤了楚王，最终为国捐躯，这样的英雄一定要表彰，因此，魏锜的儿子魏相为下军帅；赵家对晋国的贡献那是有目共睹的，因此，赵武为下军佐；士家从士会到士燮都是国家的重臣，士会的二儿子士鲂忠正贤能，特任命他为士家的族长，出任新军主帅；魏颗击败秦国人，活捉杜回，一举震慑秦国，现任命魏颗的儿子魏颉为新军佐。"晋悼公宣布了八卿人选，大大出乎人们的意料。

八卿中，既有栾、荀、韩、士四大家族，又增加了魏家和赵家，这样，权力被分散了。而且，让更多的小家族看到了希望。

紧接着，悼公继续更多的人事安排。由于栾、荀、韩三家在八卿安排中没有得到好处，晋悼公把四个公族大夫的名额全部给了他们，具体是：荀家、荀会、栾黡（栾书长子）、韩无忌（韩厥长子）。

如果说以上的安排有分猪肉的成分在内，那么，对于一些职能部门的人事安排就完全是唯贤是举了。

"士渥浊为太傅，负责国家规章制度的完善；右行辛为司空，掌管国家建设的规范；栾纠为晋悼公的御者，所有御者归他管理；荀宾为晋悼公的车右，所有车右都归他管。各军帅佐没有固定的御者，由军官统一进行管理分配。祁奚为中军尉，羊舌职为他的副手，魏颗的另一个儿子魏绛为中军司马，张老为候奄。铎遏寇为上军尉，籍偃为上军司马。"

值得注意的是，右行辛被起用，那么他是什么人呢？当初晋文公设置三个步兵军，分为中行、右行和左行，荀林父为中行大夫，因此后人为中行氏，以中行为姓。那么，右行辛就应该是右行大夫的后代，右行大夫是谁？《史记》记载，右行大夫是先縠。那么，右行辛就应当是先家后人。

除了赵家、先家后人得到起用，晋悼公还计划起用狐家后人，只可惜没有找到。而郤家和胥家被灭的时间太短，灭他们的人都还在，所以不便起用。

晋悼公登基第一天，一切都布置得妥妥帖帖。

261

权力斗争让每个人的神经就像一根拉满的弓弦，随时绷得紧紧的。

如今，晋悼公强势君临，权力斗争这套东西没法玩下去了。于是，大家的神经得以放松下来。按理说，这是一件好事，终于可以享受生活了。可是，对于一些人来说，长期绷着的神经已经失去了弹性，一旦松下来，就会断裂、粉碎。

栾书就是这样的，多年来紧紧绷着的一根神经，一旦放松下来，真不知道自己该怎么活下去，真是觉得人生没有什么乐趣了。

晋悼公登基仅仅两个月，栾书就去世了。

栾书的一生，可以说是历经风雨、屹立不倒的一生，他经历了先家、赵家和郤家的毁灭，而自己一步步熬到了中军帅，可以说是步步惊险，十分不容易。总的来说，栾书是个很谨慎的人，也是个很聪明的人，甚至可以说是个很正直的人。两次对楚战争和一次对齐战争，栾书都表现出了卓越的军事才能。在治理国家方面，也是奉公守法，不敛私财。对于栾书，晋国历史上的评价是相当高的。

《国语》上曾经有一段叔向对栾书的评价，很有代表性：从前栾书没有百顷的田产，家里置备不齐祭祀的礼器，可是他能宣扬德行，遵循法制，使名声传播到各诸侯国，诸侯亲近他，戎、狄归附他，依靠这点治好了晋国，执行法令没有弊病，所以避免了灾难。

栾书去世，八卿面临调整。按照栾书的意思和惯例，应当是荀偃递补。可是，晋悼公不准备按照惯例去做，因为这样无法体现自己的权威。

"韩厥接任中军帅。"晋悼公下令，随后又对八卿做了调整。

现在，晋国八卿的情况是这样的：中军帅韩厥、中军佐荀罃、上军帅荀偃、上军佐士匄、下军帅栾黡、下军佐士鲂、新军帅魏颉、新军佐赵武。

从晋灵公六年（前615年）出任司马开始，韩厥经过四十二年的奋斗，终于成了中军帅。

当一个长期超然于权力斗争之外、坚持做人原则的人成为中军帅的时候，意味着什么？意味着权力斗争已经不再是主流，老老实实干活儿才是正道。

下面来看看晋悼公继位之后的几件事情,从中就能看到晋悼公的见识、魄力和人格魅力。

晋悼公登基当年六月,鲁成公亲自前往晋国朝见。晋悼公热情接待,礼节周到,令鲁成公有些受宠若惊。等到鲁成公回国之后,晋国的士匄随后也就到了,答谢鲁成公对晋国的访问。这下把鲁国的大夫们高兴坏了,跟晋国打交道这么多年了,晋国人始终像对待一个跟班那样对鲁国不屑一顾,如今却按照平等礼节来对待鲁国,大家能不感动吗?

当年十一月,楚国令尹子重侵犯宋国,宋国急忙向晋国求救。

"主公,如果想得到诸侯的拥护,就要保护他们。晋国要重振霸业,请从救援宋国开始。"韩厥的态度很清楚——救。

即位不到一年,要不要跟楚国人交锋?换了别人,会犹豫。可是晋悼公决不犹豫:"正合我意,不要耽搁,立即出兵。"

晋军火速出动,赶往宋国。子重得知晋军果断出兵之后,自己主动撤军了。

"晋国人不忽悠人了。"天下诸侯惊呼。

晋悼公三年,祁奚告老退休。

"祁老,您退了,谁接任呢?"晋悼公有点儿舍不得,老爷子学问高、人品好。

"解狐最合适。"祁奚说。

"解狐?你们不是仇人吗?"悼公有点儿吃惊。

"您问的是谁适合接任我,没问我谁是我的仇人。"祁奚说。

悼公很感动,祁奚这是什么精神啊?

第二天,悼公派人去招解狐来接任祁奚的中军尉,谁知解狐没这个命,竟然在昨晚心肌梗死身亡。

于是，悼公又请祁奚来。

"老爷子，解狐突然病故了，您再给推荐一个吧。"

"那，祁午可以。"

"祁午？那不是您儿子吗？"

"你问的是谁接任合适，没问我谁是我儿子。"

"那，羊舌职也病危了，谁接替他比较好？"

"他儿子羊舌赤最合适。"

"据说，你和羊舌职的关系并不好啊，为什么推荐他的儿子？"

"我说了，因为他合适啊。"

后来，祁午和羊舌赤都干得很出色。

这段故事就是祁奚"一举不避仇，二举不避亲"的故事，千古以来传为美谈，也是"举贤不避亲"这句话的来历。

晋悼公很敬佩祁奚，不过其实他更应该敬佩自己。首先，他重用了祁奚这个人才；其次，他营造了一种民主公正的气氛，祁奚也才有可能以如此无私的立场推荐人才。试想，如果国君就是个昏君，这个国家恐怕就不是"举贤不避亲"，而是任人唯亲了。

对此，《左传》里的"君子"给了祁奚极高的评价，并且引用了《商书》和《诗经》里的句子。《商书》写道："无偏无党，王道荡荡。"意思是"既不结党又不营私，这才是堂堂正正的王道"。《诗经》写道："惟其有之，是以似之。"意思是"只有自己有才能，被举荐者才像他一样"。

所以，一个君主的伟大人格，是可以带动臣子们的人格也变得高尚的。而如果一个国家到处都是结党营私，任人唯亲，尸位素餐，恐怕君主首先要反省自己的能力和品德了。

晋悼公在晋国的历史上也是一代雄主，有人认为他比晋文公还要厉害。的确，从他的表现来看，我们只能用两个字来形容："完美"。

晋悼公自从十四岁登基之后，迅速稳定了国内形势，压制了多年来不断的内部权力斗争。由于晋悼公的英明睿智和慧眼识才，晋国在晋悼公时代涌现出大量能臣，大臣们安分守业，各展所长，而且懂得谦让。至于有哪些能人贤人，以及有哪些让贤荐贤的例子，随后慢慢道来。

内部的和谐和发展，使得晋悼公有资本也有信心对外强硬。在整个春秋历史上，大概没有任何一个君主能够像晋悼公那样对外强硬。也正因为有了强大的实力，晋悼公对于盟友可以体现出大度且有礼。

尽管此前的三次晋楚大战中晋国二比一领先，但是两国之间从来没有真正让对方服气过。而晋悼公时期，晋国尽管没有再次取得城濮之战那样的胜利，却让楚国口服心服，并且几乎拖垮楚国，为吴国随后险些灭掉楚国埋下伏笔。

很奇怪晋悼公这样的君主竟然没能入围春秋五霸，而事实上，他很可能是整个春秋最应该被称为霸主的人。因此，在这里，我们将晋悼公命名为春秋第四霸。

如果以个人能力来说，大概整个春秋也只有楚庄王能够和晋悼公相提并论了。

为什么在晋悼公刚刚出来的时候就给他下结论？因为他并没有惊天动地的事迹给人们去回味，换言之，他震慑你，他让你还没有跟他交手就已经心悦诚服。

晋国和谐了，但是天下依然很混乱。在简单介绍了晋悼公的光辉事迹之后，我们把目光投向全天下，看看其他国家的百姓是怎样生活的。

第一二五章

臧文仲的策略

大国要争霸，小国也要生存。

争霸之道固然精彩纷呈，求存之路也充满智慧和趣味。

在晋国和楚国强势争霸的同时，中等国家、小国是如何定位的？这一点非常重要，定位准确，就能活得滋润一些；定位错误，就活得艰难甚至无法活下去。

有了定位，还要站队。站队不是简单的站队，是死心塌地站一个队，还是随时准备换队？这就是每个国家不同的外交政策了。

262

具体形势是这样的。

晋国，无论在国力还是在文化上都居于世界之首，而且手中拥有周王室的牌子，行政体制为中军帅领导下的内阁责任制。

楚国，是唯一可以与晋国相抗衡的国家，在军事实力上双方不相上下，国土面积楚国更大一些，但是在文化上有一定差距，政体为国君领导下的令尹负责制。

超级大国确定了，跟班各国的地位随即确定。

齐国，一个大国，一个曾经最强大的国家。可是，实力的衰退使得它不得不对晋国和楚国低声下气，心不甘情不愿地充当二流角色。在文化上，齐国并不弱于晋国，甚至有一定的优越感，齐国人时刻怀念当霸主的美好时光。而从地理上说，齐国并不与两个超级大国相邻。因此，一有机会，他们就会试图脱离两个超级大国的控制，在邻近的小国身上找回失去的尊严。可是，每次他们挑起事端，都会引来晋国或者楚国的干预，进而导致兵戎相见。遗憾的是，骄傲的齐国人每一次都是战败者。当羊投靠了老虎，最困惑的一定是狼，而齐国就是这匹狼。

鲁国呢？这个周朝初期最为荣耀、最具地位的国家如今已经彻底沦落为二流半的国家。他们不再具有实力，唯一剩下的是他们的贵族血统、绅士风度和周礼文化。基于血缘上的关系和地缘政治学，鲁国成为与其同宗同源的晋国最坚定的跟班，而晋国对鲁国的支持也最为坚决。

宋国是一个很有意思的国家。尽管打仗不行，但宋国人还是很骄傲的，他们总是认为自己在全世界的地位仅仅落后于周王室。用他们自己的说法："我们是周朝的客人。"所以，他们总想具有独立的地位，总想牵头搞些新意思。他们的战车制造技术一流，但是战斗力三流。每一次战争，他们都是挨打和求救的角色。这么说吧，实力一般，自我感觉超好。当然，实际上，还是要跟着晋国混。

卫国是个很简单的国家，地理上紧挨着晋国使得他们根本不用有什么想法，晋国让干啥就干啥，准没错。

郑国是一个复杂的国家，在两个超级大国的夹缝中求生存，今天你来，明天他来，谁来管谁叫爷，偶尔雄起一把呢，却往往站错了队。但是，郑国人并不是软柿子，郑庄公的后代们时不时表现出超人的胆魄。他们的生存条件最为艰难，但是他们顽强地生存着。

至于陈国、蔡国、许国这样的小国，他们只能在楚国的羽翼下苟且偷生，国家有名无实，随时等待被灭的结局。

还有一个重要的国家被忽略，那就是秦国。一个游离于主流之外，对世界充满怀疑和警惕的国家。这个国家处在偏僻之地，易守难攻，他们渴望加入主流社会，渴望改变自己的文化。终于有一天，他们改变了一切。可是，那已经是战国了。在春秋时期，他们似乎只为了一个目标而存在：打晋国。

先来说说鲁国。

随着齐、楚、晋的先后崛起，鲁国完全落后了。

齐桓公的时代，季友杀死庆父之后开始执掌鲁国国政，那时世界形势还不复杂，鲁国只一门心思跟着齐国走就行了。到后来季友去世，臧文仲成为鲁国正卿。

臧文仲，鲁国公族，鲁孝公的后人。

鲁孝公的儿子名驱，字子臧，被封在臧地，后代就以"臧"为姓。鲁惠公（孝公子）之子名欣，字臧，其子孙以其字作为自己的姓氏，也称为臧氏。所以，臧姓都来自鲁孝公。臧姓在宋版《百家姓》中排名第一百一十二位，郡望有东海郡、东莞郡、天水郡、颍川郡。

臧文仲在鲁国的历史上算是个响当当的人物，属于鲁国的改革派代表。眼看齐国的自由市场经济获得巨大成功，臧文仲下令鲁国改革。怎么改革？实行自由通关，免除关税。由于鲁国历来是个重农轻商的国家，他这一举动受到许多人的质疑。直到臧文仲去世之后，孔子还在说臧文仲的"三不仁"，其中的一条就是"废六关"，也就是免除关税。

臧文仲是个很实际的人，而且是个很有办法的人。

那一年鲁国大旱，按照过往的规矩，这个时候要烧死巫师和一种凸胸仰面的畸形人来祭祀老天，请求天赐雨水，因为人们认为老天爷就是因为对他们不满才不肯下雨的。

臧文仲没有这样做，他决定废除这种方式。

"杀了这两种人有什么用？老天爷如果要杀他们，那就根本不会让他们出生。要是他们能造成大旱，杀他们不是激起他们的怨恨，引发更大的旱情？这么说吧，要抗旱救灾，不靠天，不靠地，靠自己。"臧文仲说到做到，当年鲁国压缩各项活动，减少各类开支，全力支援农业。到年末的时候，收成虽然不好，但是还过得去，国家并没有发生粮食危机。

鲁庄公年间，有一年鲁国发生饥荒，臧文仲对鲁庄公说："与邻国结好，取得诸侯的信任，用婚姻关系来加强它，以盟约誓言来巩固它，乃是为了应付国家的急难。铸造钟鼎宝器，贮藏珠玉财物，乃是为了救助百姓的困苦。现在国家遇到了困难，国君为何不抵押钟鼎宝器向齐国借粮呢？"

"嗯，你说得有理，派谁去呢？"鲁庄公问。

"国家遇到饥荒而由卿大夫外出求购粮食，是古代的制度。我现在是卿，请派我去吧。"臧文仲主动请缨。

于是，鲁庄公派遣臧文仲前去齐国换购粮食。

臧文仲的侍从觉得有些不可理解，对臧文仲说："国君没有指派你，你却主动要求，这不是自己给自己找事吗？万一没有换回粮食，反而会被抱怨啊。"

臧文仲对他说："贤明的人应该争做危难的事务，谦让平易的事务，当官者应该敢于任事而不逃避危难，在高位者应该体恤百姓的忧患，这样国家才能安定。处于上位而不体恤百姓，当了官而又懒于理事，不是臣子侍奉国君所该做的。"

臧文仲到齐国后去见管仲，用鬯圭和玉磬向齐国求购粮食。

"天灾流行，殃及我国，饥荒又降临到百姓中间，百姓羸弱，生命受到威胁。对周公、太公的祭祀无法保证，给王室的贡品也难以操办，我们国君很担心因此而获罪。所以不敢再珍惜先君的宝器，请求交换贵国积余的陈粮。这既可减轻贵国仓库的负担，也可解救我国的饥荒，使我们能履行向王室朝贡的职守。不但我们的国君和臣子能领受到贵国国君的恩惠，就是周公、太公和天间的所有神也靠这可以继续得到祭祀。"臧文仲一番话说得感人至深，情真意切。

"嗐，这何必呢？鲁国的国宝我们不敢收啊。这样吧，东西你们拿回去，也不用换了，我们借粮食给你们，等你们丰收了，再还给我们就行了。"管仲说。

轻货重民，臧文仲这种思想尤其宝贵。

那么，臧文仲为鲁国制定的是什么样的外交政策呢？

齐桓公称霸时代，臧文仲的外交政策继承了季友的"亲齐"方针。但是，随着管仲的去世，齐、鲁之间的关系降温。在齐桓公去世之后，齐、鲁两国之间的关系进一步降温。到了这个时候，鲁国就必须调整外交政策了。

到鲁僖公二十六年（前634年），齐国入侵鲁国。于是，鲁国一面派人求和，一面向楚国求救。

"齐国人靠不住了，当今世界，最强的莫过于楚国，我们不如借助楚国抗衡齐国。"臧文仲向鲁僖公建议，于是，鲁国历史上第一次派人出使楚国。

对于鲁国主动前来投靠，楚成王非常高兴，因为鲁国是诸侯国中最德高望重的国家，鲁国都来投靠了，那不是证明楚国的感召力已经超过了周王室？

于是，楚国迅速派兵帮助鲁国攻打齐国，并且打得齐国没话可说。作为楚国的盟国，鲁国也派公子买领兵到另一个楚国盟国卫国那里，帮助卫国协防齐国人。

为了进一步拉近与楚国的关系，鲁僖公为自己的太子向楚国求婚，于是楚成王的女儿嫁到鲁国，就是后来鲁文公的夫人、鲁宣公的母亲顷熊。

263

鲁国人投靠楚国的时间并不长，第三年，也就是鲁僖公二十八年（前632年），晋文公率领晋国军队为了救宋国而讨伐卫国，一举攻占五鹿。鲁国军队见晋军实力强大，根本不敢增援卫国军队。

"请贵国驻守卫国军队抵挡晋军，等待楚军增援。"楚国来了最高指示，要让鲁军对抗晋军。

"怎、怎么办？"鲁僖公有点儿傻眼，听楚国人的话去对抗晋国人吧，那绝对是鸡蛋碰石头。可是不去吧，难保楚国人不会秋后算账。

要说，还是臧文仲聪明。

"不要急，这已经不仅仅是出不出兵的问题了，我们要先分析下形势。"臧文仲心中是有谱的，他知道靠别人是靠不住的，只能靠自己，"看得出来，晋国和楚国这次是要一决雌雄了。如果楚国胜，那我们这时候就该去打晋国；如果晋国胜，那我们无论如何不能去。可是，谁知道谁能胜啊？谁也不知道。"

"说来说去，都是废话啊。"鲁僖公有点儿不满意了。

"所以，谁也不能得罪。"

"说起来容易，怎么做啊？"

"这样，把我们在卫国的部队撤回来，这样就不得罪晋国人了。"

"是不得罪晋国人了，可是得罪楚国人了，不行吧？"鲁僖公摇摇头，心想，老臧，你老糊涂了吧？

"听我说完啊。等到撤军回来，咱们就把公子买杀了，然后告诉楚国人说公子买擅自撤军，咱们已经把他杀了。喏，撤军是公子买的个人行为，杀掉他这个叛徒是我们的国家行为，咱们为了鲁、楚友谊连国君的弟弟都给杀了，楚国人还有什么话说？"臧文仲的主意虽然有点儿缺德，但是真的

第一二五章　臧文仲的策略　　　　　　　　　　　　　　　　47

可行。

鲁僖公想想，弄来弄去要杀我弟弟，早知当初派你弟弟去了。虽然有点儿不愿意，但确实没有比这更好的办法了。

"好，就这么办了。"鲁僖公接受了。

就这样，臧文仲悄悄命令公子买从卫国撤军。公子买也挺高兴，好久没见到老婆了，这下终于可以回家了。

"哎，你怎么回来了?"鲁僖公惊诧地问，正好楚国使者又来了，就在旁边站着。

"不是你让我回来的吗?"公子买吃了一惊。

"我叫你回来? 搞错了吧?"鲁僖公当然不认账。

"那、那就是老臧让我回来的。"公子买有点儿糊涂了，那年头撤军就凭使者一句话而已，还真没注意究竟谁派去的。

"哎，我可不知道啊。"臧文仲推得干干净净。

"欸?"公子买傻眼了。

楚国使者费了半天劲，终于弄明白公子买是把鲁国在卫国的军队给带回来了。弄明白之后，他可就说话了。

"你们请我们攻打齐国的时候，我们二话没说就出兵了。如今我们请你们抵抗晋国，你们怎么就撤军了呢?"楚国使者不干了，当场指责。

臧文仲不说话，摆出一副看热闹的架势。

"兄弟，我也知道你想老婆了。可是，你擅自撤军事小，如今搞得友邦惊诧事大。你说我们跟楚国关系这么铁，你这么做，叫我怎么办?"鲁僖公的脸色沉了下来，为了增强效果，刚才还特地在脸上擦了点儿姜水。

"我，我，我真不是自己回来的啊。难道，难道是晋国人假冒我们的使者?"公子买也算机灵，给自己找个台阶下。

"别说那些了，后果已经造成了，你说怎么办吧?"鲁僖公假装很生气，然后对楚国特使说："特使啊，你说怎么处置他吧，我听你的。"

楚国特使低头想想，说了句："你们自己看着办吧。"

看着办是怎么办？鲁僖公当然知道怎么办。

"啪！"这是拍桌子的声音，之后是鲁僖公的声音："公子买擅自撤军，导致友邦惊诧，后果十分严重。为了给楚国一个说法，我也只好大义灭亲了，来人，斩首。"

就这样，公子买被砍了。临死，他也没弄明白究竟是谁要了他的命。

"我们已经杀了擅自撤军的公子买，近期会再派军队前往卫国抵御晋国。那个什么，要不，这个脑袋你带去给楚王看看？"鲁僖公给楚国特使送了不少礼品，其中包括公子买的脑袋。

楚国特使高高兴兴走了，走到半路把那个脑袋扔掉了，谁愿意带个脑袋走路啊？

为了国家的利益，公子买就这样做了冤死鬼。

臧文仲的策略是成功的。

当年的城濮之战，晋国人战胜了楚国人。

"老臧，怎么办？"鲁僖公又找来臧文仲商量，庆幸当初没有贸然去跟晋国人作对。

"主公，晋国是武王的后代；咱们鲁国是周公的后代，咱们是兄弟国家啊。从前投靠楚国，那是没办法的办法，如今晋国战胜了楚国，咱们还有什么好犹豫的，投靠晋国啊。"臧文仲眉头都没皱一下，决定重新站队。

墙头草，随风倒。

当天，鲁僖公和臧文仲出发，前往城濮。

作为第一个前来祝贺的诸侯，鲁僖公受到了晋文公热情的接待。两国君主就当前的天下形势进行了会谈，重温了三百多年前的亲兄弟情谊。最后，鲁僖公表示，从今以后，鲁国要在晋国的领导下，紧密团结在周王室的周围，为了全天下的和谐美好而共同奋斗。

鲁国参加了随后的一系列会盟活动，以实际行动表明鲁国将成为晋国最坚定的盟友。

晋国一度决定灭掉曹国，将曹国分给各国诸侯，鲁国分到的最多。尽管最后大家都把分到的土地还给了曹国，但是晋国与鲁国之间的紧密关系已经显露无遗。

俗话说：疾风知劲草。可是，再劲，也不过是根草，要那么劲干什么？只有随风倒的墙头草才能生存下去。

第一二六章

好兄弟公孙敖

鲁国真的是礼仪之邦吗？真的是。

不过，既然礼崩乐坏已经是大势所趋，鲁国能独善其身吗？

泥沙俱下的时候，谁也不能独善其身。

在鲁国，不仅仅社会中下层对周礼越来越不感兴趣，就是卿大夫乃至国君，对于周礼也并不严格遵守。

《左传》及《国语》中都记载了鲁国君臣的一些"违礼"之举。

对于礼仪之邦来说，关起门来守不守礼其实都无所谓，可是，在外人面前一定要做出一副知礼守礼的架势，要不，怎么贩卖文化？

问题是，时间久了，鲁国人连做做样子也不愿意了。

俗话说：周礼尽在鲁矣。

现在来说说周礼，概括讲来，周礼的内容应该包括礼义、礼仪或礼节、礼俗三个层面。礼义是抽象的礼的道德准则。礼仪或礼节是具体的礼乐制度，可大致分为吉、凶、军、宾、嘉五大方面。细分之，有所谓"经礼三百，曲礼三千"之说，真可谓"繁文缛礼"，大而至于政治、军事，小而至于衣冠、陈设，无不有义。这些都是本着忠、孝、信、义等准则推衍而来的，目的是"明贵贱，辨等列，顺少长"。礼俗即周人的社会风俗与道德习惯，它比礼节更细且繁，只是并无硬性规定。就主次而言，礼仪、礼节、礼俗是从属于礼义的，因为礼的根本目标是维护秩序，这才是其本质所在。

在所有诸侯国中，鲁国是"周礼之父"周公的封国。因此，鲁国初封时不仅受赐丰厚，而且得到了不少特权。《礼记·明堂位》记载说："凡四代之服、器、官，鲁兼用之。是故鲁，王礼也，天下传之久矣。"周成王明确规定，周公的祭祀享受王的待遇，鲁国可以"郊祭周公"。

因此，鲁国天然就是周礼的模范国家。即便是王室，在经历了西周变东周的动荡之后，在周礼上也不如鲁国这么齐备了。再加上鲁国不仅有天子之礼，而且有诸侯之礼，对于诸侯更具有示范作用。

"周礼尽在鲁矣。"这是当时其他国家对鲁国的评价，似乎也是事实。

正因为鲁国是礼仪之邦，各国诸侯要了解周礼往往要到鲁国学习。从前是中原诸侯国家，如今，就连秦国和楚国也派人来学习。

鲁国有专门的机构对其他国家的人进行周礼培训，靠这个每年能挣到大笔的收入。

转眼间，鲁僖公鞠躬尽瘁了，于是鲁文公继位。而臧文仲年岁渐高，执政一职就交给了鲁僖公的弟弟公子遂，因为他的封邑在曲阜东门之外，又叫作东门襄仲。

与臧文仲相比，东门襄仲的学问可就差得太远了。

鲁文公四年（前623年），卫国的宁俞来鲁国聘问。按照鲁国的习惯，同姓国家来的客人都是兄弟，接待标准要高于异姓国家。当然，齐国虽然是异姓国家,但那是姥姥家,接待规格与同姓国家相同。所以,宁俞来到,接待规格很高。

鲁文公亲自请客,六卿作陪。不过,臧文仲请了假。

国君请客,那可不是胡吃海喝,那是有讲究的,吃什么喝什么,奏什么音乐都不是乱来的,都是按照周礼来的,一来表示郑重,二来也是文化展销。这一次,按照东门襄仲的布置,伴奏音乐是《湛露》和《彤弓》这两首。按照规矩,宁俞就应该在席间答谢或者吟诗作答。可是没想到宁俞只管吃,什么话都没说。

"哎,宁俞据说很聪明啊,怎么这么不懂规矩?来到礼仪之邦,一点儿礼也不讲啊。"鲁文公有点儿不高兴,不过他觉得一定有什么原因。

于是,散了席,文公就派东门襄仲去问问宁俞究竟是怎么回事。

东门襄仲不去,因为他自己心里没底,他把这活儿改派给了司马公孙敖,公孙敖是谁?庆父的儿子。

"老宁啊,我家主公让我问你呢,怎么吃饭的时候我们奏了音乐,你没什么反应呢?是我们什么地方失礼了吗?"公孙敖来问宁俞,他这人大大咧咧,说话也没有拐弯抹角。

"你不知道吗?"宁俞反问。

"我知道什么?我知道还来问你?"公孙敖有点儿丈二和尚摸不着头脑了。

"我问你,你们奏的是什么音乐?"

"什、什么音乐?我也不知道啊。"公孙敖说,他是真不知道。对于周礼这套东西,他根本没兴趣。

"你不知道?怎么会?鲁国不是礼仪之邦吗?你怎么这都不知道?"宁俞吃了一惊,传说中的鲁国不是人人懂礼的吗?鲁国的卿怎么会连这个音乐都不懂?

"嘻。"公孙敖笑了，笑完了说，"什么礼仪之邦啊，那只是个传说，那套东西早过时了。哈哈哈哈。"

"啊，我听说各国都派人来鲁国学礼啊，那岂不是什么都学不到？"宁俞不敢相信。

"那也不是，我们专门有人接待各国留学生啊，他们学到的都是正宗的周礼。嘿嘿，挣点儿文化钱嘛。"公孙敖说的都是实话。

"唉。"宁俞叹了一口气，无话可说了。

"老宁啊，别光叹气，说正事啊。"看见宁俞叹气，公孙敖有点儿尴尬，要不是鲁文公一再叮嘱要问清楚，他都不好意思再问下去。

"我告诉你吧，那两首音乐一首叫作《湛露》，是天子宴请诸侯的，另一首叫作《彤弓》，是天子奖励功臣的。鲁侯不是天子，我也不是诸侯，奏这样的音乐，我怎么有资格答谢呢？所以，我只好装作没听见。"宁俞说完，公孙敖这才恍然大悟。

说来说去，是音乐选错了。

公孙敖回去把事情一汇报，大家都很尴尬。鲁文公满脸通红，他觉得太丢人了。

"嘻，没想到，没忽悠住他。"公孙敖没当回事，还挺高兴。

所有人都瞪了他一眼，虽然人人都知道鲁国的礼乐不过是在忽悠其他国家，可是在家门口出错无论如何也是件丢人的事情。再说，事情要是传出去，今后还怎么忽悠？

"不对啊，记得上次吃饭的时候，咱们也用过这两首曲子啊，还是臧老定的啊。咱们能用，怎么宁俞来了就不能用？臧老弄错了？"东门襄仲有点儿不服气，感觉宁俞是少见多怪。

第二天，东门襄仲前去臧文仲家中讨教这个事情。

"唉，人家宁俞是对的，可是我也没错。"臧老爷子说了。

"那、那就是我错了？"

"就是，咱们鲁国可以用天子之礼，所以，关起门来，用天子招待诸侯的音乐是没有问题的。可是，其他国家的人来了，咱们的音乐就得降一级了，否则客人的级别就不对了，知道不？"臧文仲解释，原来，学问在这里。

"唉，看来，我们必须摆正位置了，必须有点儿技术含量了。"东门襄仲感慨，他对此感到有些羞愧。

东门襄仲走了，臧文仲叹了一口气，自言自语："唉，看来，东门襄仲这一辈都是些废材，鲁国在他们手上好不了。鲁国要有起色，恐怕要等到季孙行父掌权了。"

季孙行父是谁？季友的孙子，又叫季文子。

265

臧文仲说的东门襄仲这一辈实际上就是指东门襄仲和公孙敖，这两位是堂兄弟。相比于东门襄仲的不学无术，公孙敖则更加不思进取，撞钟混日。

宁俞走后日子不长，公孙敖家里出大事了。什么大事？老婆死了。

别人的老婆死了也就死了，可是公孙敖不一样，他对他老婆爱得死去活来，所以老婆死了，跟天塌了一样。他老婆是谁？

当初，公孙敖从莒国娶了一个老婆回来，名叫戴己；戴己的妹妹随嫁过来，名叫声己。两人各自为公孙敖生了一个儿子，大的叫孟孙谷，又叫孟文子，小的叫孟孙难，又叫孟惠叔。公孙敖很喜欢大老婆，对二老婆没什么感觉。如今大老婆戴己死了，把他伤心得够呛。

"我、我老婆死了，我活着还有什么意思啊，我不想活了，老婆啊，你慢些走啊，呜呜呜呜。"公孙敖哭得挺伤心，真哭，不是装的。

"叔，人死不能复生，节哀顺变吧。"季文子安慰他。

"你懂个屁，这么好的老婆，哪里再去找第二个啊，呜呜呜呜。"公孙敖骂了一句，弄得季文子不敢再说话了。

"至于这样吗？"东门襄仲一向就有些瞧不起公孙敖。

公孙敖大概哭了半个时辰，也哭累了，抹抹鼻涕，不哭了。大家一看，好嘛，敢情不用劝就不哭了。

既然已经不哭了，大家还待这儿干什么？众人正要走，就听见公孙敖说出来一句雷倒大家的话。

"不行，我还要娶一个老婆。"公孙敖坚定地说。

大家都笑了，刚才还以为他是个情种，谁知是个多情种。

"一个跟戴己一样的老婆。"公孙敖接着说。

大家都不笑了，大家在思考，跟戴己一样的老婆去哪里找？

"我要去莒国求亲，让他们再给我一个像戴己的女人。"公孙敖继续说，像是自言自语，又像是在告诉大家。

公孙敖为什么不把声己扶正呢？因为他死活看不上声己，他哭的时候还喊呢："老婆啊，怎么死的是你，不是你妹妹呢？"

所以，声己恨死了公孙敖。

大家陆陆续续都走了，到了门口，东门襄仲突然说："各位先走，我还是再去劝劝他，省得他殉情什么的。"

看起来，东门襄仲真是够兄弟。

说完，东门襄仲转回身来，回到了公孙敖那里。

"大哥，你看，我老婆也死了，你去莒国，顺便帮我也聘个老婆回来，行不？"东门襄仲对公孙敖说，敢情是干这个来了。

这回，轮到公孙敖笑了。

公孙敖干别的不行，干这个还是很有效率的。

老婆下葬之后第二天，公孙敖就派人去了莒国，向莒国国君求亲。

戴己和声己都是莒国国君的侄女，像公孙敖这样的鲁国的卿，至少也要娶莒国的公族女子的。

"我们的要求是，一定要娶个跟戴己一样的。"公孙敖派去的人提出这样的要求。

"什么？"莒国国君当时就不高兴了，一口拒绝，"戴己死了，就该把声己扶正了，周礼不是这样吗？鲁国还礼仪之邦呢，哼。"

得，一点儿面子也没给，还挺讲原则。为啥这样？因为莒国国君就喜欢声己，他就想替声己抱不平。

"那、那公子遂也死了老婆，也想向贵国求婚，行不？"来人说话没什么底气了，估计这个也没戏。

"没问题，我给挑一个好的。"没想到的是，莒国国君眼皮子都没眨一下，同意了，也不说什么周礼不周礼了。

自古以来就经常发生这样的事情，自己的事情没办成，反而顺便帮别人办的事情办成了。

转眼到了当年的冬天，徐国不知道为了什么攻打莒国，于是莒国来鲁国请求结盟并求援。

"公孙敖，你去趟莒国吧，顺便看望一下丈母娘。"鲁文公同意了莒国的请求，决定派公孙敖去莒国结盟。

公孙敖其实不想去，他还在生莒国国君的气呢，不过最高指示下来了，不去也得去了。

"大哥，顺便帮个忙，把我老婆给带回来。"东门襄仲拜托了他这件事，连聘礼也交给了他。

就这样，公孙敖带着两个任务去了莒国，结盟仪式完毕，就去接东门襄仲的老婆了。

"哇。"第一眼看见东门襄仲老婆的时候，公孙敖的眼珠子都快瞪出来了，"哎呀妈呀，这比戴己还要迷人呀。"

第一二六章　好兄弟公孙敖

强忍着口水，公孙敖把聘礼的事情给办了，东门襄仲新老婆一家把女儿交给公孙敖，送出了莒国。

到了鲁国境内，公孙敖的口水可就再也忍不住了。

"兄弟，我对不住你了。"公孙敖经过并不激烈的思想斗争，下定了决心。

于是，公孙敖帮人帮到底，帮东门襄仲把入洞房的事也给办了。

所托非人哪。东西可以托人带，损坏了还可以再买，老婆千万不要托人带，就是兄弟也不行。

回到曲阜，公孙敖兜了个大圈子，绕到西门进了城。他不敢去见东门襄仲，干脆躲在家里哪里也不去。

东门襄仲家里刷墙扫地，晾被晒褥，就等着这个新老婆进门呢。谁知道公孙敖一回来就躲起来了，也不说把老婆给送过来，怎么回事？派人去一问，这才知道，老婆被公孙敖截和了。

"据说，这个女子比戴己还迷人啊。"派去的人回来添油加醋地说。

东门襄仲没有说话，他本来就很生气，现在更生气。

"据说，公孙敖整天跟她腻在屋子里，连门都不出。"派去的人说得绘声绘色。

东门襄仲的脸色气得铁青，眼睛则有点儿发红。

"公孙敖说了，他愿意把聘礼还给你。"派去的人继续说。

"还、还、还他个头。不行，老子要讨个公道回、回来。"东门襄仲气得说话都有些结巴了。

说完，东门襄仲气哼哼地找鲁文公去了。

"大侄子，你可要给我做主啊。"东门襄仲来到朝廷，恰好鲁文公在。

"叔，什么事？"鲁文公一看东门襄仲着急上火的样子，不知道出了什么大事，上次在卫国人面前丢人也没见他这么急过。

"什么事？老婆被人抢了。"东门襄仲脱口而出。

"什么？"鲁文公有点儿不相信自己的耳朵，在鲁国还有人敢抢东门襄仲的老婆？胆肥了。

　　东门襄仲把事情的前前后后详详细细说了一遍，最后说了："是可忍，孰不可忍，我坚决要求出兵攻打公孙敖。"

　　鲁文公皱了皱眉头，想了想说："抢房子抢地，不能抢老婆啊。这不是抢老婆啊，这是偷老婆啊。抢老婆还算是好汉行为，偷老婆算是什么？咱们礼仪之邦怎么能容忍这样的事？叔，我支持你。"

　　按照鲁文公的说法，就算是同意出动军队讨伐公孙敖了。帮着亲叔打堂叔，倒也是亲疏有别。

　　为了一个女人，鲁国兄弟之间眼看就要动家伙了。

第一二七章

三桓

回顾一下往事。

当初,在季友逼死两个哥哥庆父和叔牙,扶立鲁僖公之后,将二哥庆父的儿子公孙敖(又叫孟穆伯)封在成,级别为卿,就是后来的孟孙氏;三哥叔牙的儿子公孙兹(又叫叔孙戴伯)封在郈,级别为卿,就是后来的叔孙氏;季友的采邑在费,又加封了汶阳,后来成为季孙氏。

等到公孙敖和公孙兹长大之后,公孙敖出任司马、公孙兹出任司空,再加上季友担任司徒,三家因为都是鲁桓公的后人,合称"三桓",鲁国六卿,三桓占去一半。

当下的形势是这样的。

孟孙家族,公孙敖为家长,有两个儿子,孟孙谷和孟孙难。

叔孙家族,公孙兹已经去世,儿子叔孙得臣(叔孙庄叔)为家长。此外,公孙兹的弟弟武仲休已经另立门户，成为叔仲氏，武仲休已死，儿子叔仲惠伯接任家长。

季孙家族，季友的儿子齐仲无佚早已经去世，孙子季孙行父（季文子）为家长。

三桓与臧文仲和东门襄仲同执国政，不过排位略靠后。

难道公孙敖和公孙兹忘了季友的杀父之仇？当然忘了。想想看，季友杀他们父亲的时候，他们还穿开裆裤呢，什么都不懂的年龄。后来每三天去季友叔叔家里接受再教育，现在的说法叫洗脑。季友叔叔对他们也不错，给他们讲文化、讲历史、讲各国形势和国内形势。渐渐地，哥儿俩都觉得自己的父亲不是好人，要不是季友叔叔大义灭亲，如今大家还不知道在哪里喝西北风呢。

总之，三桓的关系都不错。

三家有一个规矩，那就是每半个月开一次例会，也就是三家家长在一起开的"家长会"，探讨当前国内外的形势，以及三家如何共同应对可能发生的麻烦。

这次"家长会"被紧急提前了。

根据宫内卧底的线报，因为老婆被公孙敖强占，东门襄仲已经和鲁文公达成一致，要攻打孟孙家族。

这一次的家长会，显然是一次临时的紧急家长会。

与会人员如下：孟孙家族家长公孙敖，叔孙家族家长叔孙得臣，季孙家族家长季文子。此外，叔仲惠伯也列席。

于是，三桓家长会共有四人出席，即所谓的三加一模式。

其中，公孙敖为长辈，其余三人为同辈。

按照规矩，家长会由尊长主持，也就是由公孙敖主持。

第一二七章 三桓

"大侄子，二侄子，三侄子，三个大侄子。"公孙敖已经有些乱了阵脚，说出话来也有些混乱，"那个什么，啊，那个什么……"

公孙敖一来是有些紧张，二来这事情说出来很丢人，不知道该怎么说才好，哼哼唧唧说不出来。

一旁叔仲惠伯看着难受，于是主动为他解围："大伯，您要是不好说，让我来说吧。"

叔仲惠伯虽说在这里地位最低，仅仅是列席资格，但是他为人豪爽，善于交际，因此交友极广，大家都很喜欢他。而这次从宫里传出来的消息，首先就到了他这里。

"那行，那你来吧。"公孙敖自然巴不得这样。

其实，事情一点儿也不复杂，叔仲惠伯三言两语，把事情说得清清楚楚。

"如今，襄仲叔叔不干了，已经和主公商量好了，要攻打孟孙家族。大概的情况就是这样，我说完了。"最后叔仲惠伯这样说，"说起来，其实东门襄仲也是我们的亲戚，大家都是桓公的后代。

大家都不说话了，公孙敖是没有主意，叔孙得臣和季文子都知道这完全是公孙敖的过错，好汉做事好汉当，他就应该承担责任。而叔仲惠伯本身就是列席，介绍情况可以，发表意见就不太合适了。

眼看着没人说话，公孙敖忍不住了，他急眼了。

"大侄子们，你们不能见死不救啊，啊。如今伯父我遇上难题了，你们都不说话了？啊，我们鲁国的传统美德都哪儿去了？"公孙敖发火了，他辈分高，有发火的资格。

公孙敖发火了，大家就不能继续装傻了。按照年龄，该是叔孙得臣发言。

"伯父，我们是爱莫能助啊。这件事情，说到天上去都是您老人家理亏啊，唉。"叔孙得臣表态，基本上就是不管。

公孙敖狠狠地瞪他一眼，去看季文子。

季文子发言了："伯父，按说呢，我们三桓是应该互相扶持，可是，这事情我们还真是难办啊。"

公孙敖的表情很失望，他原以为季文子能伸出援手呢。

"唉，看来你们真是见死不救了，我，我怎么办啊，呜呜呜呜。"公孙敖说着，哭了，他是一个比较脆弱的人。

公孙敖哭了，三个晚辈看着，倒真有些不好意思起来。

"伯父，两位哥哥，我说几句话行吗？"叔仲惠伯说话了，三个人看看他，都点点头。于是，叔仲惠伯说了下去："我记得季友爷爷活着的时候经常把我们这些晚辈叫到一起，给我们讲道理。有一次，季友爷爷让我们看一个三足鼎，对我们说：你们看，这个三足鼎如果少了一个脚，就根本立不住；如果多了一个脚呢？又会立不稳。只有保持三足，放在哪里，不论地平不平，都能立稳。这就像我们三桓的三个家族，我们只有互相提携，互相帮助，才能长盛不衰。"

叔仲惠伯说到这里，停顿了一阵，他要给大家一点儿思考的时间。

果然，听了叔仲惠伯的话，每个人都开始思考。

季文子当然记得叔仲惠伯所说的那段故事，事实上他还记得更多爷爷说过的话，因为很多话爷爷只对他说过。

爷爷还对他说过齐国的国家和高家的事情："孩子，从周朝开始到现在，七百多年过去了，有过多少公子公孙？可是，有几个公子公孙如今还能家道不衰的？按照常规，公子是卿的待遇，公孙是大夫的待遇，之后待遇递减，到五世亲绝之后，也就是平头老百姓了。可是，为什么齐国的高家和国家能够世世为上卿？不是因为他们祖上是周王任命的上卿，而是因为这两家互相提携，共同进退。为什么当初庆父和叔牙犯罪而死，我还要让他们的儿子做卿？因为我们都是桓公的后代，只要我们三家像国家和高家一样同舟共济，互相提携，我们三家就也能世世为卿，子孙后代，永世昌盛。"

想到这里，季文子说话了："是啊，爷爷说过，我们三家，如果灭亡了一家，另外两家也不能存在下去。伯父，我们一定要想办法。我们三个晚

第一二七章　三桓

辈一块儿去找襄仲叔叔为伯父求情。"

听了季文子的话，公孙敖的眼中又放射出希望的光芒。

"没那么简单啊，襄仲叔叔这个人一向不吃亏，单单去求情没用。我看，除非伯父把小伯母还给襄仲叔叔，否则说什么也没用。"叔孙得臣说，他的态度也有了变化，这也算在提建议。

"那、那还不如杀了我。"公孙敖斩钉截铁地拒绝了，见色忘命，说的就是他这样的人。

那哥儿仨一听，哭笑不得。

叔仲惠伯想了想，又说话了："伯父，我有一个建议。其实，襄仲叔叔现在也未必就是真想要小伯母了，不过面子他是要的。所以，你一边向襄仲叔叔赔礼道歉，一边把小伯母给送回去，谁也别要了，这样，襄仲叔叔倒也可能接受。这可是底线了，如果伯父还是不同意的话，对不起，我是无能为力了，我先告辞了。"

说完，叔仲惠伯起身就要走。叔孙得臣和季文子也都起身了。

公孙敖一看这架势，自己要是再坚持，恐怕真要掉脑袋了，急忙拦住三人："喂喂喂，大侄子们，我、我接受还不行吗？"

现在，算是达成一致。大家认为，叔仲惠伯跟东门襄仲关系最好，又只是三桓的旁支，因此派他去向东门襄仲说和最合适。叔仲惠伯也没推辞，一口应承下来。

"大侄子，全靠你了。啊，这个忙你帮我，我以后也给你在莒国找个美女做老婆。"公孙敖对叔仲惠伯说。

"嘿嘿。"叔仲惠伯没接这个茬，心想找谁做媒也不能找你啊。

267

东门襄仲一方面派手下组织家兵，联络公室的队伍，准备攻打公孙敖；

另一方面，东门襄仲心里也有些打鼓。一来，为了个女人就这样兄弟相残，传出去名声一定不好听，何况就算灭了公孙敖，出了这口气，还能把那个女人娶回来吗？二来，公孙敖家里也不是白给的，鹿死谁手还真是难说呢。

可是，如果不攻打公孙敖，一来一口恶气出不来，二来话已经说出去了，总不能就这么收回吧？

正在烦闷，叔仲惠伯来了。

"叔，听说您要攻打公孙敖伯父啊。"叔仲惠伯进来就问。

"啊，对、对啊。他抢了我老婆，不，是偷了。大侄子你说，做这样缺德的事，是不是该打？"东门襄仲说，他一向喜欢叔仲惠伯。

"叔，据我所知，对内用兵叫作乱，对外用兵叫作寇。对外用兵呢，怎么说大家都有伤亡；对内用兵呢，死的可就都是自家人了。手心手背都是肉啊，血浓于水啊，一笔写不出两个'姬'字啊。两千多年以后要是有人把这段故事写下来，说是鲁国为什么内乱了，结果是因为一个女人，你说咱们丢不丢人？咱们内乱了，外面的敌人可就有机会来侵略我们了。我看啊，和平万岁吧。"叔仲惠伯虽然辈分低，可是人家的话说得有理。

"可是这事情不怪我啊，都是他自己招的不是吗？"

"叔啊，大家都知道这事情是公孙敖伯父不对，这不，昨天开家长会大家还都批评了他，说这样做太不厚道了，他也认了错。叔啊，公孙敖伯父那些毛病您还不知道吗？没什么爱好，就是好个色。看在大家都是桓公后代的分儿上，就别跟他计较了。"叔仲惠伯这话软硬兼有，等于告诉东门襄仲三桓已经在一块儿商量过对策了。

"那、那我老婆就白白归他了？"东门襄仲还是想不通，换了谁，谁也想不通。

"你看这样行不，叔叔也别娶她了，我去劝劝公孙敖伯父，让他把那女人送回莒国。再让他把聘礼给您送回来，赔个罪。这样呢，咱们就当没发生过这件事情，今后还是一家人，怎么样？"叔仲惠伯不说这是他们跟公孙

第一二七章　三桓

敖商量好的，只说是自己的建议。

"那，好吧。"东门襄仲同意了。

事到如今，也只能这样了。

就这样，叔仲惠伯把两边都摆平了。

这也是三桓家族的第一次同舟共济，三家第一次感受到了互相帮助的力量。

事情是过去了，但是后遗症留下来了。

公孙敖的名声本来就说不上好，现在更差劲了。

在朝廷，每次看见东门襄仲都很尴尬。

在家里，声己对他没什么好脸色，这么多年感情了，现在姐姐死了，还不给自己转正，待遇提不上去在其次，关键是伤自尊啊。两个儿子也阴阳怪气的，见了他跟看见怪物一样。

还有，公孙敖总觉得自己吃了大亏，为什么呢？因为当初东门襄仲的聘礼是送到女方家去了，也不能要回来。所以，赔给东门襄仲的聘礼是自己这里搭进去的。想想看，聘礼出了不少，结果才过了几天，就把这个女人给送回去了，亏不亏？

公孙敖觉得这日子越过越没劲，这心情越来越烦，看什么都不顺眼，看谁都不是好人。这简直就不是在过日子，简直就是熬月份。

越是这样，公孙敖就越是想念那个被自己送回莒国的美女。

转眼第二年秋天到了，周襄王崩了。

周襄王崩了，鲁国自然应该派人前去吊唁。臧文仲已经老得门牙都管不住口水了，自然不能去；东门襄仲刚刚出了几趟差，也不想动了。轮下来，到了公孙敖。

"爹，去吧，就当散散心。"两个儿子勉励他。其实，爹能不能散心不重要，重要的是，爹走了，大家都能散散心。

就这样，公孙敖带着丧礼上路了。

一路上，公孙敖没心思去想周王的事情，他只是怀念莒女。

"活人还想不过来呢，还想死人？"公孙敖对自己说，看见丧礼，又想起聘礼来，心情更糟糕。

眼看走到了洛邑，远远地，已经看到了洛邑城墙。

"走，往回走。"公孙敖给御者下令。

"怎么往回走？"御者很惊奇，问了一句。

"去莒国。"

公孙敖做出了一个旷古未有的决定，他决定放弃去周王室吊唁的任务，到莒国去寻找莒女，追求自己的爱情。

天哪，伟大的爱情故事啊。

天哪，为了心爱的女人抛家舍业啊。

天哪，为了一个女人，置国家的利益于不顾啊。

不管怎样，公孙敖卷款潜逃到莒国去了。

也不知道是有情人终成眷属，还是公孙敖精诚所至，金石为开。总之，公孙敖到莒国找到了莒女，并且莒国参照政治避难规则给了他大夫的待遇。从此，公孙敖跟小老婆就在莒国过上了神仙一般的生活。

公孙敖事件成为当时的"国际"事件，同时成为民间街谈巷议的主要话题。

公孙敖私奔之后，鲁文公不得不紧急派人前往周王室吊唁并解释，这个人选毫无疑问，只能是东门襄仲。东门襄仲很不愿意，他很愤怒："这个公孙敖，干什么都让我给他擦屁股。"

东门襄仲到了洛邑，立即发现周襄王的驾崩不是新闻，公孙敖携款私奔才是新闻，很多人都来向他打听："喂，有什么内幕？透露下。""公孙敖私奔，你有什么感想？""那个女人真的有那么好吗？"

自古以来，八卦都是人们感兴趣的东西。

"公孙敖，老子要没收你家的封邑，让你老婆孩子去喝西北风。"东门襄仲咬牙切齿地发誓。

可是，东门襄仲不知道的是，就在他发誓的时候，三桓又召开了一次紧急家长会。之后，三桓找到鲁文公，一通忽悠，于是公孙敖的大儿子孟孙谷接替了孟孙家家长职位，同时继承了公孙敖的封邑和司马职务。

三桓，依然鼎立在鲁国权力场中。等东门襄仲回到鲁国，黄花菜都凉了，只得接受现实。

第一二八章

都是真爱惹的祸

公孙敖的爱情故事就这样结束了吗？我们索性把公孙敖的故事说完。

鲁文公八年（前619年）公孙敖私奔，到了鲁文公十年（前617年），公孙敖在莒国待了两年，生了两个儿子。这时候，他想回鲁国了。可是，走容易，回去可就难了。往轻里说，公孙敖算是私奔；往重里说，他就算叛逃，而且是卷款叛逃。如今要回来，不走走路子，疏通疏通关系，那是绝对不行的。

来看看公孙敖是怎么折腾的。

268

公孙敖把想回鲁国的事情派人告诉了儿子孟孙谷，孟孙谷虽然对老爹也有意见，但是那毕竟是老爹啊，这总在外面漂着也不是个办法。于是，孟孙谷去找叔仲惠伯去了。

叫上了叔仲惠伯，两人去找东门襄仲去了。为什么要找东门襄仲？冤有头，债有主，只要东门襄仲不反对，谁还得罪这个人？

"叔，你看，公孙敖伯父想叶落归根，可是，没有您的批准，他不敢回来。您看，就让他回来吧。"叔仲惠伯向东门襄仲请求。

"什么，他还有脸回来？莒国不是挺好吗？回来干什么？"东门襄仲听说是公孙敖的事情，勃然大怒，他恨死了公孙敖。

"叔啊，公孙敖伯父是做得不对，可是再不对，他也是您的堂哥啊。再说了，祖上怎么教导咱们的？亲亲上恩啊。您不能也跟他一般见识啊，为了一个女人而坏了兄弟感情，这样的事情您怎么会做呢？"别说，叔仲惠伯还真有两把刷子，连说大道理带拍马屁，说得东门襄仲直点头。

"那，女人的事情就算了，卷款潜逃的事情怎么说？"东门襄仲有点儿松口。

"嗐，不就是一点儿公款吗？咱们闭起门来说话，谁还没贪污过公款啊？"

"那行吧，让他回来吧。不过说好了，回来之后只能在家里老老实实待着，朝廷上没他的事。"东门襄仲同意了，不过提了个条件：在家养老，官职没有。

就这样，公孙敖带着小媳妇和两个小儿子，从莒国回到了鲁国。

公孙敖在鲁国的家里待了三年，这三年哪里也没有去，就在家里待着了。三年之后，公孙敖又怀念莒国的生活了。某一天早上，公孙敖拾掇拾掇，带着小媳妇和两个小儿子，出门上路。

"爹，你去哪里？"孟孙谷连忙过来问。

"去莒国。"

"去莒国？为什么去莒国？"

"我愿意。"

"你要想清楚啊。"

"没什么好想的。"

就这样，公孙敖又走了。

故事结束了？还差一点儿。

正所谓生命不息，折腾不止。

如果说第一次移民莒国是叛逃，那么公孙敖第二次移民莒国就完全是合法移民。可问题是，第一次固然是叛逃，那时候公孙敖是鲁国的卿，按照政治避难规则，他理所当然在莒国享受大夫待遇，有房有车有地。可是第二次不一样了，他这次的身份就是鲁国老百姓，这样的身份到了莒国，那是什么都没有了。

好在公孙敖还有积蓄，靠着这点儿积蓄在莒国过日子，那叫一个不爽。

也就过了一年，公孙敖坐吃山空，眼看着生活水平直线下降。怎么办？还能怎么办？

公孙敖毅然决定回到鲁国，而东门襄仲也再一次同意公孙敖回来。

可是，就在公孙敖准备回国的时候，突发急病死在了齐国。他不是在莒国吗？怎么死在了齐国？原来，尽管鲁国与莒国相邻，但是从曲阜到莒国的道路难行，所以通常都要走北线从齐国绕行。

不知道为什么，听说公孙敖死了，东门襄仲变卦了，他决定禁止公孙敖的遗体回国。

俗话常说：走着出去，躺着回来。这下可好，躺着回不来了。

古人对死是很看重的，一个人活着，在哪里无所谓。但是死了之后一定要千方百计落叶归根，否则就成了孤魂野鬼，没有人供奉，就是饿鬼。

人生最痛苦的事情是什么？人老了，老婆死了。

人生最最痛苦的事情是什么？人老了，孩子死了。

人生最最最痛苦的事情是什么？人死了，老婆还年轻，孩子还小。

孤儿寡母守着公孙敖的尸体，痛哭流涕，不知道怎么办。

有人觉得他们可怜，给他们出主意：你们啊，把公孙敖的棺材放到齐鲁交界的堂阜去，鲁国人一定会把棺材弄回去的。

好主意。

当个人问题搞成国家之间的问题之后，往往就容易解决了。

公孙敖的棺材就这样放在了齐鲁边界。

齐国人在看热闹，于是鲁国人受不了了。

这个时候，公孙敖的大儿子孟孙谷已经走在了公孙敖的前面，因为孟孙谷的儿子还小，孟家的家长就由公孙敖的二儿子孟孙难接任了。孟孙难的母亲就是声己，声己恨死了公孙敖，因此孟孙难一开始对父亲尸体落叶归根的事情也睁只眼，闭只眼。可是，如今父亲的尸体成了大笑话，孟孙难受不了了，于是来到朝廷请求把父亲的尸体运回来，东门襄仲一开始不同意，孟孙难就跟他玩坐地炮，你不同意，我就静坐示威。不仅我一个人静坐示威，还要让我全家都来静坐示威。

眼看事情要闹成群体性事件了，东门襄仲害怕了。

"去去去吧，怎么说你爹也是咱们一家人，去把棺材接回来吧。"东门襄仲松了口。

就这样，公孙敖总算落叶归根了。基本上，根据"活人的面子可以不给，死人的面子一定要给"的原则，公孙敖的葬礼享受卿一级的待遇。

声己不肯去见公孙敖的棺材，就在停尸房外面哭了几嗓子算是敷衍了事。东门襄仲原来也不准备去哭丧，被叔仲惠伯忽悠了一阵，还是去了。

公孙敖的小老婆和两个小儿子现在就住在鲁国，说起来，鲁国人对亲情还是很看重的，孟孙难对这两个小弟弟挺关照，很喜欢他们。

多年以后，孟孙难去世，孟孙谷的儿子孟献子接任家长，对两个小叔叔也很不错。但是，后来有谣言说公孙敖的两个小儿子要害死孟献子，孟献子没有在意，反而两个小叔叔觉得很不安，于是搬出孟家，当了守门人，后来先后战死。说起来，公孙敖的两个小儿子都挺有骨气。

269

在公孙敖死的那一年，齐国发生了一件大事。什么大事？齐昭公死了。

昭公死了，就该儿子公子舍继位。可是，昭公的弟弟公子商人下了毒手，把公子舍给杀了，然后自己当了齐国国君，就是齐懿公。

齐国发生的事情，跟鲁国有什么关系吗？

通常，齐国发生的事情都跟鲁国有关系，因为他们是近邻加近亲。

这一次，跟鲁国有什么关系？

公子舍的母亲子叔姬是鲁国人。具体来说吧，是东门襄仲的妹妹。

鲁国人是比较重亲情的，通常，嫁出去的女儿如果死了老公或者老无所养，都会想办法给接回娘家。现在，子叔姬的老公死了，儿子也被杀了，一个人在齐国孤苦伶仃，怪可怜的。于是东门襄仲派人去了齐国，请求把子叔姬接回鲁国。

齐懿公拒绝了鲁国人的请求。

没办法，东门襄仲派人前往王室，请周王出面帮忙。于是，周王派了单伯去齐国协调，谁知道齐懿公动了驴脾气，把单伯给扣留了，还把子叔姬给抓起来了。

到第二年，齐懿公不知道哪根筋动了，那一天一高兴，把单伯给放了，又派人把子叔姬送回了鲁国。

子叔姬是弄回来了，可是鲁国从此得罪了齐懿公。此后两年，齐懿公两次出兵讨伐鲁国。鲁国不是齐国的对手，急忙向晋国求救，那时晋国恰好是赵盾执政，对外政策就是"忽悠"二字，根本不肯救援鲁国。没办法，两次被入侵，鲁国都是向齐国赔款了事。

"晋国人真不是东西。"东门襄仲大骂晋国人，骂归骂，也没有什么办法。

"齐国人真不是东西。"东门襄仲接着大骂齐国人，他决定要报复齐国人。

机会很快就有了。

鲁文公十八年（前609年），鲁文公薨了。

鲁文公的太子是公子恶，公子恶还有一个同母弟弟叫公子视。

东门襄仲把叔仲惠伯请来，商量继承人的事情。为什么找叔仲惠伯？一来，两人关系不错；二来，也能通过叔仲惠伯侧面刺探三桓的态度。

"叔啊，有什么好商量的？公子恶是嫡长子，他继位有什么问题吗？"叔仲惠伯直接表态，他没弄懂东门襄仲是什么意思。

"理是这么个理，可是事不是这么个事。你说你姑姑生的那不是嫡长子吗？啊？凭什么啊？你姑姑在齐国受到不公平待遇，咱们就该忍气吞声吗？啊？"东门襄仲的嗓门越来越大，好像还很生气。

"叔啊，我没弄明白啊。咱们一码是一码行吗？你说的这两件事情有什么联系呢？"叔仲惠伯越弄越糊涂了。

"你怎么这么糊涂呢？我还以为你是最明白的呢。你说，齐国人欺负咱们鲁国人，咱们不应该欺负齐国人吗？"

"那，这事情跟齐国人有什么关系？"

"怎么没关系？咱们鲁国人在齐国生的嫡长子被齐国人杀了，齐国人在鲁国生的嫡长子是不是也应该被杀掉？"

"噢。"叔仲惠伯恍然大悟，原来，公子恶的母亲就是齐国人，说起来，还是齐懿公的侄女。东门襄仲的意思很明显，要杀掉公子恶，让他老娘也承受跟子叔姬同样的痛苦。"叔啊，这不行啊。齐国人不仁义，咱们不能不仁义啊。再说了，公子恶的老娘是齐国人，公子恶是鲁国人啊，咱们这不是杀自己人吗？"

"啊，公子舍不是齐国人吗？齐国人杀他，我们为什么不能杀公子恶？"

东门襄仲的逻辑有点儿怪,可是他就坚持这个逻辑,好像也歪说歪有理。

"叔啊,你杀了公子恶,准备让谁当国君啊?"

"公子俀啊。"

"噢。"叔仲惠伯现在算是第二次恍然大悟了,他脱口而出,"难道,那个传说是真的?"

什么传说?原来,在很多年前,就有一条八卦新闻,说是鲁僖公为自己的儿子向楚国求婚,于是楚成王的女儿嫁到鲁国。而派去迎亲的就是东门襄仲,楚成王的女儿漂亮得一塌糊涂,东门襄仲又风流倜傥得难以超越。于是,两人在路上就……算是东门襄仲替侄子先把了一道关。后来到了鲁国,楚成王的女儿就成了鲁文公的夫人,可是跟东门襄仲还时不时重温旧梦。

而这个夫人,就是公子俀的母亲顷熊。

说来说去,归根结底,东门襄仲是要借着给子叔姬报仇的事,来为自己情妇的儿子谋利益。真是真爱啊。

"原来如此,既然这样,这是你的家事,找我商量什么?"叔仲惠伯说完,拍拍屁股,走了。

在为了女人而奋不顾身这一点上,东门襄仲并不比公孙敖逊色多少。所以,即便没人支持,东门襄仲也决定要去做了。

东门襄仲按照自己的计划下手了,一切顺利。东门襄仲下手够狠,一口气把公子恶和公子视都给杀了,立公子俀为国君,就是鲁宣公。

"你回娘家吧,鲁国百姓不欢迎你。"东门襄仲也不等齐国来要人,实际上,他知道齐国也不会来要人,直接把公子恶的老娘给赶回齐国了。

"东门襄仲,你杀了太子,立了庶子,真不是个东西啊,我做鬼也不会放过你啊,呜呜呜呜。"公子恶的老娘一路哭,一路骂,绝望地回到了齐国。

鲁国人很同情公子恶的老娘,称她为"哀姜"。

第一二八章　都是真爱惹的祸　　　　　　　　　　　　　　75

立了鲁宣公，又赶走了哀姜，东门襄仲的心情相当好。

可是，流言起来了，或者说绯闻起来了，绯闻的大致内容就是：东门襄仲跟鲁宣公的老娘搞婚外恋，鲁宣公可能就是他们的私生子。

东门襄仲并不知道这是大家都知道的事情，他认定了这是叔仲惠伯散布出去的。

"叔仲惠伯，我那些事他都清楚，要是四处给我散播，我的名声不就都毁了？不行，我要想办法。"东门襄仲很恼火，鲁国人是很在乎面子和名声的。

想什么办法？自古以来，有两个字是总被用到的："灭口"。

所以，很多事情，知道得越少越好。

东门襄仲派人去请叔仲惠伯，说是鲁宣公有事情找他商量。

叔仲惠伯想都没想，接受了邀请，可是，家里的总管公冉务人来劝他了："惠伯啊，我看不能去。最近关于东门襄仲和太后之间的绯闻很多，我听说东门襄仲认定都是你散布的，这次无缘无故来请你，我看危险。"

"不会吧？是国君请我啊。"叔仲惠伯不以为意，他丝毫不怀疑东门襄仲，怎么说大家都是亲戚啊，而且平时关系也不错。

"如果真是国君请你，不去也得去了。可是，这分明不是国君请你啊。"

"这个，你太多疑了。"

叔仲惠伯最终还是去了宫里。

东门襄仲在宫里杀死了叔仲惠伯，然后把他的尸体藏在马粪里运出宫去。

第二天，叔仲惠伯的尸体被发现。当天，公冉务人带着叔仲惠伯一家老小逃往蔡国避难。

三桓家长会再次召开，还是紧急会议。

与会者是孟孙难、叔孙得臣和季文子，家长会的议题只有一个：叔仲惠伯被害，我们怎么办？

"两位兄弟，惠伯无辜被害，全家逃亡。我们身为他的兄长，不能坐视不管。据我所知，惠伯是在宫中被害的，害他的就是东门襄仲。惠伯被害，就是在向我们三桓挑战。两位，我们该怎么办？"孟孙难率先开口，这里他的岁数最大。

"我看，我们三家联合出兵讨伐东门襄仲。"叔孙得臣与叔仲惠伯的关系最近，因此也最激进。

孟孙难又问季文子，他本来是个谨慎的人，不过在父亲的事情上，与东门襄仲之间有些积怨。

季文子想了想，说："两位哥哥，这件事情我看不要鲁莽。惠伯在宫中被害，显然不是东门襄仲一个人能做到的，必然牵涉到国君。贸然出兵，情理上说不过去。我看，我们一方面加强戒备，料东门襄仲也没有胆量对抗我们三家；另一方面，把惠伯一家接回来，看东门襄仲有什么动作，再做决定。"

现在，在共同对付东门襄仲这件事情上，三桓高度一致。不过在策略上，季文子要谨慎一些。

"好，照你说的办。"孟孙难决定。

叔仲惠伯一家被从蔡国接了回来，非常高调地接了回来。三桓就是要给东门襄仲看看，要想对着干，放马过来。

东门襄仲怎么办？老实了。通过公孙敖的事情，再通过这一次三桓坚决迅速的反应，他看清楚了，三桓是异常团结的。

东门襄仲亲自前往叔仲惠伯家中，代表鲁宣公进行慰问，同时宣布叔仲惠伯的儿子继承父亲的一切待遇。

"孩子，我们一定会查处凶手，给你爹一个说法的。"东门襄仲假惺惺地表示，其实，人人都知道凶手就是他。

东门襄仲服了软，三桓家族算是放过了他。但是，三桓家族间的关系变得更加紧密起来，与东门襄仲甚至鲁宣公之间的对立也公开化了。

"只要是东门襄仲和国君支持的，就是我们反对的。"三桓确定了这样的斗争原则。

第一二九章

东门卖国

鲁宣公登基的当年，鲁国的邻国莒国发生了政变。原来，莒纪公已经有了太子公子仆，后来又想废掉公子仆而立公子季佗。结果公子仆杀了父亲，带着莒国的财宝前来鲁国投靠，把财宝都献给了鲁宣公。

鲁宣公非常高兴，无缘无故得到这么多财宝，谁不高兴？他决定给公子仆大夫的待遇。

"给公子仆一个城邑，今天就给他。"鲁宣公向季文子下了命令，这事情属于季文子的工作范围。

季文子也没回答，扭头走了。

回到家里，季文子把司寇叫来了。

"去，把公子仆驱逐出境，立即执行。"季文子下令。

当天，公子仆被驱逐出境。

"流氓啊，流氓国家啊。收了我的财宝，还把我赶走，什么东西啊。"公子仆一路哭，一路骂，把账都算在了鲁宣公头上。

270

鲁宣公很恼火，太没面子了。被骂是其次，关键是自己的命令被当成了放屁。

恼火归恼火，鲁宣公不敢来硬的，于是派人去责问季文子为什么公然与他作对。

"麻烦你去帮我解释下。"季文子都懒得去见鲁宣公，把鲁国太史里革给派去了。

看看，太史都成了三桓的人，鲁宣公还怎么混？

于是，太史里革就代表季文子来解释这件事情了。

里革是鲁国最有学问的人了，一旦开口，嘴里的圣贤语录就像长江之水滔滔不绝。

"先大夫臧文仲教行父事君之礼……今行父虽未获一吉人，去一凶矣……"里革的嘴皮子一开，两个时辰过去了。

首先，里革告诉鲁宣公，季文子的做法都是臧文仲当年教的。随后，引经据典，从周公说到尧舜，说明公子仆罪有应得，影射鲁宣公包庇罪犯。最后，表扬季文子"虽然没有获得什么贤人，但是至少驱逐了一个坏人"。

两个时辰过去，鲁宣公的脸一阵红，一阵白。本来是要给季文子难堪，如今反而被训斥了一通。

"叔啊，打住吧，我知道错了。下回再有这种事情，财宝不要给我，直接给季孙家送去，看他怎么办吧，唉。"鲁宣公服了，他知道季文子是在报复自己，可是自己没有办法。

下马威，鲁宣公刚刚登上宝座，就被季文子来了一个下马威。

这一段故事见于《左传》，《国语》中也有，名叫"里革更书"，不过两段故事不尽相同。

三桓，从这个时候开始，已经可以公然对抗公室了。

这一年，是鲁文公十八年，也就是公元前609年。事实证明，东门襄仲在权力斗争这方面并不高明。他杀了叔仲惠伯，从而引起公愤，让政敌们更加紧密地团结在了一起。

在这一点上，东门襄仲杀叔仲惠伯很像当年郤家害死伯宗一样。

眼看着三桓咄咄逼人，越来越不把自己和鲁宣公放在眼里，东门襄仲坐不住了。要跟三桓彻底翻脸，自己还没这个底气。可是就这么忍着，也不是个事。怎么办？东门襄仲苦思冥想，终于想到了一个办法，于是来找鲁宣公商量。

"主公，三桓是越来越嚣张了，咱们怎么对付他们呢？"东门襄仲先提出问题。

"那，是啊，怎、怎么对付他们？"鲁宣公也正愁呢。

"我倒有个主意。"东门襄仲开始解答问题。

"说说。"

"就凭咱们要对付三桓，确实有点儿难，可是，咱们可以找外援啊，咱们只要有齐国撑腰，还怕他们吗？"原来，东门襄仲想借助齐国的力量。

"那、那怕是不行吧，咱们杀了我哥哥，不是得罪了他们？"

"那怕什么？俗话说，有钱能使鬼推磨啊。咱们把济水之西的土地割让给他们，还怕他们不支持咱们？"

"那，那不成卖国了？"

"卖国怕什么，该卖的时候就得卖啊。"

"可、可是那是我的土地啊。"

"这不是废话吗？别人的土地你也卖不了啊。卖国也是要讲资格的，不是人人都卖得了的。"

"那、那、那没有别的办法了吗？"

"卖国，你还能安心当你的国君；不卖国，说不清哪天就当不成国君了，就亡国了。要不卖国，要不亡国，你选哪个？"

"那、那还是卖国吧。"鲁宣公权衡利弊，同意了。

又要卖国，又不能引发三桓的警觉，怎么办？东门襄仲想了一个办法。

他首先派人去齐国求亲，然后堂而皇之地去齐国迎亲，这样，三桓就不会认为他到齐国去是为了卖国。这招儿也亏东门襄仲想得出来，一个五六十岁的老头儿了，还要去求亲。

东门襄仲的办法很顺利地实行了，鲁宣公元年春天，东门襄仲亲自前往齐国迎亲，新夫人是齐国公族。

到了齐国，东门襄仲没有直接去老丈人家迎亲，而是奔向了高家，他知道，眼下高固在齐国最有权势，找他比找齐惠公要好。

两人相见，寒暄之后，东门襄仲直接步入正题。首先说明国内三桓横行，国君危殆，希望能够得到齐国的支持；之后表示，可以把济水之西的土地无偿割让给齐国。

高固原本还想说说哀姜的事情，敲诈东门襄仲点儿什么，如今不用他说，东门襄仲自己给送了大礼。高固心头高兴，不过，不能表现出来。既然东门襄仲自己伸脖子上来挨宰，不宰白不宰。

"嘿嘿，东门兄啊，你说的事情我一定给你全力去办。可是，你知道，这年头好人难做啊。这件事情就算我没有得到好处，人家也会说我从中吃回扣了。所以啊，不如真的弄点儿好处。你说济水之西的土地给齐国，可是我得不到啊。唉，说实在的，我能得点儿什么？"高固也没客气，直截了当索要贿赂。

"这个，这个……"东门襄仲当时有点儿傻眼，他就没想到卖国也没这么简单。他是带了点儿财宝过来，可那是给老丈人准备的。要给高固，他还真舍不得。

好在高固看中的也不是他的财宝。

"你看，让你这么为难，那算了吧，济西的土地我们也不要了，该帮的忙我还照帮，好不好？那什么，我今天挺忙……"高固说着话，似乎要送客了。

"别价别价，我正想着呢。你看，我就带了些迎亲的彩礼，要不，都给你？"东门襄仲豁出去了。

"那，那怎么行？那你在老丈人面前不是很丢人？况且，我也不缺钱。"高固拒绝。

"那、那你要什么，直说吧。"

"我听说贵国国君的妹妹非常漂亮，正好呢，我老婆死了，嘿嘿，咱们再结一门亲事怎么样？"高固笑嘻嘻地说了，原来他看上了鲁宣公的妹妹。

"可是，她岁数还小啊。"

"没关系，我等啊。"

"那好，成交。"

随后不久，鲁宣公前往齐国拜会齐惠公，正式割让济水以西的土地。

"卖国贼。"三桓气得牙痒痒，鲁国百姓也都很气愤。

271

有了齐国撑腰，鲁宣公和东门襄仲的腰杆子硬了许多，不仅在三桓面前底气足了，就是对盟主晋国也怠慢起来。

到鲁宣公三年夏天的时候，晋灵公被赵盾所杀，晋成公继位。按理，盟主国的君主继位，如果鲁国不是国君亲自前往祝贺的话，也要派人前往。可是，鲁宣公自己不肯去，因为自己上任之后就没跟晋国打过交道，晋国对自己肯定很恼火，去了以后被扣押了怎么办？

鲁宣公不去，按理就该东门襄仲去，东门襄仲更不敢去，他知道赵盾心黑手狠，自己去了能不能活着回来还是个问题。

鲁宣公和东门襄仲都不敢去，那么就该三桓去了。问题是，鲁宣公和东门襄仲又担心三桓去了跟晋国人达成联盟，那不是更糟糕？

"那就谁也不去了。"鲁宣公最后下令。

三桓本身就对鲁宣公和东门襄仲跟齐国人勾搭不满，如今该去晋国也不去，三桓都感到很愤怒。他们看出来了，鲁宣公和东门襄仲是在处心积虑地对付他们。

"看来不给他们点儿颜色看是不行了。"三桓商量，他们决定要有所表示了。

鲁宣公喜欢吃鱼，常常派人出去打鱼。这一天打鱼的人哭丧着脸就回来了。

"鱼呢？"鲁庄公问。

"别提了，鱼没打着，连渔网也没了。"

"啊？遇上鳄鱼了？"

"不是，渔网被人剪烂了。"

"敢剪我的渔网？胆儿肥了？遇上强盗了？"

"不是，是季文子的人剪的。"

"又是这个浑蛋，欺人太甚。"鲁宣公气得差点儿吐血，一拍桌子站起来，就想出兵攻打季文子，可是想了想，还是坐了下来。

"来人，把季文子给我找来，我要当面质问他。"

季文子来了吗？

季文子又把里革派来了。

"主公，渔网的事是吗？这事啊，不怪季文子，怪您啊。"里革没等鲁宣公提问，先说了。

鲁宣公一看又是这位老先生，当时就软了，为什么？里革是太史，自己惹不起。而且里革说起话来一套一套的，道理不道理无所谓，听也把你听晕了。

果不其然，里革开始长篇大论，从上古时期开始说起，纵论打鱼与季节的关系，说来说去，说去说来，最后的结论就是：这个季节正是母鱼怀孕下蛋产卵的季节，你却屠杀孕妇，断了鱼的后代，你缺德不缺德？

鲁宣公听得一愣一愣，好不容易里革说完了，鲁宣公连忙说："吾过而里革匡我，不亦善乎！是良罟也，为我得法。使有司藏之，使吾无忘谂。"（《国语》）什么意思？您老人家是在帮我改正错误啊，那渔网剪得好，剪得及时，让我懂得很多道理，我要派人去把烂渔网收回来，收藏起来，让我时刻警醒。

得，低头认错了。

到这个时候，鲁宣公和东门襄仲感觉恐慌。弄来弄去，还是干不过三桓。怎么办？进一步巩固与齐国的关系吧。

鲁宣公五年春，鲁宣公在东门襄仲的陪同下再次访问齐国，高固趁机提出求亲，获得鲁宣公的认可。

到了秋天，高固亲自来到鲁国迎亲，算是给鲁宣公撑面子。冬季，高固再次来到鲁国，将当初老婆出嫁时所用的娘家的马匹车辆送回来，这叫"反马之礼"。

别说，鲁宣公的一系列动作很奏效，三桓老实了很多。鲁宣公特地从齐国进口了新渔网去打鱼，季文子也不剪网了，里革也不来说"你缺德不缺德"了。

可是，好日子总是很容易到头的，就如坏日子总是望不到头。

鲁宣公和东门襄仲仅仅过了一年多的舒心日子，好日子就到头了。

鲁宣公七年冬天，晋国召开盟会。

从前装聋作哑还行，要开盟会了，邀请函送到了，再装聋作哑可就不行了。怎么办？鲁宣公硬着头皮，去了晋国。叫东门襄仲陪同，东门襄仲说痔疮犯了，哪儿也不能去。叫三桓陪同，三桓说了，"早年我们要求去，不让我们去；如今让我们去，嘿嘿，没门儿"。

没办法，鲁宣公就这么去了。

这时候，正好是郤缺刚上任。

"鲁国人来了？当初我们国君登基，他们连个屁都没放，好意思来？别参加盟会了。"郤缺够狠，不仅不让鲁宣公参加盟会，还把他给软禁起来了。

鲁宣公被扣，鲁国国内可就热闹了。三桓趁机发起反击，四处散布"这是鲁国外交政策的全面失败""东门襄仲必须为此承担全部责任"一类的言论。

一时之间，东门襄仲成了过街老鼠。鲁国人说谁没有头脑都不说笨或者傻了，直接说"你这人真东门襄仲"。

鲁宣公直到第二年的春天才被放了。回到鲁国，鲁宣公松了一口气，但是回到宫里的时候，他大吃一惊，因为人们都穿着丧服。

"啊，谁死了？"鲁宣公忙问。

"呜呜，太后昨天薨了，呜呜。"原来，宣公的老娘没了。

"啊，这……快请东门襄仲来。"鲁宣公有点儿六神无主，赶紧请东门襄仲。

"东门襄仲也卒了，跟太后一天。"

得，一天之内，鲁宣公失去了最信任的东门襄仲和最亲的老娘。

东门襄仲是怎么死的？

一种说法是郁闷而死，另一种说法是东门襄仲和太后是在偷情的时候屋里烧着火，但是柴太湿以至于烟雾太多，于是两人被双双熏死。

不管怎样，东门襄仲死了。

于是，东门襄仲的儿子公孙归父接替了父亲的职位。

现在，斗争从上一代传到了下一代。

基本上，现在鲁国分为两派。鲁宣公和公孙归父是亲齐派，三桓是亲晋派。

鲁宣公十年，鲁宣公前往齐国访问。齐国这时候正想要跟晋国争夺北方的领导权，因此齐惠公特地做个姿态，将济西的土地还给了鲁国。正因为有了这个成果，三桓这次无话可说。

鲁宣公十二年，晋楚第二场大战，也就是邲之战爆发，晋国大败。

公孙归父从中看到了机会，什么机会？铲除三桓。

鲁宣公十四年，公孙归父前往齐国访问。

在齐国，公孙归父先后见了齐顷公和大夫晏弱。很遗憾，高固这段时间得了肠炎，上吐下泻，而且总是不好，因此，公孙归父始终没有见到高固，自己的计划也就无从向高固谈起。只好无功而返。

三桓不是傻瓜，三桓当然不是傻瓜。公孙归父联络齐国人去了，而晋国新败，无法指望，怎么办？三桓一商量，楚军正在围攻宋国，干脆，跟楚国人拉拉关系。

此时，孟孙难和叔孙得臣都已经去世，孟孙谷的儿子孟献子和叔孙得臣的儿子叔孙侨如（就是宣伯）接掌两家。

"叔，咱们怎么办？"孟献子和宣伯向季文子请示。

"怎么办？他们找外援，咱们也找外援。"季文子说得很坚决。

"找哪个国家？"

"楚国，楚王正在宋国呢，我们可以去见见他。"

于是，孟献子来找鲁宣公了。

"主公，我听说小国要免于被大国问罪，就要主动去朝见他们，贿赂他们。如果等到他们来问罪，那时候再献宝可就来不及了。如今楚国在进攻宋国，屁股歪一歪就能歪到鲁国来，咱们还是赶紧主动去朝见吧。"孟献子提出要去朝见楚庄王。

"好啊好啊，说得对啊。"鲁宣公很高兴，他也觉得这个主意很正。

接下来，按照规矩，谁出的主意，就派谁去。孟献子就等着鲁宣公给分派任务了，可是鲁宣公不傻，他知道三桓在打什么算盘。

"好主意啊，我这就派公孙归父走一趟。"鲁宣公说。

孟献子有些傻眼，费了半天工夫，合着是为别人做了嫁衣。

结果，公孙归父去了宋国朝见楚庄王，楚庄王当然很客气。回到鲁国，公孙归父大肆渲染，说是楚庄王盛情接待，请求与鲁国结成战略合作伙伴关系，并且会派人来学习周礼等，总之反正没人看见，可以尽情地忽悠。三桓听得后背冒汗，不知道公孙归父究竟得到了楚庄王什么样的支持。

这下，鲁宣公和公孙归父更牛了，底气更足了。

第一三〇章

三桓的胜利

"三桓,咱们现在要加大打击力度了。"有了齐国和楚国的支持,公孙归父自信满满,他要为自己的父亲出一口恶气。

"怎么整?"鲁宣公也觉得可以羞辱三桓一把,把心头的恶气出一出。

公孙归父早已有了一套成熟的想法,而他不知道的是,他的这套想法会衍生成历史上的一个重大事件,并且改变历史的进程。

"主公,三桓占了鲁国一大半的土地,这还不说,他们还有大量的私田,这些私田他们是不上税的,结果他们现在比主公还有钱了。我看,咱们要颁布法令,管他私田公田,咱们按田收税。"这就是公孙归父的主意。

不要小看了这个主意。

按照周朝的规矩,所有土地都归周王,后来事实上诸侯的土地都归了诸侯。但是现在产生了两个问题:

第一个问题，按照周朝的规定，公田里每十亩中就有一亩的收成要上缴国库，这一亩的位置是固定的，其余的部分属于拥有这些土地的大夫和他们所雇的农民。问题是，要上缴国库的这亩地越种越差，产量远远低于其他的地块。直接结果就是，公室的粮食收入越来越少。

第二个问题，除了公田，还有大量的新开垦的农田属于私田，这些私田大部分属于贵族们，私田则根本不用缴税。

三桓家族就拥有大量的私田，这些田没有税收给国家，但是三桓收租。其实不仅鲁国，各国都存在这样的情况。其结果就是国家越来越穷，卿大夫们越来越富。

"这、这个，如果这样的话，岂不是公田和私田一样了？岂不是等于承认了私田的合法地位？"鲁宣公有点儿犹豫，祖上留下来的规矩，不敢说改就改啊。

"主公，管那些干什么？只要打击了三桓，主公您有好处，为什么不做呢？"公孙归父倒是个实用主义者。

"好，那就干吧。"鲁宣公下定了决心。

鲁宣公十五年（前594年），《左传》记载："初税亩。"

鲁国农业税收改革，不再划分公田和私田，所有土地一律按十分之一的份额缴税。

按现在的解释，初税亩等于宣布了土地私有化。这究竟是不是土地私有化的象征且不去说，但是有一点可以肯定，在鲁国初税亩之后，各国诸侯纷纷效仿。

三桓最近的日子有些郁闷，除了剪了鲁宣公的一张渔网，其余任何实惠都没得到，反而被初税亩了，眼睁睁看着鲁宣公从自己这里抢走大笔的税收。

怎么办？三桓再次召开家长会，最后得出一个结论：忍。

人家鲁宣公和公孙归父现在有齐国和楚国做后盾，惹不起啊，不忍怎么办？

三桓没脾气了，鲁宣公和公孙归父的脾气就越来越大了。

鲁宣公十八年，公孙归父觉得动手的机会到了。

"主公，依我看，现在是时候下手了。"

"下什么手？"

"铲除三桓。"

"啊，铲除？咱实力不够啊。别看你说的跟齐国和楚国关系怎么样，那都是虚的啊，别人不知道，咱自己不知道吗？忽悠别人行，别把自己也忽悠了啊。"鲁宣公苦笑着说。虽然这段时间有点儿扬眉吐气的感觉，可是心里还是发虚。

"怕什么？我去联络楚国人，让楚国人帮忙。"

"楚国人？不行不行，引狼入室啊。三桓固然可恶，可还是一家人啊，楚国人要是来了，咱们亡国的可能都有啊，不行不行不行。"鲁宣公当即否决。

"别啊，主公，你是不了解楚王。楚王这个人很厚道，你看看，陈国本来亡国了，人家都给复国了，再看看宋国和郑国，人家楚王不也都原谅了？主公，你放一百个心吧。"

鲁宣公一听，再一想，别说，公孙归父说得很对，楚国是个可以信赖的国家。

"那、那你要是去楚国，三桓肯定起疑心，说不定等你回来，我都变成遗体了。"

"主公不要担心，我们就说是联络楚国人进攻齐国，骗过三桓。"

"那好，就这么定了。"

三桓，危在旦夕。

谋事在人，成事在天。

第一三〇章　三桓的胜利

这是一句伟大的格言，因为它很正确。

鲁宣公十八年夏天，公孙归父来到楚国，朝见楚庄王之后就开始忽悠，基本上就是控诉三桓如何在鲁宣公的脑袋上拉屎，三桓就是三个斗越椒。鲁宣公想学习楚庄王"忍"的精神，可是忍了这么多年，由于没有楚庄王的胆略，至今还在被三桓欺负，因此请求楚庄王主持正义，替鲁国铲除三桓。

楚庄王原本对于战争已经没有兴趣了，不过还是被公孙归父忽悠得云里雾里的。

"既然如此，我们在秋收之后出兵。"楚庄王答应了。

鲁宣公和公孙归父开始做准备了，隐隐地，鲁宣公觉得自己就是鲁国的楚庄王了。

三桓听到了一些风声，他们很恐惧。有什么办法吗？什么办法也没有。季文子召集了几次家长会，也是没有结果。

从夏天到秋天是很快的，到了秋天，从楚国传来一个消息。好消息，还是坏消息，看对于谁来说。

"楚庄王死了。"全世界都知道了这个消息。

三桓设宴三天，大肆庆祝。

鲁宣公和公孙归父哭了三天，好像死了自己的父母一样。

"傻了吧？哈哈哈哈。"三桓在庆祝之余，开始谋划反击了。

"傻了吧？怎么办？"鲁宣公和公孙归父也开始讨论对策，他们知道这个时候已经没有退路了。讨论的结果就是：请晋国帮忙。

"咱们跟晋国的关系一般般啊，晋国会帮忙吗？"鲁宣公很担心，还有一句话他没说，那就是自己跟楚国人眉来眼去，晋国人恐怕很生气吧。

"没办法了，死马当活马医吧。"公孙归父也只能这样回答了。

秋收还没有结束，公孙归父就去了晋国。

晋国这时候谁掌权？郤克。

郤克与士会的最大区别是：士会说话很客气，就算拒绝你，也会很委婉；郤克说话很不客气，如果拒绝你，一定会用最严厉的口气。

"你还好意思来？楚国人不是对你很好吗？啊？你来干什么？替楚国人刺探情报？告诉你，晋国不欢迎你，晋国百姓不欢迎你。趁我还没有想清楚是不是要扣留你之前，给我消失。"郤克看见公孙归父就气不打一处来，一通臭骂，把公孙归父骂了出来。

公孙归父灰溜溜地从晋国走了，走到宋国的时候，传来了一个噩耗：鲁宣公薨了。

"坏事了。"公孙归父暗自叫苦，在这个节骨眼儿上，鲁宣公薨了，自己又在外面，鲁国不是成了三桓的天下？

确实坏事了。

自从公孙归父去了晋国，三桓就开始行动了。

鲁宣公胆战心惊，从前还有公孙归父给壮胆，如今公孙归父也不在，自己随时可能被三桓干掉。另一方面，鲁宣公对公孙归父去晋国不抱希望，本来晋国人就不喜欢他们，再加上现在是郤克执政，这个刻薄的家伙是最记仇的，他能给公孙归父什么好脸？

鲁宣公天天晚上做噩梦，几天时间瘦了十几斤。终于，在一个没有月亮的晚上，薨了。

三桓弹冠相庆，相约来到朝廷。

按照规矩，六卿决定谁来继位，公孙归父不在，于是三桓和臧宣叔、子叔声伯（公孙婴齐，鲁宣公的侄子）一道宣布太子继位，就是鲁成公。

大事商量妥当，三桓就开始发难了。

"各位，当年东门襄仲废嫡立庶，结果导致诸侯都瞧不起我们，晋国人因此与我们疏远，这些，都是东门襄仲的责任。之后，东门襄仲还卖国求荣，

第一三〇章 三桓的胜利

把济水之西的土地割给了齐国人。再后来，公孙归父千方百计挑拨我们和宣公的关系，跟楚国打得火热。各位，新账老账要算个总账，大家说怎么办吧？"季文子辈分高、资格老，说话也没客气。

孟献子和宣伯双双响应，要求严惩东门家族；声伯没话可说，他也不喜欢公孙归父，可是也不愿意落井下石。

"老臧，你的意见呢？"宣伯问，有些威逼的味道。

"哼，既然你们要铲除他们，我还有什么好说？把他们全家驱逐出境就是了。"臧宣叔说，他为公孙归父不平，但是他也知道驱逐东门家族总比灭门要好。

当天，司寇臧宣叔宣布：东门家族为不受欢迎的家族，立即驱逐出境。

东门家族被驱逐到了齐国。

公孙归父在路上得知噩耗，痛哭一场，前往齐国避难去了。

机关算尽，最终落得个流落异乡的下场。

在这场生死存亡的斗争中，三桓取得了最后的胜利。

273

公孙归父的逃走，意味着鲁国的政治格局重新划分。

声伯接替了公孙归父的位置，实际上代表公室。三桓的地位进一步巩固，季文子在朝廷中的作用进一步加大。鲁成公尽管也对三桓存有戒心，但是看见父亲和公孙归父的下场，他决定还是以和为贵。

亲晋派的三桓得势之后，鲁国外交政策必然地进行了修正，从鲁宣公时期的投齐联楚修正为全面投靠晋国。鲁成公元年，鲁国派出臧宣叔前往晋国，修复与晋国的关系，与晋国结盟。

鲁国外交政策的变化直接导致齐国和楚国对鲁国的不满，之后，齐国进攻鲁国并夺取汶阳。鲁国向晋国求援，晋国郤克领军出兵援鲁抗齐，于是就有了晋齐鞌之战，鲁国夺回汶阳。

当天下有两个老大的时候，百姓就很难有安生日子过了。

投靠了晋老大，楚老大就很生气。

鞌之战刚刚结束，晋军收兵回朝，这边楚老大出动了，子重领军。根据老大尽量不打老大的原则，楚军先是攻打卫国，随后屁股歪一歪，移师鲁国的蜀地，要找鲁国出气。

晋老大走了，楚老大来了，鲁国人慌了。

紧急内阁会议召开。

"各位，怎么办？怎么办？"鲁成公没主意。

"赶紧找晋老大来帮忙吧。"臧宣叔建议，听口气，就带着嘲讽，他是亲齐派，很讨厌晋国人。

"老臧，你太不地道了，明知道晋国人刚走，不可能来救我们。"宣伯回了一句，他知道晋国人的德行，所以随后加了一句，"大国都是纸老虎。"

晋老大很显然是靠不住的，那么就只剩下一条路可走了：向楚国人求和。

"宣叔啊，要不，您辛苦一趟，走一趟楚军大营？"鲁成公也看清了形势。

"别价。楚国人已经出来很久了，我们不去他们也要撤军了。如今让我去轻而易举得到这个功劳，嘿嘿，我可不敢。"臧宣叔刚才被宣伯抢白，此时翻翻白眼，拒绝接受这个任务。

鲁成公干瞪眼，这里人人都能看不起他。

说起来，孟献子这个人很实在，看鲁成公下不来台，臧宣叔和宣伯又互不买账，他挺身而出了。

"这样，我去吧，算我捡个功劳。不过，楚国人是很贪的，我不能空手而去。"孟献子主动提出要去楚军大营。

就这样，孟献子去了楚军大营求和。

其实，楚国人也并不一定要打鲁国，他们是要这个面子，你晋国打了我的盟友齐国，我就打你的盟国。

孟献子带着金银珠宝前来求和，子重很爽快地答应了，不仅答应了，而且不收金银珠宝，楚国人高风亮节？才不是。

"金银珠宝你们拿回去，我们不缺这个，你们给我们木工、裁缝、织工各一百人就行了。另外，派个公子去我们那里做人质。"子重看重的是人，技术工人，楚国最需要的就是技术工人。

无可奈何，第二天，鲁国如数送上楚国要求的技术工人以及鲁成公的弟弟公子公衡作为人质。

这就行了？不行。

楚国人随后在蜀地召开盟会，楚国子重、齐国晏弱、宋国华元、卫国孙良夫、郑国的公子去疾、陈国的公孙宁、蔡景公、许灵公参加盟会，因为是在鲁国的地盘上，鲁成公只得亲自出席。

可以说，除了晋国，其他国家都参加了这次盟会，而晋国却睁只眼，闭只眼，假装不知道。

鲁国现在开始检讨自己的外交政策，既然晋国靠不住，是不是应该投靠楚国呢？

内阁会议召开。

"晋国人靠不住，是不是我们干脆投靠楚国人？"鲁成公开门见山，提出议案。结果所有人都反对，鲁成公弄了个大红脸。

对于鲁国人，对于周公的后代们来说，如果不是万不得已，他们甚至都不愿意跟楚国人打交道，当然更不可能投靠他们。

"晋国人靠不住，楚国人就能靠得住？"孟献子反问了一句。

"不怕杀错人，就怕站错队啊，各位，要好好商量一下。"季文子说话了，他辈分最高，适合来总结发言。

臧宣叔咳嗽了两声,发言了:"我认为,我们应该采取平衡政策,在齐国、晋国和楚国之间保持相同的距离。这样谁都不得罪。"

"我反对,谁也不得罪就是谁都得罪。"宣伯表态,所有人中,他是最死硬的亲晋派。

"我也反对,我们是弱国,不是我们想不站队就能不站队。"孟献子发言,他比较厚道。

三桓中的两桓都表示了反对,不过把总结性表态留给了季文子。

于是,季文子说话了:"这个,制定外交政策,首先要弄明白谁是我们的敌人,然后才能确定谁是我们的朋友。楚国和晋国虽然强大,虽然蛮横,可是他们离我们都很远,都不接壤,他们并不是我们的敌人。我们的敌人是谁?其实近邻才是敌人。我们的邻国之中,齐国比我们强,动不动找我们练兵,动不动来抢地抢人。这么说吧,亡我之心不死。毫无疑问,齐国才是我们的敌人。"

说到这里,季文子特地看了臧宣叔一眼,意思是你连谁是敌人都没弄明白,瞎发言干什么?

喝了一口水,季文子继续说。

"下面看看我们该站在哪一队。如果站在楚国这边的话,一旦齐国人入侵我国,我们就要向楚国求援,可是楚国并不挨着齐国,他们无法攻击齐国。如果要攻击齐国,就势必穿过我国,与齐国交手。伙计们,让楚国人出入我国腹心,是不是等于引狼入室?啊?再来看看晋国,一旦齐国人入侵我国,我们向晋国人求援,晋国军队很快就能穿过卫国进攻齐国,一来距离近,二来不会穿越我国,我们不必承担风险。鞌之战,就是现成的例子。伙计们,站哪个队,我就不说了,大家看吧。"

季文子的一番分析入情入理,无可辩驳,就连臧宣叔也频频点头。

大家还看什么?什么也不用看了。

"好,投靠晋国人,散会。"鲁成公宣布。

鲁国人的新外交政策确定了。

关于季文子，这里顺便说说。

季文子是个很谦恭、很温和的人，考虑事情也很周到。人们都说，季文子身上有他爷爷季友的影子。

季文子第一次出使是去晋国，那时候他只有二十岁，没有经验。在出使之前，季文子狠狠地学了一段时间，各种礼仪都学完了，以免在国外出丑。

临行前，他又特地向主管丧礼的官员打听诸侯丧礼的规矩。

"问这干什么？"官员问他。

"万一用上了呢，到时候再学可就来不及了。"季文子回答，原来，他听说晋襄公身体不太好……

正因为季文子在出发前做了准备，在他抵达晋国之后，恰好赶上晋襄公去世。结果，季文子的表现十分规矩，连晋国人都要向他讨教。

季文子表面上很伤心，心里却很高兴，为自己的先见之明而高兴。

后来，鲁文公又派了东门襄仲来晋国，与季文子一起参加了晋襄公的葬礼。

"嘻，鲁国人，不愧是礼仪之邦啊。"晋国人感慨，却不知道鲁国人其实也是现学现用的。

第一三一章

不完美的爱情故事

外交政策确定之后，相应的行动就都顺理成章了。

鲁成公三年，鲁国参加晋国组织的联军进攻郑国；随后，鲁成公前往晋国，对于晋国帮助他们夺回汶阳表示感谢。年底，晋国的下军佐荀庚到鲁国访问，同时卫国的上卿孙林父也来鲁国访问。于是，面临一个问题：谁排位在前？

"荀庚是晋国的下卿，孙林父是卫国的上卿，谁该在前面行礼呢？"鲁成公问大家，这不仅仅是个礼仪的问题。

"大国、次国、小国，三种国家的级别是分别差一级的，晋国是大国，卫国是小国，所以卫国的上卿也就相当于晋国的下卿。再加上晋国是盟主，所以，应该是荀庚在前面行礼。"臧宣叔给了个答案，其实，这就是自己给自己找台阶，能让晋国人排在卫国人的后面吗？

于是，鲁成公先接见了荀庚，第二天才接见孙林父。

274

第二年，也就是鲁成公四年（前587年），鲁成公在季文子的陪同下对晋国进行了国事访问，以确定与晋国之间的紧密型合作关系。

令鲁成公失望的是，这一次他在晋国受到轻视，这时候正是郤克执政，根本不把鲁国人放在眼里，不仅处处以恩公自诩，而且总是讽刺鲁国人跟楚国人结盟。没办法，在人家的地盘上，也只能忍气吞声。

好不容易等到晋景公接见，晋景公也很不礼貌，一副我是老大，你是跟班的架势，弄得鲁成公十分恼火。

夏天去的，秋天才回到鲁国。路上，季文子还宽慰鲁成公呢："晋国这帮人真不是个东西。他们称霸要依靠诸侯，却这样不把诸侯放在眼里。"

鲁成公窝着一肚子火回到了曲阜，又召开内阁会议。

"伙计们，晋国人太不是东西了，咱们投靠楚国算了。"鲁成公要改变外交政策，想想也是，满怀希望地去投靠组织，满以为组织能给点儿特别的优待，谁知道热脸贴上冷屁股，能不恼火吗？

别人没说话呢，季文子第一个发言了。季文子第一个发言意味着什么？意味着这个问题就别讨论了。

"不可。晋虽无道，未可叛也。国大、臣睦，而迩于我，诸侯听焉，未可以贰。《史佚之志》有之，曰：'非我族类，其心必异。'楚虽大，非吾族也，其肯字我乎？"（《左传》）

什么意思？晋国虽然让人失望，但还是要跟他们混。晋国是超级大国，大夫之间和睦相处，离我们又近，诸侯都听从他们的，我们不能背叛他们。《史佚之志》中说道：不是同族，必然不能同心同德。楚国虽然幅员辽阔，但不是我们的同族，怎么能真心帮助我们呢？

"非我族类，其心必异。"源于此。

季文子的话把道理都说明白了，鲁成公也知道，可是他还是难解心头之恨。臧宣叔见鲁成公没表态，他发言了。

"主公，国家弱小，就必然被人轻慢。想想看，就算您去了楚国，恐怕待遇还不如去晋国呢。这年头，别为了一点儿个人屈辱就不考虑国家的利益吧。咱们啊，就算死皮赖脸，也只能跟着晋国混了。"

鲁成公这下彻底没脾气了，他认了。

从此之后，鲁国确定了一个外交方针：打死也要跟晋国混。

这就是鲁国的百年大计了。

百年大计确定了，行动起来就更加坚决了。

鲁成公八年，晋国为了讨好齐国，晋景公派韩穿到鲁国，要求鲁国把汶阳给齐国。鲁国虽然不愿意，但还是乖乖地把汶阳交割了齐国，其实，汶阳的土地一直是鲁国的，后来被齐国抢走，再后来鞌之战后，鲁国重新拿了回来。如今，又给了齐国。

在送韩穿回晋国的时候，季文子终于忍不住还是抱怨了一通，尽管是抱怨，也是偷偷摸摸小声对韩穿说的，生怕没面子。

"大国制义，以为盟主，是以诸侯怀德畏讨，无有贰心。谓汶阳之田，敝邑之旧也，而用师于齐，使归诸敝邑。今有二命曰：'归诸齐。'信以行义，义以成命，小国所望而怀也。信不可知，义无所立，四方诸侯其谁不解体？《诗》曰：'女也不爽，士贰其行。士也罔极，二三其德。'七年之中，一与一夺，二三孰甚焉？士之二三，犹丧妃耦，而况霸主？霸主将德是以，而二三之，其何以长有诸侯乎？《诗》曰：'犹之未远，是用大简。'行父惧晋之不远犹而失诸侯也，是以敢私言之。"（《左传》）季文子这段话说得有理有据，可惜，马后炮没意义。这段话什么意思呢？

大国处事要公平合理，才能当盟主。大家心存敬畏，才会忠心耿耿。汶阳这地方，本是我们的地盘，仰仗贵国的力量夺了回来，而如今又夺走

第一三一章 不完美的爱情故事　　　　　　　　　　　　　　　101

给齐国，你们这不是不讲信义吗？谁还愿意跟你们混？七年当中，先给我们，然后又夺走，什么玩意儿？男人说话不算数，女人就会离开他。霸主如果朝令夕改，大家怎么能长期拥护他呢？咱们老交情了，所以我才敢私下对你说。"

韩穿听完，确实有些尴尬，哼哼唧唧没说什么。

鲁成公八年，晋国人要讨伐郯国，派士燮来要求鲁国出兵。鲁成公有些不大愿意，因为鲁、郯两国也算得上世亲。所以，季文子找了几个乱七八糟的理由，请求暂缓出兵。结果士燮一点儿面子也不给，直接说了："别人都按时出兵，你们凭什么暂缓？要是你们不出兵，嘿嘿，别怪我们翻脸不认人。"

怎么办？还能怎么办？鲁成公只好派宣伯出兵了。

鲁成公十年秋天，鲁成公亲自前往晋国访问。那一年晋景公掉粪坑里淹死了，结果晋国把鲁成公强留下来参加葬礼，直到冬天才把鲁成公放回来。

鲁成公很恼火，鲁国百姓很气愤。

但是，又能怎么样？

275

说说声伯的故事。

声伯的父亲是鲁宣公的哥哥公子肸，公子肸年轻的时候认识了一个美丽的姑娘，两个人一见钟情。

山盟海誓之后，两个人就住在了一起。可是，那个姑娘出身贫寒，与公子肸门不当户不对，因此不能明媒正娶进来。

"虽然我不能正式娶你，可是我决不再娶别人，你就是我的唯一。"公子肸发誓。

"我不在乎,只要有你,我什么都不在乎。"姑娘也很动情。

还好,父亲鲁文公挺开明,并没有棒打鸳鸯,而是睁只眼,闭只眼,默认了这个儿媳妇。

这原本是一段完美的爱情故事,是鲁国版《灰姑娘》的故事。可是,动人的故事通常会以不动人的结局结束,这一次也不例外。

不久,鲁宣公成亲了,他从齐国娶回了穆姜做夫人。穆姜早就听说了公子肸的爱情故事,她很嫉妒,所以来到鲁国之后就发了话:"我不能忍受让一个野女人做我的嫂子,这不仅对鲁国是个耻辱,对齐国也是个侮辱。"

得,穆姜把事情上升到"国际"问题的高度了。

没办法,鲁宣公来劝告哥哥休掉他心爱的女人。公子肸在压力之下只得忍痛割爱,他担心自己的女人在鲁国会被穆姜杀害,因此将她送到了齐国,并且把她嫁给了自己的朋友管于奚。

公子肸从此抑郁终日,他再也没有找过女人,不久就离开了人世。

声伯,就是公子肸和那个姑娘的爱情结晶。

声伯的母亲在齐国又生了两个孩子,之后管于奚也去世了,声伯的母亲成了寡妇。于是,声伯把母亲和异父的弟弟妹妹接到了鲁国,让弟弟做了大夫,妹妹长大之后嫁给了施孝叔。后来,郤犨来求亲,声伯又把妹妹改嫁给了郤犨。

声伯的妹妹继承了她母亲的所有优点,漂亮而且个性十足。在得知哥哥把自己改嫁郤犨之后,她曾经问施孝叔:"动物都不想失去配偶,你准备怎么办?"

"我,我也没办法,我可不想因为这个被杀或者逃亡。"施孝叔的回答很不男人,声伯的妹妹大失所望,她决定跟郤犨走。

到后来三郤被灭,郤家崩溃,晋国人把声伯的妹妹和她跟郤犨的两个儿子送回鲁国,施孝叔非常高兴,在黄河边上迎接自己的前妻。

"想死我了,你终于回来了。"施孝叔确实很想前妻,不仅因为前妻美丽贤惠，更因为这是一条不错的裙带。

"啊，你来接我了？"声伯的妹妹一时有些感动，扑到了施孝叔的怀里。

两人抱头痛哭。

哭完了，声伯的妹妹说："老公啊，我带来了两个儿子，你不会嫌弃吧？孩子们，过来叫爹。"

孩子们没有回答。

声伯的妹妹去看两个孩子，却怎么也找不到。

"孩子呢？我的孩子呢？"声伯的妹妹急了。

"我，我让人把他们扔河里了。"施孝叔款款地说。

声伯的妹妹一时目瞪口呆，等她回过神来，突然发疯一样扑向施孝叔，又抓又咬又骂："你真不是男人，不能保护自己的女人，还不能容忍别人的孤儿，你、你断子绝孙不得好死，我咒你祖宗八辈。"

从那之后，声伯的妹妹再也没有嫁人，她被男人伤透了心。

与公子胖的专情和声伯的大度相比，施孝叔确实令人唾弃。

鲁国的外交方针看上去很屈辱，但是也很有效，齐国再也没来侵扰过鲁国。

总的来说，鲁国的内部也是和睦的。但是林子大了，什么鸟都有。

三桓中间，季文子辈分高、学问高、威望高，当然，血脂也高。孟献子是个实在人，跟大家相处得都不错。宣伯呢？

宣伯，鲁国著名的美男子，英俊潇洒，风流倜傥。但是，自古以来，这类风流倜傥的美男子都有两个问题：第一，缺心眼儿；第二，心胸狭隘。

宣伯又叫叔孙侨如，说起这个名字，还有段光辉家史。当初，北方有个民族叫作搜瞒，这个民族的人身材高大，为首的叫作长狄侨如，身材之高令人瞠目结舌，后来长狄侨如率领搜瞒侵犯鲁国，被叔孙得臣一箭射中眼睛而死，因此，叔孙得臣就把自己的大儿子命名为侨如了。

宣伯还有两个弟弟，名叫叔孙虺和叔孙豹（叔孙穆子）。

季文子这一辈的人，都是经常接受季友教育和再教育的，因此对于三桓的概念很清晰，知道三家共存共荣的道理。可是宣伯这一辈没受过季友的传统教育，三桓共存的意识薄弱。

宣伯很嫉妒季文子，又很瞧不起孟献子，他总觉得自己应该是鲁国说话最有分量的人。除了自认为聪明能干，宣伯觉得自己还有一个别人都没有的优势，什么优势？

原来，宣伯是成公老妈的面首，两人长期玩婚外恋。成公老妈是谁？穆姜啊。穆姜破坏了声伯父母的浪漫爱情，自己反倒玩偷情、玩浪漫，真是没有天理。

不管怎样，宣伯傍上了太后。

鲁成公十三年，鲁成公要去王室朝见。在太后的建议下，鲁成公准备让宣伯陪同。

"别，还是孟献子陪同吧，我打个前站就行。"宣伯反而不愿意，他愿意打前站。

"那好吧。"鲁成公同意了。

宣伯为什么想打前站？他的小算盘是这样的。跟鲁成公走，那就是个跟班，没有表现的机会。相反，自己去打前站呢，一来，可以表现自己；二来，周王肯定有赏赐，那不就都归自己了？

宣伯高高兴兴去了洛邑。

本来，打前站这个活儿就不算个什么正经活儿，官员的级别都不高。宣伯到了洛邑，首先由王孙说接待他。宣伯急于表现自己，可是又不懂礼仪；进献的礼物很微薄，却表示希望见见周王。

"嘿嘿，我向周王汇报一下，为你争取一下。"王孙说很不喜欢他，这样敷衍宣伯。

第一三一章　不完美的爱情故事

之后，王孙说去向周王汇报工作。《国语》中有一段专讲述王孙说怎样汇报工作，原文省略，大致意思介绍一下。

王孙说对周简王说："宣伯这次来，一定另有企图。他进献的聘礼菲薄而言谈阿谀奉承，恐怕是他自己要求来的吧。如果是他自己要求来的，一定是想得到赏赐。这人面貌上宽下尖，很容易触犯他人。陛下不要赏赐他。"周简王随后得到线报，果然是宣伯自己要求来打前站的。于是，周简王没有亲自接见他，也没有给他赏赐，如同一般使节接待了他。

宣伯偷鸡不成蚀把米，没办法，灰头土脸地在洛邑等着鲁成公和孟献子到来。

鲁成公和孟献子朝见周王，周王十分高兴，大加赏赐，孟献子作为随从官员也得了不少。

宣伯这叫一个恼火，自己辛辛苦苦打前站，结果什么都没捞着。孟献子就当个跟班，竟然名利双收。

"太郁闷了。"宣伯郁闷极了。

第一三二章

双床记

宣伯是一个讨女人喜欢的人,这不仅仅是因为他长得帅,他的家教也很好,看上去非常有绅士风度。宣伯,也是山东宣姓的得姓始祖。

276

转过年,鲁成公要成亲了,夫人是齐灵公的妹妹。谁去迎亲呢?宣伯再次自告奋勇。

于是,宣伯去了齐国。

虽说在周王室被怠慢,在齐国宣伯却大受欢迎。

齐灵公热情接待了他,重申齐、鲁两国之间要世世代代友好下去,世世代代通婚下去。

齐灵公的老娘声孟子也热情接待了她,声孟子表示,早就听说宣伯是个美男子,如今见到了,真是个美男子,而且是个很有绅士风度的美男子。于是,声孟子热情地招待了宣伯……后来,宣伯做了两个国家太后的面首。

从此，宣伯的底气更足了。

回鲁国的路上，宣伯一路在想：凭什么自己在三桓家族中排第三？凭什么季文子和孟献子就比自己地位高？

下了鲁成公丈母娘的床，宣伯很快又和鲁成公的老娘在一起了。这天，两人在酝酿一件大事。

"我要驱逐季孙家族。"宣伯说。

"好，驱逐季孙家。"

"我还要驱逐孟孙家族。"

"好，都听你的。"

"我还要……"

鲁成公十六年（前575年），晋、楚爆发鄢陵之战。

作为晋国的盟国，鲁国被要求出兵协助晋军作战。鲁成公亲自领军出征，季文子和孟献子随同。出征当日，鲁成公老娘穆姜一直送到了城外。

"娘啊，您就别送了，我会小心在意的。"鲁成公挺感动。

"儿啊，有件事情我要跟你说。你知道吗？季文子和孟献子想造反了，你要把他们驱逐出境。"穆姜也不掩饰，直接说了出来。

"造反？"鲁成公一愣，没听说啊，"娘啊，你看，你这时候说出来，我怎么整啊？等我回来吧，要是他们真的要造反，我一定赶走他们。"

"不行，你要现在赶走他们。"穆姜缺心眼儿，她不知道越是这么说，儿子就越起疑。

"娘啊，你怎么知道他们要造反？"鲁成公果然起了疑心。

"宣伯说的啊。"穆姜这句话一出来，露了馅了。

鲁成公的脸色一下子就难看起来，早就听说老娘跟宣伯有一腿，从前还将信将疑，如今看来是真有这么回事了。

"宣伯，老子回来整死你。"鲁成公暗暗骂道，不过嘴上不能这么说。

"娘啊，宣伯这人说话不靠谱，等我回来再说吧。"鲁成公顾及母亲的面子，继续找托词。

穆姜急了，恰好这时候成公两个异母的弟弟公子偃和公子鉏从一旁走过，穆姜就指着他们两人对成公说："你给我听清楚了，你要是跟我耍滑头，看见没有，他们也能代替你当国君。"

威胁，典型的威胁。

为了一个男人，连自己的儿子都要威胁。

鲁成公感觉到事情的严重性，现在不仅仅是季文子和孟献子有危险，自己也有危险了。怎么办？鲁成公把军队驻扎在鲁国的坏隤，然后命令孟献子回到曲阜，加强宫内和都城的戒备，以防备自己不在的时候宣伯和穆姜下手。

安顿好老窝之后，鲁成公这才进军郑国。

在国内这一耽误，等鲁成公来到鄢陵，晋楚大战已经结束。还好，晋国取胜。鲁成公本来还有些惭愧，不过等他发现各个国家都迟到之后，他就一点儿也不惭愧了。

所有晋国的盟国都迟到了，但是只有鲁国是真不想迟到，确实是因为国内有事耽搁了。其余国家都是故意磨蹭，见机行事。可是，老实人总是吃亏。

晋厉公尽管不高兴，还是接见了各同盟国的君主，只有一个国家例外，就是鲁国。鲁成公眼看别人都受到接见，就自己被晾着，不禁有些发慌。怎么办？赶紧派人去打听。派谁？声伯。

声伯找到了郤犫，那可是妹夫。

"妹夫，怎么整的？怎么把我们主公给晾起来了？"毕竟是妹夫，声伯说话也没客气。

郤犨知道鲁国人会来问，原本还想先弄点儿好处再说，如今一看是大舅子来了，看来今天没什么收获了。

"这个，不怨别人，怨你们自己。"郤犨先卖个关子。

"怨我们自己？是，没错，我们来晚了，可是大家都来晚了啊，算起来，我们还算来得早的呢。"

"实话跟你说吧，你们国家有人来找我了，揭发你们主公故意在坏隤逗留，首鼠两端，忽悠我们。跟你说吧，要不是我看在大舅子您的面子上在主公面前给你们求情，现在说不定怎样呢。"郤犨卖着好，微笑着看声伯，意思是我这么关照你们，是不是意思一下？

声伯没有理会郤犨的微笑，他急着要回去汇报，因此告辞了。

"不用说了，揭发我们的肯定是宣伯这个浑蛋，两位，怎么办？"鲁成公都不用猜，就知道这事一定是宣伯干的。

"我看啊，家里都着火了，还顾得上外面？咱们赶紧回去吧，不知道家里怎么样了呢。"季文子建议，他很担心。

其实，大家都很担心，于是鲁成公当即下令：撤军。

鲁国军队就这么撤了。

鲁军回到鲁国，总算松了一口气，因为孟献子还算得力，鲁成公的江山还在。

"哎呀妈呀，你们总算回来了。"孟献子也是松了一口气，然后开始倒苦水，"主公啊，你是不知道，自从你们走了，宣伯这浑蛋就把后宫当他家了，整天跟你娘腻着。那个公子偃也整天跟他们混着，听说他们就等着晋国人把你们扣了，他们就把公子偃扶上去。"

这下，更证明了在郤犨那里告黑状的就是宣伯。

怎么办？声伯的意思，先下手为强。鲁成公的意思，立即动手。

"我看,看看再说,给他们个悔改的机会。"季文子这个时候倒有些犹豫,毕竟宣伯也是三桓之一,就这么废了他似乎也不一定是什么好事。

孟献子也支持季文子的意思,没办法,鲁成公只好决定再忍忍。

没等鲁成公想明白究竟要不要干掉宣伯,又有事了。

晋国使者来到,要求鲁国出兵,与齐、卫、宋三国军队会合,共同攻击郑国。

没办法,老大有令,再次出发吧。鲁成公只得率领人马上路,临行前,安排孟献子负责国内安全,自己则带着季文子和声伯同往。

四国军队攻击郑国,另外三国军队早已经在郑国西部集结,鲁成公因为担心国内政变,因此停留在郑国东部,对晋国人则说分进合击,要两面夹击郑国。

郑国人分析形势之后发现,尽管四个国家来进攻,但没有一个心甘情愿,因此尽管人多,但是并不可怕。同时他们也知道鲁国根本没有心思攻打郑国,于是,集中兵力袭击齐、宋、卫三国军队,三国战败,各自回国了。

三个国家的军队都跑了,鲁军怎么办?

鲁成公正准备撤军,晋国使者到了,谁啊?郤犨。郤犨来干什么?

"各位,不好意思。上一次你们就迟到,这一次你们还迟到,没办法,我国国君非常生气,请你们派人过去解释一下。怎么样?季文子跟我走一趟?"弄了半天,郤犨是来抓人的。

鲁国人当时就傻眼了,当时鲁成公就有些恼火,趁着郤犨上厕所的机会,对季文子和声伯说了:"两位,晋国人太浑蛋了,咱们干脆跟楚国人混算了。"

声伯没有说话,也觉得晋国人过分。

"主公,为了鲁国的国家利益,忍吧。不要管我,我跟他去就是了,就算死了,也是为国捐躯,死得其所。"别说,季文子倒是不顾个人安危。

就这样,季文子算是被抓到了晋国。

第一三二章 双床记

277

鲁军撤军，回到了鲁国。可是一路上鲁成公就觉得很窝火，到了郓，鲁成公猛然回过神来，对声伯说："我想明白了，这件事情，一定是宣伯在搞鬼。这样，郤犨这个人很贪，你多带些财物去晋国找他，请他放人。如果他这里不行，你就去找栾书。我就在这里等你们回来，之后回到曲阜，立即动手。"

声伯拿了许多金银财宝，去晋国了。

到了新绛，声伯找到郤犨。这一回，也不谈什么亲戚不亲戚了，直接上银子。郤犨看见银子，比看见亲戚高兴多了。

"妹夫，跟我说实话，这一次是不是又是宣伯在搞鬼？"声伯说话也不客气了，因为有银子撑腰。

"嘿嘿，他大舅，你看，你这么客气干什么？都是一家人，我先替你妹妹谢谢你了。"收了礼，郤犨的心情好了很多，心想你们要早这么有眼力见儿，我也不至于非要把季文子给抓回来了，嘴上说，"跟您还有什么好瞒的呢，实话告诉你，就是宣伯来告的状。说是季文子和孟献子是鲁国的两个大奸臣，贪污受贿、强抢民女，无恶不作。而且，他们都向着楚国，总是撺掇国君投靠楚国，这两次迟到，都是他们的鬼主意。宣伯还说了，我们捉住季文子，他那边干掉孟献子，然后他来当政，今后世世代代跟着晋国混。你看，宣伯说得有道理啊，所以，我就去把季文子给抓回来了。"

"妹夫，咱们明人不说暗话。宣伯的话有没有道理对你不重要，宣伯的银子对你才重要。我告诉你，季文子和孟献子都是国家的栋梁，一心一意为国家，坚持要跟晋国友好的就是他们。如果你们一定要杀掉他们，那么鲁国就会大乱，楚国人就会趁机占领鲁国，晋国就会少一个盟友。想想看吧，人不能只盯着钱。"声伯很愤怒，说话就不客气。

"嘿嘿,他大舅,别发火啊。咱们关起门来说话,季文子和孟献子是死是活跟你有什么关系啊?这样,宣伯已经答应给我在鲁国弄一块地,干脆啊,我在晋国也给你弄一块地,平时没事来度个假什么的,怎么样?"郤犨不生气,他没什么好生气的,再说,他怕老婆,所以对大舅子相当客气。

"我不要,我只要你们立即放了季文子。"声伯很有原则,也很正直。

"那,这个……"郤犨心里掂量了一下,想要索要好处,却又没想好怎么说。

声伯看得明明白白,这个妹夫贪得无厌,这样下去,终究不是个办法。就算他放了季文子,今后还会找理由去敲诈的。

"那你想想吧,我明天再来。"声伯走了,干什么去了?找栾书去了。

关于捉拿季文子的事情,栾书也是后来听说的,可是郤犨是负责鲁国事务的,如今人已经抓来了,栾书也不好说什么。

声伯来到的时候,恰好士燮也在这里。于是,声伯将自己来的目的以及事情的前前后后说了一遍,至于郤犨索贿受贿的事情,声伯替他隐瞒了。

对于三郤,大家都很讨厌。而且大家都知道,郤犨在这件事情上,一定挣了不少外快。

"老士,你怎么看这件事情?"栾书问。

"元帅,说起来,季文子跟您很像,很清廉,家里老婆都不穿丝绸,马不吃粮食,忠心耿耿啊。像这样的人如果被我们杀了,那还怎么号令天下诸侯?我看,宣伯这样的人才应该铲除。宣伯怎么不来找我们?物以类聚啊。"士燮的态度很明确。

"好,我这就让郤犨放了季文子。"栾书表态了。

当天,栾书下令释放季文子,又给鲁成公写了一封信,信的内容大致是:晋国坚决反对一切性质的颠覆活动。

声伯和季文子回到鲁国的郓，随后大军回到曲阜。

鲁成公回到后宫的时候，恰好将穆姜、宣伯和公子偃堵在宫里。这几位以为大事已定，天天在这里庆祝，这一天公子偃正穿着国君的服装试镜呢，外面鲁成公已经回来了。

"哎哟，挺合身啊，穿着吧，别脱了。"鲁成公抓个正着，讽刺挖苦一回。

"主公，您回来了，嘿嘿。"公子偃那叫一个尴尬，连忙溜出来，一打听，季文子被晋国人放了，栾书还表态支持鲁成公了，看来，国君梦是没法做了。

鲁成公当即上朝，召集卿大夫进朝。

宣伯原本是想借着晋国的力量除掉季孙和孟孙两家，如今季文子安然归来，说明晋国人已经站在了鲁成公的一边，自己没戏了。没办法，厚着脸皮，也来上朝。

"宣伯，这段时间，爽大了吧？"鲁成公上来就这么一句，大家都没想到，太直接了。

"这个，这个，主公不爽，臣下怎么敢爽？"宣伯这么说了一句，哄堂大笑。

"爽不爽你自己知道，我问你，你几次到晋国人那里告我们的黑状，你要干什么？"鲁成公不跟他啰唆，直接点了出来。

"这，这个，主公，我没有啊，都是郤犨挑拨是非。主公，郤犨这个人，贪得无厌啊。"宣伯有些慌了，他也知道事情有些不妙，可是没有想到鲁成公一点儿也没绕弯儿就说出来了。

"宣伯，不要废话了。要不是声伯态度坚决、方法得当，季文子这回就回不来了，孟献子恐怕也要被你杀了。你这个吃里爬外的家伙，来人，拉出去砍了。"

武士上来，就要将宣伯拉下去。

"慢着。"季文子说话了，他还要羞辱宣伯？"主公，宣伯虽说罪该处死，可是，怎么说他也是桓公的后代。再说，虽说他想害我，可是终究没有害成不是？我看，这次就饶了他吧。"

季文子说完，孟献子也来求情。

大家一看，好嘛，看人家季文子和孟献子，那叫一个大度。

其实，大度倒不一定。季文子的算盘很简单：灭了叔孙氏，叔孙家的地盘一定收归国有，实际上就等于削弱了季孙家和孟孙家，对大家都没有好处。宣伯缺心眼儿，咱不能也缺心眼儿啊。

两个受害人求情，鲁成公也就不好再坚持了。

"宣伯，看见没有？你害人家，人家还为你说话，你好意思吗？嗯？死罪饶过，活罪不免，你给我滚远点儿，从此之后我不要再看到你，鲁国百姓不欢迎你。"

最后判决：驱逐出境。

不管怎么说，总算得了一条活路。宣伯匆匆回家，收拾财产，召唤家人，一通忙乱，然后一大家子人上路了。一路上哭哭啼啼，向北而去。

去哪里？投奔老情人。

正是：机关算尽太聪明，竹篮打水一场空。

第一三二章　双床记

第一三三章

叔孙兄弟

宣伯一家来到齐国，按照政治避难惯例，应该享受大夫待遇。

齐灵公的老妈声孟子听说老情人来了，笑得满脸桃花开。

宣伯被太后声孟子亲切接见，对外的说法是问问女儿嫁到鲁国过得怎么样，实际上呢？

"阿宣，太好了，你真是老天爷给我的礼物啊，再也不要走了。"声孟子打发了旁人，一把抱住了宣伯……

现在，宣伯心里更有底了。在鲁国能混，在齐国也能混。

没办法，人家的本钱好。

278

宣伯在齐国过得很滋润，有的时候静下心来想想，其实不搞斗争，安心过日子也挺好。

这一天，老情人没有来请，宣伯决定一个人上街去转转。临淄的街头有很多商铺，远比曲阜要繁华热闹。

宣伯走在街头，走走停停，一路观赏。突然，身后有人喊道："大哥，好巧啊。"

宣伯回头一看，不是别人，谁？三弟叔孙豹。

兄弟相见，同在异乡，照理说就该抱头痛哭。可是，两人并没有激动，更没有抱头痛哭。甚至都没有问对方为什么这个时候会在这里。为什么？因为有些事情是不用问的。

"兄弟，过得还好吗？"宣伯问。

"还好，大哥，还习惯吗？"叔孙豹问。

"还好。"

"大哥，你慢慢转，我有事先走一步。"

"好。"

兄弟相见，既不问对方为什么在这里，也不互相留地址，怎么回事？鲁国人不是很讲究亲情吗？三桓家族不是很讲究亲情吗？

这，要从叔孙豹为什么在齐国说起了。

俗话说：一母生九子，九子各不同。

叔孙豹兄弟三人，大哥宣伯风流倜傥，但是薄情寡义，心胸狭隘；老三叔孙豹则很重情义，为人忠厚而且博学多才。整个三桓家族，没人不喜欢叔孙豹，都说他像他叔叔叔仲惠伯。尤其季文子非常看好他，常常说他是下一辈中最杰出的人物。

宣伯本来就很嫉妒季文子和孟献子，看见弟弟与他们交往密切，再加上弟弟的名声远比自己要好，因此内心很嫉妒弟弟，平时处心积虑防着弟弟，有表现才能的机会也都故意不给他。

按理说，以叔孙豹的人品和学问，早就应该在鲁国政坛崛起了，可是，亲哥哥的百般阻拦，让他根本看不到出头的日子。

一来，待在鲁国已经没有什么意思；二来，叔孙豹也料到宣伯不会有什么好下场。几年前，叔孙豹决定移民齐国，一来在齐国挣个好前途，二来也算避难。

叔孙豹没跟哥哥打招呼，一个人起身前往齐国。

来到庚宗这个地方的时候，天已傍晚，来到了一户人家，这家只有一个女人。叔孙豹又累又饿，到这户人家讨口水喝，讨口饭吃。

女人很慷慨，为叔孙豹烧水、做饭。吃饱了喝足了，叔孙豹道了谢。正要起身，看看天色已黑，似乎不太好走。想要留下来过夜，又不太好开口。

"天黑了，住一宿再走吧。"女人说。

女人长得很难看，皮肤又黑。叔孙豹想想，既然人家没有什么忌讳，就住一晚上也无妨。何况，这么晚了，去哪里都不安全。

就这样，叔孙豹住了下来。

女人家里只有一张炕，女人让给了叔孙豹，说自己去睡柴房。叔孙豹哪里好意思？一定要让女人睡炕上，自己睡柴房。

"你是客人，你睡炕上吧。"女人说，把叔孙豹推到了炕上。

"不行，你是女人，你睡炕上。"叔孙豹拉住了女人。

你拉我扯，三下两下，两人双双倒在了炕上。

叔孙豹那时候还没有结婚，他哥哥并不关心他的婚事。这样的诱惑对于叔孙豹来说是致命的。

当天晚上，春风几度，只嫌夜短。

第二天直睡到中午起来，叔孙豹看见怀里这么个丑女人，不免有些后悔。但是虽说这女人丑些，可是人家心地善良啊，真善，然后才是美啊。

女人起来，做了饭，叔孙豹吃罢了中午饭。

"多谢你了，我要走了。"叔孙豹说。

"你，能不能不走？我能养活你。"女人说。

叔孙豹笑了，这个女人倒是很纯真。

"你养不活我的，我也不需要别人养活，我真的要走了。"

"那，能不能告诉我你的名字？"女人请求，她真是舍不得叔孙豹。

"我叫叔孙豹。"

"啊，难道你就是传说中的叔孙豹？我、我、我赚大发了。"女人兴奋起来，叔孙豹是每个鲁国女人的梦中情人，"那，你这是要去哪里？"

"去齐国。"叔孙豹把事情的原委告诉了女人，终于还是走了。

女人送了很远，一路上都在哭。《左传》说法："哭而送之。"

叔孙豹到了齐国，暂时投靠了好朋友公孙明。公孙明也不是齐国人，而是卫国人，不过现在在齐国已经混得有鼻子有眼了。

借着公孙明的帮助，叔孙豹迅速混入上流社会。小帅哥风度翩翩，学识渊博，再加上原先的好名声，没多长时间就得到一致好评，被誉为金牌王老五。在齐国，国、高两家有招赘外国女婿的习惯，这一次，叔孙豹博得了国家的欣赏，于是成了国家的女婿，有房有地有车有老婆，在齐国继续吃香的喝辣的。老丈人允诺：有合适机会，推荐你做齐国的大夫。

没多久，老婆给他生了两个儿子，孟丙和仲壬。

说起来，叔孙豹的本钱也不错。

在齐国的日子过得不错，叔孙豹也是乐不思鲁了。

有一天，叔孙豹做了一个噩梦，梦见天塌了下来，自己拼命撑着，可是眼看就撑不住了，几乎要被压死。怎么办？找人帮忙。

回头一看，身后有一个人，这人长得巨黑，有点儿驼背，眼窝深陷，还有一张猪嘴。叔孙豹急忙叫他："牛，快来帮忙。"结果这个叫牛的人上来帮他的忙，撑开了天，救了他一命。

梦醒之后，叔孙豹把家人都给叫来，看看谁长得比较像梦里的人，结果一个也不像。

尽管这样，叔孙豹坚信，这一定是上天给自己的暗示，这个叫牛的人一定可以帮自己。

等到宣伯被赶出鲁国，叔孙豹有一种预感，这个叫牛的人就要出现了。

而当叔孙豹在街头碰上哥哥之后，他的预感更加强烈了，这个"牛"人应该就在附近，也许，就在哥哥的家里。

所以，尽管叔孙豹并不想再见到哥哥，可是，他还是打听到了哥哥的住处，以送食物为借口，来到了哥哥的家中。

宣伯没有想到弟弟会来看自己，一时之间还有点儿感动。

兄弟俩寒暄一阵，比上一次在街头偶遇时亲切得多，话题也更深入一些。叔孙豹装作很关心的样子，问哪些人随哥哥一同避难，问了一通，倒都是老家人，没有一个长得像牛的。中间，叔孙豹还以上厕所为名，在哥哥家中转了几转，也没有发现"牛"。

叔孙豹有些失望。

"兄弟，据我猜想，季孙叔叔一定会想办法保全我们家族的地位，所以肯定会来招你回去，你准备怎么办？"宣伯问弟弟，意思很明显：你能不能让给我？

"嗯，我盼望很久了。"叔孙豹回答得很快很简明，毫不掩饰。

到了这里，兄弟两人确实也就没有什么话可以说了。两人都很失望，于是在失望中分手了。

宣伯的判断没有错，几天之后，鲁国的使者到了，找宣伯的。

"难道让我回去了？嘿嘿，多半是老情人帮我说话了。"宣伯还想好事呢。

"宣伯，还好吧？"使者问。

"还好还好。"宣伯抑制住自己的激动。

"那什么，恭喜啊，主公让我来召你回去，恢复叔孙家族的一切权益，您官复原职了。"

"真的？"

"我还骗你？来看看，这是主公的诏书，我给你念念。"使者取出诏书，朗声宣读，"兹念叔孙家族为国出力多年，不忍无后于鲁国，特恢复叔孙家族一切待遇，并令叔孙豹为族长，即日回国。"

使者念完之后，宣伯的脸色立即就变了。

"啊，不好意思，不好意思看错了。啊，告辞了，告辞了。"一边说着，使者一溜烟走了。

也不知道使者是存心要羞辱宣伯，还是真的弄错了，总之就找到了宣伯。

"唉。"宣伯长叹一口气，这下，叔孙家族保住了，可是，自己回去的路永远堵上了。

279

为什么鲁成公还要恢复叔孙家的地位？说起来，还要归功于季文子。

在赶走宣伯之后，季文子就召开了三桓家长会，与会人员只有季文子和孟献子两个人。

"记得当年为你爷爷的事情开家长会的时候，我们是四个人；为你惠伯叔叔的事情开家长会的时候，我们是三个人。如今，家长会只剩下我们两个人了。照这个势头下去，也许下一次只能一个人开会了。"季文子说，说得很悲情。

"叔，我知道你的意思，我们三桓家族应该互相支持，才能长久昌盛。宣伯不仁，我们不能不义。叔，有什么您就说，我听您的。"孟献子是个明白人，知道季文子想要做什么。

第一三三章　叔孙兄弟

"宣伯被赶走是罪有应得,但是,叔孙家族不应该就此沦落啊。我想着,他们一共三兄弟,老大是个浑蛋,老二死得早,可是老三叔孙豹还在齐国啊,这孩子很懂事。我看啊,让他回来接掌叔孙家族,你觉得怎么样?"季文子的想法,宣伯滚蛋了,但是叔孙家族要保留。

"叔,我听你的,咱们找机会跟主公说。"

叔侄二人达成一致,几天后,终于找到一个合适的机会,说服了鲁成公,于是,鲁成公派人去齐国请叔孙豹回国。谁知道使者走错了门,先去通知了宣伯。

从宣伯家里出来,使者去找叔孙豹,结果也巧,就在大街上碰上了。

"哎,你就是叔孙豹吧?"使者认识叔孙豹。

"我是叔孙豹,你是?"叔孙豹听对方的口音,已经猜出个大概来。

使者大喜,就在大街上掏出诏书给叔孙豹看了,然后说:"季文子让你接到消息之后立即回国,以免夜长梦多。"

"那,我回家收拾收拾,带上老婆孩子。对了,这事情别人知道吗?"叔孙豹问。

"这个,实不相瞒,我刚才走错了路,先到宣伯家去了,这事情,宣伯已经知道了。"

"那还回什么家?走吧,我现在就跟你走。"叔孙豹当机立断,连家也没回,直接就回了鲁国。

因为是不告而别,叔孙豹的齐国老婆很生气也很失望,后来改嫁了公孙明。叔孙豹为此非常生气,所以一直没有接两个儿子回鲁国,直到两个儿子长大了才接他们回来,这是后话。

回到鲁国,叔孙豹继承了叔孙家族的一切,摇身一变成了鲁国的卿。

没多久,一个女人提着一只野鸡来找他,不是别人,就是去齐国路上遇见的那个女人。

"自从你走了之后,我、我、我就怀上了,嘻嘻,呜呜呜呜。"女人说,一阵笑一阵哭。

"是儿子?"叔孙豹有点儿惊喜,毕竟,那是一个难忘的晚上。

"嗯,现在都能提着鸡到处跑了。"

"带来了吗?"

"门口撒尿呢。"

"快叫进来。"

叔孙豹的儿子就这么出场了,叔孙豹看见自己三岁的儿子的时候,惊得目瞪口呆,为什么?因为儿子奇丑无比,丑到什么程度?巨黑,有点儿驼背,眼窝深陷,还有一张猪嘴。这不就是自己的梦中人吗?

"牛。"叔孙豹脱口叫了一声。

"哎。"没想到,这儿子就叫牛,真牛。

这就是天意,叔孙豹相信,这就是天意。从此之后,叔孙豹十分宠爱这个儿子。

这也是后话。

叔孙豹回国,整个叔孙家族重获新生,在齐国的叔孙家族成员纷纷回国,只剩下宣伯一家几口孤零零地独在异乡为异客。

宣伯很郁闷,但是还有更郁闷的事情随后来到。

"宣伯,太后又想女儿了。"声孟子的人又来相邀了,宣伯心想,想什么女儿?想我了。

宣伯进宫,直到把宣伯折腾得筋疲力尽,才算满足。

"亲,看你好像性致不高,难道,有什么心事?"声孟子倚在宣伯的怀里,嗲嗲地问。

"唉,"宣伯叹了一口气,半真半假地说,"我、我想念家乡了,我想回鲁国去,就算当个农民我也愿意。"

"嗯？不行。"声孟子一下子坐了起来，在宣伯的脸上拧了一下，假装嗔怒地说，"你真坏。你要是走了，我会空虚的。这样好不好，我让我儿子提拔你当卿，跟国家、高家平起平坐，好不好？"

"不要不要。"宣伯连忙拒绝。

"嗯，要嘛……"

宣伯失踪了，人间蒸发了。

宣伯是被逼的。

据说，宣伯后来逃到了卫国，结果同样享受卿的待遇，卫献公的老娘也很喜欢他。至于是不是有进一步的发展，史书没有记载。

现在的问题是：宣伯跑了，声孟子怎么办？她会空虚吗？如果她空虚，她会用什么来填补空虚？

第一三四章

三夫人的妙计

宣伯人间蒸发了，声孟子感到一种前所未有的空虚。如果知道宣伯去了哪里，她宁愿抛弃这里的一切追随过去。

还好，空虚的时间不算太长。一个美男子很快填补了宣伯离去造成的空虚。

这个人的名字叫作庆克。

庆克什么来历？说起来，庆克是庆父的儿子。庆父？庆父的儿子不是公孙敖吗？这个庆父，是齐国的庆父，公孙庆父。齐桓公的大儿子叫公子无亏，无亏的儿子就是公孙庆父，庆父的儿子就是庆克。

有说法是庆克就是无亏的儿子，此说大有疏漏。按，公子无亏死于公元前643年，此时为公元前575年，也就是说，如果庆克就是无亏的儿子，此时至少六十八岁。

声孟子会勾搭一个六十八岁的大爷？

庆克为庆姓的得姓始祖，西汉末，庆克后代庆纯官拜侍中，为避汉安帝的父亲刘庆的名讳，"庆"字改为同义的"贺"字。因此，庆克也是贺姓的得姓始祖。庆姓在宋版《百家姓》中缺席，郡望在广陵郡、河内郡。贺姓在宋版《百家姓》中排第七十位，郡望在广平郡、会稽郡、河南郡、陈留郡。

声孟子怎样搭上了庆克？放一放再说。自从宋襄公拥立齐孝公之后，齐国的事情都没有交代，先把这一段补上。

280

齐孝公继位十年薨了，弟弟公子潘杀死了孝公的太子，自己当了齐昭公。

齐昭公二十年（前613年），昭公也薨了。昭公的弟弟公子商人把太子公子舍给杀了，自己做了齐懿公。公子商人杀了公子舍，然后假惺惺地请自己的哥哥公子元做国君。

"兄弟，我知道你想当国君，还是你来吧，我还想多活几年呢。"公子元也没客气，直截了当说了。公子元尽管拒绝做国君，对齐懿公却始终不服气，从来不称齐懿公为"公"，一直叫他"夫己氏"，意思是"那个人"。

齐懿公即位之后，最想干的一件事情是什么？干掉哥哥公子元，扫除潜在威胁。可是没等他动手，公子元跑回姥姥家卫国去了。既然跑了，齐懿公也就没理由跨境抓人了，更不敢强要，因为卫国身后还有晋国的保护。不过，齐懿公时不时派人去盯一盯公子元，看他有什么动静。

除了盯着活人，齐懿公还对死人干了一件事。

在齐懿公还当公子的时候，曾经跟大夫丙戎父争一块地，结果争输了。等到齐懿公当上了国君，想起这件事情来了。

"来人，把丙戎父给我叫来。"齐懿公要报仇。

"回主公，丙戎父叫不来了，他已经死了。"

"死了？给我挖出来。"

就这样，丙戎父被挖出来了。

"跟我斗,啊,跟我斗?那,我算算,你这罪行应该怎么处罚?对了,砍脚。"齐懿公搞得还挺正规,让人把丙戎父的两只脚给砍了。

砍了死人的脚,齐懿公心情舒畅了很多。他发现丙戎父的儿子挺机灵,决定让他儿子当自己的御者。丙戎父的儿子叫什么?暂定叫丙戎。

转眼间四年过去了,夏天的时候,齐懿公决定去城外的一个叫作申池的水池游泳,于是驾着车就去了。齐国国君和鲁国国君都有一个优良传统:不扰民。

一辆车到了申池,那可是一池好水,齐懿公脱了衣服,一个猛子就扎进去了。岸上,丙戎和车右庸职还在那里脱衣服。这时候,丙戎拿起马鞭就给了庸职一马鞭。

"哎,你打我干什么?啊,你还没我脱得快呢。"庸职很气愤,他以为丙戎是嫌他脱衣服脱得慢呢。

"你别装了,啊。别人把你老婆抢了你都没屁放,打你一下怎么了?"丙戎说。

谁抢了庸职的老婆?齐懿公。

"啊,啊呸,你还不是一样?你老爹的脚被人砍了,你敢说话了?"庸职被揭了疮疤,于是反揭丙戎。

两人都没话说了,都是一肚子辛酸史。

"哎,快来啊,磨蹭什么呢?"水池里,齐懿公正玩花样游泳呢,大声叫他们。

两人对视一眼,交换了眼神,然后都做了一个咬牙的动作。

两个人悄悄地带了两把刀,下水了。

齐懿公正游得高兴,突然就觉得肚子下面一阵剧痛。

"哎哟,鱼咬我了。"齐懿公大叫。

"哼,让你抢我的老婆。"庸职从水里钻了出来,一只手拿着刀,另一只手拿着齐懿公的命根子。

"啊!"齐懿公发现大事不妙,急忙就要逃命。

逃命,是来不及了。齐懿公的双脚不知道被什么抓住了,生生地被拉下了水底。

血,从水里冒出。

很快,申池成了血池。

丙戎和庸职杀了齐懿公,从此人间蒸发了。

后来公子元从卫国回来,成了齐惠公。

这样,齐桓公的几个儿子算是轮流坐庄,只是苦了他的孙子们。

齐惠公登基十年后离世,儿子无野继位为齐顷公。

自从齐桓公死后,齐国始终在动荡之中,自顾不暇,基本上也没有精力跟诸侯打交道。到了齐顷公即位,算是缓过气来,可以认真考虑怎样在这个世界上混了。

齐顷公召集高固、国佐、晏弱等人召开会议,讨论齐国的外交方向。

"各位,自从我爷爷去世之后,咱们齐国在这个世界上就没什么影响了,好像有没有咱们都一样,我觉得很不爽。大家说说,我们应该怎样才能重新称霸?"齐顷公提出课题。

"不好意思,告辞了。"那三位起身要走。

"哎哎,走什么?"

"主公,没发烧吧?咱们齐国多少年没打仗了?怎么跟人家晋国和楚国抗衡啊?凭什么争霸啊?"高固说话了。

听高固这么一说,齐顷公当时就蔫了,为什么?高固可是齐国第一勇士,第一勇士都这样,看来要重新称霸确实是没戏了。

"那、那就不称霸了行吗?咱们商量商量怎么在世界上混行吗?"从称霸到混,目标变化得真快。

四个人对当前的天下形势进行了分析。

首先，晋国好像正忙于内部权力斗争，根本没有心思也没有实力与楚国抗衡，因此，如今的老大是楚国。

其次，尽管晋国已经不行了，但是，实力也仍然在齐国之上。

最后，楚国和晋国虽然强大，但是，与齐国并不接壤，也没有直接的利益冲突。

结论：齐国没有可能，也没有必要去争夺霸主。

这就完了？继续分析。

齐国的目标不是争夺霸主，但是，也不能仅仅满足于混。至少，要争取地区霸权。

齐国的周边是四个国家：鲁、卫、莒、燕。

燕国地处偏僻，人口稀少，而且基本上不跟中原国家一起玩，齐国也懒得带他们玩；卫国是晋国的死硬跟班，而且在晋、齐之间，动卫国必然扯动晋国，不太保险；鲁国目前在晋、楚之间摇摆，这个国家应该可以收拾；莒国投靠了晋国，但是，离晋国太远，这个国家也要找机会收拾。

"说来说去，合着咱们就打鲁国最合适了？鲁国可是亲戚啊，世亲啊，啊，你们谁家没有鲁国亲戚？咱们别人不敢动，专欺负亲戚，不好吧？"

"主公，没听说过吗？只有永远的利益，没有永远的亲戚。楚国不是亲戚，咱能欺负人家吗？你说说，这周边国家，谁跟谁不是亲戚？再说了，兄弟都能杀，亲戚算什么？"高固这一番话，算是打消了齐顷公的顾虑。

"好，好，打的就是亲戚，先打谁？"齐顷公倒来了积极性。

"谁也不打。"这回是国佐发言了，"主公，虽然说两个超级大国没挨着咱们，可是咱们也不能忽视它们啊。譬如说，咱们攻打鲁国，鲁国向楚国求援，楚国来了，咱们怎么办？"

"哎，是啊。"齐顷公愣了一下，觉得这是个问题。"那怎么办呢？"

"这事情好办，但是一定要办。咱们先跟楚国搭上线不就行了？搭上了楚国，到时候万一晋国帮鲁国，楚国还能帮咱们对付晋国啊。"国佐早就想好了主意。

"哎，主意是个好主意，可是万一人家楚国不愿意搭理咱们呢？"齐顷公还有顾虑。

"嘿，主公，恕我直言。咱们几十年没搞过外交了，人都傻了。楚国为什么不搭理咱们呢？他们要对付晋国，巴不得我们跟他们结盟呢。"

"那就这么定了。"齐顷公挺高兴，立马派出晏弱前往楚国，寻求建立友好关系。

果然，晏弱受到楚庄王的热情接待，并随后派出申叔时回访齐国。

至此，齐国和楚国建立了战略合作伙伴关系。

281

齐顷公二年（前597年），晋、楚爆发邲之战，晋国大败。

消息传来，齐国百姓欢欣鼓舞，幸灾乐祸。

"我们终于可以打人了，打谁？"齐顷公高兴，就要准备出兵。

"我们很久不打仗了，打莒国比较保险。再说，莒国离晋国远，晋国人想救也不容易。"国佐建议，他说得有道理。

第二年春天，齐国进攻莒国。果然，莒国向晋国求援，晋国回函：希望交战双方保持克制……

收到回函的当天，莒国投降了。好在齐国只是想当老大，还没有吞并莒国的想法。

初战告捷，齐顷公更有信心了。

于是，齐顷公再派晏弱前往楚国，与楚庄王探讨两面夹击鲁国。

"这个，我先考虑一下。"楚庄王并没有立即答应，为什么？楚庄王的考虑有很多点。

首先，楚庄王是要称霸的，称霸的国家不应该无缘无故攻打别的国家，也不应该吞并别的国家；其次，楚国离鲁国远，而齐国紧邻鲁国，两国夹击鲁国，最终受益的是齐国；最后，进攻鲁国，很可能导致晋国介入，而楚国并不希望直接与晋国对抗。

考虑清楚之后，楚庄王派出申舟前往齐国，主要表达一个意思：如果齐国要进攻鲁国，楚国愿意在道义上予以声援，至于联合出兵，就免了吧。

而对于齐国来说，其实就是要这样一个效果，他们并不真的希望楚国出兵，他们只是想确认楚国不会救鲁国。

遗憾的是，申舟在出使齐国的半路上被宋国人宰了。于是，楚庄王的回复永远也没有到达齐国。

得不到楚国人的明确答复，齐顷公心里还是有些打鼓，怎么办？

"我看，我们不妨先小规模骚扰鲁国，看看他们什么反应。"高固提了一个建议。

齐国军队开始制造边境冲突，鲁国人先后向楚国和晋国请求帮助，可惜，没有得到响应。

齐顷公八年，楚庄王离世。第二年，鲁国看清了形势，确定了彻底投靠晋国的外交政策，同时在北部边境修城郭，加强对齐国的防御。

"鲁国彻底投靠晋国，对我们是利好还是利空？"齐顷公再次召集会议。

"利空。"国佐和晏弱异口同声地说，然后国佐说了："自从士会接任中军帅以后，晋国的国力恢复极快。如今又是郤克担任中军帅，他可是做梦都想打我们啊。如今鲁国投靠他们，如果我们攻打鲁国，郤克决不会放过这个打我们的机会的。"

"我不同意，我认为是利好。从前，咱们不敢打鲁国，那是担心楚国会干预。如今鲁国投靠了晋国，咱们正好联合楚国攻打鲁国。"高固认为这反而是个机会。

三个人争论了一阵，谁也不能说服谁。

最后齐顷公一拍桌子，说话了："别争了，别争了，从前，鲁国人投靠楚国人，咱们不敢动他们；现在，鲁国人投靠了晋国人，咱们还不敢动他们。那我们不是永远不能动他们了，啊？前怕狼后怕虎，咱们什么时候才能重振雄风啊？不行，打鲁国。"

齐顷公当即派人前往楚国，请求夹击鲁国。不过，楚国因为楚庄王去世不久，无法出兵。

齐顷公十年春天，齐国入侵鲁国，占领了鲁国的龙邑和巢丘。

鲁国立即向晋国求援，于是晋国联合鲁国、卫国、曹国进攻齐国。

齐顷公并不怕晋国人，一面向楚国求援，一面在齐国的鞌与晋国人进行决战，结果是齐国大败，齐顷公几乎被俘。最终，晋国同意齐国求和，而齐国将侵占的鲁国土地原样奉还。

晋齐大战发生于春天，直到冬天，楚国人才赶来，不是晚了三秋，而是晚了三冬。现在齐顷公明白了：楚国人是靠不住的。

怎么办？现实摆在面前：联楚抗晋那是行不通的，楚老大是靠不住的，晋老大是打不过的。

"我们必须调整外交策略了。"又是内阁会议，齐顷公又提出问题。

"既然楚国人靠不住，我看，投靠晋国算了。"高固算是被晋国人打怕了，觉得还是靠着晋国比较保险。

"我反对。你说卫国和鲁国这些国家，不靠着个大国活不下去，咱们齐国跟他们可不一样啊，跟他们排一块儿给晋国人当跟班，太寒碜了吧？"晏弱发言了，他很少发言，但是这时候忍不住还是要发言。

晏弱其实是说出了大家的心里话，谁愿意给人家当跟班啊？

问题是，实力又不如人家，还不想当跟班，怎么混？

君臣四人苦思冥想，从早上讨论到晚上，又从晚上讨论到早上，竟然没有任何结果。没办法，各自回家了。

国佐有点儿垂头丧气，一脸的不高兴加上疲惫就回到了家里。

到了家，国佐洗了一把脸，让家人上了饭菜。饿了一晚上了，可是国佐吃不下去，因为心里有事。

陪国佐吃饭的是他的三夫人鲁姬，鲁国人。国佐一共三个老婆，大老婆郑姬，二老婆宋子，三老婆鲁姬。大老婆和二老婆之间势同水火，恨不能掐死对方，三老婆尽管地位最低，但是人缘挺好，跟大老婆和二老婆都没有矛盾，国佐也喜欢她，时常额外对她好一点儿。

"老公，看你这样子，一天没吃饭吧？什么事情这么难啊，还一天都不让回家。"鲁姬轻轻地说，很心疼的样子。

三个老婆中，国佐最喜欢的就是这个老婆。鲁姬善解人意，又很善于搞人际关系。

"嗐，你不知道，是外交政策的问题。现在楚国和晋国都比我们强，都惹不起，不知道怎样处理和他们之间的关系比较好。既要有理、有利、有节，还不能惹恼他们；既要不卑不亢，还不能跟鲁国这般国家一样媚态十足。"国佐说，之后把几个人讨论的内容大致说了一遍。

鲁姬笑了。

"你笑什么？"国佐问。

"我笑你们几个大男人，还不如我一个女人。"

"什么？难道你有什么高见？"

"我觉得吧，齐国现在就比楚国和晋国差点儿，比其他国家都强。就像我，大姐、二姐比我地位高，其余的人比我地位低。这么说起来，我不就相当于齐国吗？你看我过得不是挺好？怎么不问问我怎么在大姐、二姐之间周

第一三四章　三夫人的妙计　　　　　　　　　　　　　　133

旋的呢？"

鲁姬的话说完，国佐就觉得太有道理了。要知道，并不是每家的三老婆都能混得这么好。

"那，你说说。"

"我有八字方针，你看看合不合适。我这八字方针是：阳奉阴违，见机行事。"

"啪。"国佐一拍桌子，站了起来，"好，好一个阳奉阴违，见机行事。不行，我现在就去找主公。"

国佐也不困了，直接上车去见齐顷公。

齐顷公的心情也不好，好不容易灌了两口汤，正要睡下，国佐来了，说是想到办法了。

"那你等等再说，把他们两人也叫来。"齐顷公还挺会制造气氛，立即派人把高固和晏弱也给叫来了。

人到齐了，就该国佐发言了。

"几位，其实吧，世界就像一个家，有大老婆、二老婆、三老婆，咱们吧，就是三老婆。为什么这么说？因为这个主意是我三老婆出的，咱们的外交政策就是八个大字：'阳奉阴违，见机行事'。面子上，咱谁也不得罪，谁也不对抗；实际上，咱瞧好时机，该干什么还干什么。"国佐一番话说出来，那三位半天没说话。

如果说刚才齐顷公等三人还有点儿睡意，现在全都醒了。

"哎呀妈呀，你三老婆太有才了。"高固先说话了。

"唉，想不到，我齐国的外交政策竟然出自一个女人的口中。"齐顷公叹了一口气，同时等于宣布，齐国的外交政策就是这八个大字了："阳奉阴违，见机行事"。

第一三五章

齐国的权力斗争

事实证明，一个符合本国国情的外交政策是非常重要的。

自从齐顷公十年齐国确定了"阳奉阴违、见机行事"的外交政策之后，到齐顷公十七年的七年时间，齐国国内安定，外部环境也非常好。但凡晋国召开会议，齐国都派人参加，该举手举手，该欢呼欢呼，该溜须溜须。结果，晋国非常满意齐国的表现，不仅表现出尊重，而且一高兴，还让鲁国把汶阳的土地给了齐国，那块地原本是鲁国的，被齐国抢了，后来鞌之战后还给了鲁国，现在，又成了齐国的。

"看见没有？只要坚持正确的外交方针，战争得不到的，咱们凭着外交也能得到。"齐顷公很高兴。

齐顷公十七年，齐顷公薨了，太子姜环继位，就是齐灵公。

转眼间到了齐灵公七年，就是宣伯逃到齐国的那一年。

282

庆克是什么人？公子无亏的孙子。

公子无亏是谁的儿子？齐桓公的儿子。还是谁的儿子？大卫姬。

那么，齐灵公的爷爷齐惠公是谁的儿子？齐桓公的儿子。还是谁的儿子？小卫姬。

在齐桓公的儿子们中间，公子无亏和公子元（齐惠公）的关系比别人都要近得多。

当初，公子无亏被杀，就是齐惠公收养了他的儿子庆父。因此，庆克与齐灵公的关系非同一般。

齐顷公和齐灵公都在竭力扶持庆克，为什么？不仅仅是关系亲近，更重要的是，要寻求一股力量来对抗国、高两家。

国、高两家祖上是周王亲命的齐国上卿，因此世为上卿，除了管仲在世的时候，其余的时间都是齐国最强势的政治力量。

而更厉害的是国家和高家世世代代共同进退，始终在同一条战壕，因此才能够几百年来屹立不倒，其地位之稳固，甚至超过了国君。两家还有一个共同的特点，就是非常喜欢把女儿嫁给外来的才俊，譬如当年陈国公子完流亡到齐国，就做了国家的女婿；叔孙豹到了齐国，也做了国家的女婿。而这些青年才俊很快就立足齐国上流社会，成为国、高两家的势力范围。

就因为势力庞大并且盘根错节，国、高两家在齐国说话的分量很重，往往居高临下，不留情面。即便在国君面前，也常常直来直去，并不考虑对方的面子。

在《国语》中，单襄公曾经这样评说国佐："立于淫乱之国，而好尽言，以招人过，怨之本也。唯善人能受尽言，齐其有乎？"意思就是，国佐身在齐国这样一个淫乱的国家，说话却很直，很没有顾忌，直接点出别人的过错，这样是很容易得罪人的。只有善人才能够容忍别人的直言直语，可是齐国有这样的善人吗？

至少，齐灵公不是这样的善人。

对这两家，齐灵公如芒在背。他在培植自己的力量来对抗国、高两家，而庆克是其中的一支力量。

正因为如此，庆克受到重用，可以经常出入后宫。

声孟子失去了宣伯，于是搭上了庆克。

古人说：好事不出门，坏事传千里。

现在我们说：什么新闻是传得最快的？绯闻。

声孟子与庆克的绯闻很快传了出去，官场上人人皆知。于是，问题来了。

当初宣伯与声孟子的绯闻也传得很快，但是由于宣伯是外来户，所以，大家也就一笑置之，把他看作声孟子的一个高级面首而已。可是庆克不一样，国家、高家甚至鲍家（鲍叔牙的后代）对于庆克的受宠一向不满，认为他会对旧的权力格局产生威胁。如今他又上了声孟子的床，对大家的威胁更大了。

"整他。"国佐、高无咎（高固之子）和鲍牵三人一商量，决定要收拾庆克。

现在想起来，宣伯的人间蒸发是多么明智。

庆克也不是傻瓜，他知道自己现在的处境，也听到一些风声对自己很不利。他决定避避风头，暂时不去约会声孟子。

这一天，声孟子又派人来请了。去？还是不去？还是去。

庆克想了一个办法。

每天都会有很多人进出后宫，主要是些妇女，这些妇女干什么的都有，探亲访友的，送女工的，探亲回来的，等等。一般来说，这些人进出后宫不会有人注意。

第一三五章　齐国的权力斗争

庆克在后宫附近找到了一个要进宫的中年女人，然后凑到了她的车前。

"大嫂，我也要进宫，搭上我好吗？"庆克低声说。

"大闺女，上来吧。"中年妇女很热情，让庆克上了车。为什么叫大闺女？因为庆克装扮成了女人。

庆克成功地混进了后宫，之后去约会声孟子了。

就在庆克自以为神不知鬼不觉的时候，一双眼睛在远处早已紧紧地盯住了他，谁？鲍牵。

"国老，我刚才看见庆克这小子装成女人混进了后宫。"鲍牵立即向国佐做了汇报。

"走，咱们在后宫外面等他出来。"国佐来了兴趣，亲自出动，和鲍牵蹲点守候去了。国佐知道，怎样进去的，庆克一定会怎样出来。

果然，一个时辰之后，一辆车从后宫后门出来，车上坐着两个妇女。车子出来后，一个妇女从车上跳了下来，一头钻进了一条小巷。

"哎呀妈呀，太成功了，太刺激了。"这个妇女一边自言自语，一边脱衣服。

"很爽吧？庆克。"一个声音传来，吓得庆克打了个哆嗦，抬头一看，不知道什么时候国佐和鲍牵就站在自己面前。

这下，什么都不用说了，跟捉奸在床基本没有区别。

"你这身衣服不错啊，哪儿来的？"国佐坏坏地问。

"这、这，我、我老婆的。"

"你老婆的？你变态啊？你胆儿肥了？跟国母上床了？"国佐也不管三七二十一，把庆克一通臭骂，庆克也不敢吭声，低着头挨骂。

骂了之后怎么办呢？国佐想想，好像也就只好骂骂了，毕竟这是声孟子的事情，真要闹大了，太后没面子，国君也就没面子；国君没面子了，自己不是有麻烦了？

"滚，以后再让我看见，割了你。"骂够了，国佐又威胁了两句，这才放走庆克。

庆克吓出一身冷汗，偷偷摸摸回到家，再也不敢去跟声孟子约会了。

没过几天，声孟子又派人来了，说是想他了。

"我不是不想去，我是不敢去啊。"庆克把自己那天怎样扮成女人进宫，怎样被国佐和鲍牵捉住，怎样被痛骂一顿，又怎样被国佐威胁等，从头到尾说了一遍。

来人没办法，回去对声孟子转述一遍，声孟子咬牙大骂："国佐，鲍牵，我决不会放过你们。"

齐灵公八年（前574年）六月二十六日，晋国召集各国在柯陵举行盟会，根据之前确定的外交原则，齐灵公带着国佐前往参加。在齐灵公离开期间，临淄由高无咎和鲍牵镇守。

高无咎和鲍牵这哥儿俩第一次接受这么重要的任务，觉得要有所表现。于是，城头增加岗哨，城门增加守卫，每天提早关城门，同时行人出入都要进行检查。

总的来说，治安不错。

这一天，天色将黑，一队人马从西方而来。

"开门开门，怎么这么早就关门了？"城下，那队人马大声喝叫着。

"你们是干什么的？是高将军和鲍将军安排关城门的。"城上的军士喊。

"混账，国君回来了，没有长眼吗？"城下大骂，原来是齐灵公回来了。

"哎，等等，我们要请示一下。"

过了半个时辰，城门开了。

齐灵公车队的前导骂骂咧咧，一边骂，一边进城。

"下车下车，接受例行检查。"守门的军士喝令。

"嘿，连我们也要检查？"

"高将军和鲍将军说了,就算是周王来了,也要检查。"

齐灵公车队的前导只好下车接受检查,没有下车的,只有齐灵公和国佐。折腾到半夜,齐灵公才回到宫里。

"儿啊,你怎么这么晚才到家?"声孟子听说儿子回来了,从床上爬起来看他。

"嗐,城门的守卫怎么检查这么严格呢?折腾了半天。"齐灵公说,虽然有点儿恼火,但是还觉得这也反映了高无咎和鲍牵工作很卖力。

"儿啊,你知道为什么这么严格吗?我听说高无咎和鲍牵想造反了,他们想害了你,立公子角为国君啊。我还听说,国佐跟他们也是一伙的。"声孟子轻声说。

"什么?真的吗?"齐灵公吃了一惊。

"小声点儿,娘还能骗你吗?"

齐灵公将信将疑,他知道老妈说话不太靠谱。但是,他倒宁愿相信老妈说的是真的,因为他早就想打击国、高、鲍几家的气焰,这是一个不错的借口。

"好,我会让他们付出代价的。"

第二天,齐灵公宣布高无咎和鲍牵在国君不在期间滥用职权,图谋造反,姑念两家祖上有功,死罪免去,活罪不饶,高无咎驱逐出境,鲍牵砍掉双脚,立即执行。

高无咎逃到了莒国,而鲍牵的封邑由其弟弟鲍国接手。

283

齐国朝野震动,因为国、高两家世代为卿,历任国君都不敢动他们,可以说,他们的地位比国君还要稳固。齐灵公敢于赶走高无咎,实际上就等于向国、高两家宣战。

高无咎的儿子高弱在封邑庐（今山东省济南市长清区）宣布独立。

"造反？镇压。"齐灵公大怒，决定派兵前往镇压。派谁？派大夫崔杼和庆克。

这崔杼是干什么的？顺便说说崔姓起源。

姜太公去世之后，也不知道传了几代，就传到了丁公姜伋，丁公姜伋的嫡长子季子让位给弟弟叔乙，自己食采于崔邑（今山东邹平西），子孙以邑为氏，这就是崔姓的起源。姜季子就是崔姓的得姓始祖。崔姓在宋版《百家姓》中排在第一百八十九位，郡望有清河郡、博陵郡、荥阳郡。

崔家和庆家一样，都是公族，也都是公室用来抗衡国、高两家的新兴力量。

从能力来看，崔杼还在庆克之上。

"主公，不可轻举妄动啊。高弱造反，必然内联国佐，如果我们贸然出兵讨伐高家，国佐就有可能趁机端我们的老窝。"崔杼比较有头脑，当即提出反对意见。

"嗯，你说得对。可是，难道我们就这么忍着？"

"忍，该忍就忍。"

"忍到什么时候？"

"忍到他们忍不住的时候。"

"好，那就忍。"

齐灵公决定忍着，就当不知道高弱已经造反。

这一忍，就是一个月。

转眼秋收结束了，晋国派人来，召集齐国军队随同盟军讨伐郑国。

"主公，机会来了。"崔杼看到了机会。

"什么机会？"

"派国佐领军参加盟军的行动,他一走,咱们就对高家下手。"崔杼厉害,要玩一手釜底抽薪。

于是,齐灵公派国佐领军前往郑国。国佐自然不愿意去,可是想想齐灵公这段时间的表现,看不出来他是在故意支开自己打高家的意思,于是决定听从命令。

尽管走了,国佐也不是傻瓜,他留下了眼线,一有风吹草动,立即通知自己。

国佐一走,这边崔杼和庆克就率领齐军讨伐高家。

计策很好,可惜,崔杼和庆克都不会打仗,一通狂攻,结果毫无进展。

再好的计策,也需要速度和时间的配合。这一边,崔杼和庆克不能迅速拿下,那一边,国佐已经得到了消息。于是,齐军退出盟军行动,紧急回国。

等到国佐的部队来到,崔杼和庆克可就傻眼了。跑吧?说不过去;打吧,好像也没有理由,况且,也打不过。两人正手足无措的时候,国佐派人来了,说是请两位过去见见。

去?还是不去?去吧,危险;不去吧,人家国佐是上卿,这两位才是大夫,差了好几级,不去也说不过去。

没办法,两人硬着头皮去了国佐的大帐。

战战兢兢,崔杼和庆克进了国佐大帐,刚一进去,就听国佐大喝一声:"把庆克给我拿下。"

两边卫士出来,将庆克拿下。

"国、国、国老,您这是?"庆克吓得连话都说不利索了。

"庆克,我说过别再让我看见你,否则就割了你。谁知道你不仅不思悔改,而且搬弄是非,陷害高家和鲍家。割了你已经不足以抵罪,来人,拖下去砍了。"国佐大喝,手下不容分说,将庆克拖下去砍了头。

庆克就这么死了,算计别人半天,结果先把自己算计死了。

崔杼吓得两腿发抖,"扑通"跪了下来。

"国、国老,这不干我的事啊,是主公让我来的。"崔杼跪地求饶。

"没你的事,你走吧。"国佐放过了崔杼,却不知道,真正出主意的正是崔杼。

崔杼保了小命,不敢停留,立马率军撤回了临淄。

国佐进城,和高弱见面,之后挥师回到自己的封地谷,宣布独立。

现在,国、高两家都已经造反,而且国佐手中还有齐国军队。这样的结果,是齐灵公最不愿意见到的。怎么办?

这时候,齐灵公想起齐国的外交政策来了:阳奉阴违,见机行事。

该装孙子的时候,就得装孙子。

齐灵公派人前往谷地,与国佐进行谈判,大概意思就是此前的一切都是误会,都是庆克在挑拨离间,如今您老人家为国除害,为君锄奸了,咱们误会消除,就该齐心协力,为国家的复兴而努力奋斗了。

国佐其实也不真是要独立,他只是要以此警告齐灵公,同时为高家和鲍家申冤。于是,国佐提出为高家和鲍家平反昭雪的合理要求,齐灵公当然答应。于是,国佐宣布取消独立。随后,高弱也宣布回国。

公室与国、高两家的第一次正面交锋,以国、高两家的胜利而告终。

但是,齐灵公更加感觉到国、高两家的力量过于强横,更加下定决心要收拾他们。

第二年,也就是晋国栾书杀晋厉公那一年,齐灵公找到了一个机会,或者说,他决定孤注一掷了。

栾书杀晋厉公让齐灵公震惊,他怀疑国佐随时会成为齐国的栾书,而自己会成为晋厉公。怎么办?

"主公,先下手为强啊。"崔杼又出了主意。

于是，齐灵公下手了。

事实证明，国佐并不是齐国的栾书。一月底，齐灵公在朝廷派人刺杀了国佐，随后又派人杀了国佐的大儿子国胜，国佐的二儿子国弱则逃到了鲁国。

之后，齐灵公任命崔杼为下卿，任命庆克的儿子庆封为大夫，另一个儿子庆佐为司寇。这样，权力布局完成，崔、庆两家执掌大权。

高弱有什么反应？没反应。

"高弱高弱，确实很弱。"齐灵公很高兴，他决定让国弱回来接掌国家。一方面，他不想灭掉国家；另一方面，他也不敢灭掉国家。

于是，国弱从鲁国回来，接掌国家的一切。

一个高弱，一个国弱，国、高二家怎么能不弱？国、高二家，由此衰弱。

至此，齐国确定了外交政策，并且完成了权力的重新布局，而这一切，都与女人分不开。

而齐国与鲁国的权力斗争有一个共同点，那就是：婚外情引发权力斗争。

鲁国的权力斗争是由一个齐国女人穆姜引发的，而齐国的权力斗争是由一个宋国女人声孟子引发的，那么，宋国呢？如果宋国也是，又是哪个女人引发的呢？

第一三六章

宋国族争

宋国,郑国人叫他们"送国",因为他们总是送东西过来。宋国为什么成了"送国",要看看历史了。

宋国是商的后代,宋国人打仗超讲规矩,而且超级慈悲,因此几乎是战无不败。不过宋国人觉得自己很有文化,很讲仁义,就算打败仗也没关系。宋襄公就是宋国百姓的杰出代表,而不是特例。

宋国人很有些孤芳自赏的意思,尽管仅仅是周朝的一个诸侯国,但他们在内心认为自己才是城里人,其余的诸侯国都是乡巴佬。

"我们是周朝的客人,我们这里也有天子之礼啊。"宋国人常这么说,确实,宋国和鲁国一样都有天子之礼,不过大家都不去宋国观礼,一来忌讳,二来根本瞧不起他们。

除了说,宋国人也是这么做的。

284

《太平御览》称:"夏殷五世之后,则通昏姻,周公制礼,百世不通,所以别禽兽也。"

啥意思?夏朝和商朝的规矩,同宗五世之后,就可以通婚。而周朝的规矩,同姓永远不能通婚。顺便提一句,如今中国的规矩就是夏、商的规矩。

对于大多数诸侯国来说,同姓不婚是铁律,譬如鲁国、卫国。少数国家偶尔有违反,但是也只是偶尔,譬如晋国、齐国。唯一例外的就是宋国,这个国家继承了商朝的规矩,同姓可以结婚。

正是因为同姓不婚,所以周朝的一个特点就是各国国君都不在本国娶老婆,各国之间通婚十分频繁,而国君在本国娶老婆成了一种忌讳和笑话。

不仅国君,各国的卿通常也都是涉外婚姻,好像不娶个外国老婆都不好意思对别人说。

可是,宋国不一样。大概是自认高贵,宋国多数情况下不愿意与外国人结婚,而是自己内部解决,反正同姓也可以结婚。国君这个层面,由于政治联姻的考虑,与诸侯国通婚的比例较高,至于卿大夫,则极少与外国人通婚。这种现象,称为"内婚制"。

宋襄公、宋共公和宋昭公连续三任国君都娶了国内大臣的女儿做老婆,因此《公羊传》嘲讽宋国"三世无大夫",因为按照周礼,国君不能以自己的老丈人为臣下,所以老丈人就不能算大夫,进一步,老丈人的同僚们也就不能算大夫。

内婚制带来的坏处很多。

首先,内婚制妨碍了宋国与诸侯国之间的交流,进一步促进了宋国的保守思想,也使得宋国在列国间常常处于孤立的境地。

其次,长期族内解决婚姻问题,导致人口素质下降,智障人口比例偏高。

后来诸子的寓言中常常拿宋国人找乐子，如"揠苗助长""守株待兔"等笑话，都摊在了宋国人的身上。

最后，内婚制引发内部政治问题。外婚制的好处是没有所谓的"后族""外戚"，而内婚制就必然使得后族的势力得到提升，国君总是搞几个老丈人来压着自己，公室的权威就受到打击。所以，宋国的国力总是被分散，无法形成合力。《春秋公羊传解诂》就说："宋以内娶，故公族以弱，妃党益强，威权下流，政分三门，卒生篡弑，亲亲出奔……"

宋国人的保守封闭不仅体现在"国际"上，在国内同样如此。每一任国君的后代都成为一个单独的族群，譬如宋戴公的后代就成为戴族，他们聚居在一起，遇事则一致对外，五代之后则族内通婚。因此，宋国历代国君后代各成一族，形成多股政治势力。这一点，也是宋国独有的特点。

有了这些，宋国人处理内外事务的各种做法也就顺理成章了。

宋襄公在泓之战受伤，次年离世。太子王臣继位，就是宋成公。十七年之后，宋成公离世，太子杵臼继位，为宋昭公。

来看看宋国现在的内阁组成。

宋国也是六卿制，不过宋国的六卿与晋国的六卿不同，具体如下：公子成担任右师，公孙友担任左师，乐豫担任司马，鳞矔担任司徒，公子荡担任司城，华御事担任司寇。

从六卿构成看，乐豫、华御事为戴族（宋戴公后代），鳞矔、公子成、公孙友和公子荡为桓族（宋桓公后代）。戴、桓两族为宋国的强势家族，其余各族比较衰落。可以这么说，戴族和桓族的力量，都比公室的力量强。

宋戴公的儿子公子文以父亲的谥号为姓，后代姓戴，这是戴姓的主要起源。另有戴国出于姬姓，春秋时被郑国所灭，国君后人以戴为姓之说。戴姓在宋版《百家姓》中排名一百一十六位，郡望在梁郡、谯国郡、广陵郡、清河郡。

宋戴公有个儿子叫子衎，字乐父，后代以乐为姓。另有一支出于姬姓，为晋国大夫乐王鲋之后。乐姓在宋版《百家姓》中排名第81位，郡望在南阳郡、河内郡。

宋昭公听说了一条小道消息，说是叔叔公子御对自己的宝座有想法。宋昭公立即召集六卿会议，讨论这个问题。

"各位，我听说公子御想要篡位。为此，我决定大义灭亲，把我的叔叔们都给灭了，永绝后患。"宋昭公的大义灭亲是这样的，他的叔叔们，也就是宋襄公的儿子们，就是襄族。而公子御，是他的一个叔叔。

众人一片哗然。

"主公，不可以啊。公族啊，你应该去亲近他们，使他们成为你的帮手，而不是杀掉他们啊。"乐豫赶忙来劝说。

"不行，我已经下定决心了。"宋昭公否决。

大家一看，你既然已经下定决心了，那我们还讨论什么？回家吃饭去吧。

宋昭公说到做到，第二天就下手杀了公子御。只是可惜，没有六卿的支持，他无法展开大规模的清洗。

公子御被杀，整个襄族震动了，于是，襄族联合了穆族共同进攻宋昭公，结果宋昭公跑了，朝廷里大大小小被杀了一批，连爷爷辈的公孙固也稀里糊涂被杀了。

襄族和穆族占领了后宫和朝廷，六卿们一看事情不妥，连忙出来调停。最后达成协议，此次事件定性为误会，宋昭公继续当他的国君，穆、襄两族获得安全保证，并保证不会秋后算账。此外，乐豫让出司马给宋昭公的弟弟公子昂。

事情看上去摆平了，其实不然，有一个人在咬牙切齿："不让奶奶过好日子，奶奶也不让你过好日子。"

谁啊？奶奶。

当初宋襄公一开始娶的夫人是国内公族的女儿，之后夫人去世，于是向王室求婚，周襄王的姐姐嫁给了他，就是王姬，史称宋襄夫人。论辈分，宋襄夫人就是宋昭公的奶奶辈。

宋襄公离世的时候，宋襄夫人不到三十岁，正是风华正茂的年纪，于是就搭上了公子御。这一晃，十多年过去，那感情是没的说了。宋襄夫人本来就是太后，再加上与戴族的关系很铁，在宫里那是说一不二，宋成公在的时候就很怕她。等宋成公没了，就有流言说宋襄夫人有意废了太子，扶公子御上位。

究竟宋襄夫人有没有这个想法，谁也不知道，反正现在公子御被宋昭公杀了，宋襄夫人伤心欲绝。当初宋襄公死的时候也没有这么伤心过，她恨死了宋昭公，决心要为自己的情郎报仇。

宋襄夫人没有等太久，第二年，也就是宋昭公元年（前619年），宋襄公夫人依靠戴族的力量，一举杀掉了宋昭公的亲信公子昂、孔叔和公孙钟离，这三个人，就是当初杀害公子御的凶手。

三人被杀，这一次是桓族出来做和事佬，最后事件再次被定义为误会，谁家的死人谁家埋，今后出门注意安全。

宋襄夫人怎样了？

"哼，奶奶心情好点儿了。"她算是出了口气。

宋昭公躲在厕所里捯气，没办法，惹不起。

285

声孟子失去了宣伯，于是又找到了庆克。那么，失去了公子御，宋襄夫人就这么算了？宋襄夫人不过四十多岁，岂能虚度？

第一三六章 宋国族争

宋昭公有一个弟弟叫作公子鲍,《左传》的说法是"美而艳",那就是一位性感美少年。宋襄夫人一看这孙子不错,值得勾搭。

"公子,最近可好?"宋襄夫人开始勾搭。

"托您老人家的福,挺好。奶奶,您的身体也好?"公子鲍急忙问候。

"嘻,别老人家老人家这么叫,把我叫老了。其实啊,我也比你大不了多少,私下里,叫姐姐就行了。"

"那不行,奶奶就是奶奶。乱了辈分,爷爷在天有灵,会谴责我们的。"公子鲍不接受勾搭。

宋襄夫人放弃了,不过,她还是很喜欢公子鲍,或者说她更加喜欢公子鲍了。所以,她决定要帮助公子鲍,帮他夺走宋昭公的宝座。

转眼九年过去,这九年时间里,宋昭公干了很多坏事,公子鲍则干了很多好事,到处访贫问苦,礼贤下士,拿出自己的全部家产救济穷人,因为他知道什么叫舍不得孩子套不住狼。除此之外,公子鲍每天都要去六卿家里做客,沟通感情。宋襄夫人全力帮助公子鲍,连自己压箱底的嫁妆都拿出来资助他,逢人就说公子鲍好。

结果是什么?结果是宋国人都说公子鲍好。

九年过去,宋襄夫人从四十多岁到了五十多岁,与公子鲍之间的关系变得更加纯粹。如果说从前想干掉宋昭公是为了报仇,那么现在就纯粹是因为喜欢公子鲍。

看看现在的六卿构成:华元担任右师,公孙友为左师,华耦为司马,鳞瞫为司徒,荡意诸为司城,公子朝为司寇。依旧是戴族、桓族大包大揽。

宋襄夫人认为时机已经到了,可以行动了。于是,宋襄夫人再次联合戴族,准备动手。

"孙子,看日子,你该去孟诸打猎了,啊,祭祀用的猎物要准备了。"宋襄夫人半提醒半命令,要让宋昭公去打猎。

"啊，对对，奶奶，我正准备呢。"宋昭公应承着，其实他已经知道了宋襄夫人的计划。基本上，所有宋国人都已经知道了。

怎么办？

"先下手为强。"司城荡意诸建议，基本上，现在他是宋昭公唯一的朋友。

"不，不行，她是我奶奶啊。"宋昭公反对。

"那、那就逃走？"

"唉，我也知道，老百姓不喜欢我，大夫们也不喜欢我，连奶奶也不喜欢我，我这样的人，逃到哪里能受欢迎呢？不就是个死吗？我已经活够了，死就死吧。"宋昭公视死如归，也难怪，九年来的日子过得很压抑，早就想死了。

宋昭公很从容，把自己的财产都倒腾出来，分给自己的左右，然后让他们各奔前程。想一下那个场景，相当悲壮。

宋昭公，其实是个很够意思的人。

宋昭公在那边分遗产，大家很快就都知道了。

打猎的前一天，宋襄夫人把荡意诸找来了，因为是他陪宋昭公去打猎。

"小荡啊，那个什么，明天要发生什么事情你都知道了，就别去了吧。"宋襄夫人不愿意杀他。

"不，作为主公的臣下，明知有难却自己逃走，会把大家教坏的。"荡意诸拒绝了宋襄夫人的好意，宋国人，就这样。

第二天，宋昭公带着荡意诸去打猎了，其实他们知道，自己才是猎物。

事情如期发生，宋昭公和荡意诸被宋襄夫人派去的人杀死。

当天，公子鲍登基，就是宋文公。司城的职位则给了公子鲍的同母弟弟公子须。

宋昭公死了，宋国百姓皆大欢喜。

荡意诸死了，却只有一个人高兴，谁？他爹。

第一三六章　宋国族争

"终于能安心睡个觉了，哈哈哈哈。"荡意诸的老爹公孙寿高兴得够呛。

儿子死了，为什么爹这么高兴？

原来，公子荡死后，应该是儿子公孙寿接任司城，可是公孙寿拒绝了，他说："这年头，官场不好混。国君的位置不稳，大臣很可能就跟着倒霉。我不当这官，让我儿子去吧，就算他死了，我们家族还能保住。"

现在，儿子死了，家族保住了，所以公孙寿很高兴。

没办法，宋国人，就这样。

但是，事情并没有结束。

宋昭公属于内婚，老婆是武族的，因此，武族一向为宋昭公鸣不平。

两年后，武族以宋昭公太子的名义联络穆族和司城公子须造反，要扶持公子须登基。宋文公听到风声，立即组织戴、桓、庄三族进行镇压，结果杀了公子须和宋昭公的太子，将武、穆两族驱逐出境。

至此，宋国的族争告一段落。

看看现在的六卿构成：华元担任右师，公孙友为左师，华耦为司马，鳞矔为司徒，公孙师为司城，乐吕为司寇。戴族三位、桓族两位，公孙师代表庄族入阁。

国内安定了，宋文公终于可以放眼国外。而放眼国外的结果是让他吓了一跳，他这时候才发现强敌环伺，宋国需要立即制定外交政策。

于是，宋国要开会讨论外交政策了。与会人员：宋文公，六卿。

"各位叔叔大爷，目前的天下形势是这样的：南面，楚国人非常强大；北面，晋国人也很生猛；东面，鲁国人非常友好；西面，天杀的郑国人非常讨厌。那么，我们应该怎样应对这么复杂的天下形势？"宋文公提出问题。

公孙师没有发言，他也不准备发言，在内阁里，庄族的实力太弱，不宜发言。

"我谈谈看法，楚国人是我们的世敌，而且是野蛮人；郑国人也是我们的世仇，而且很狡猾，我们要想在世界立足，只能投靠晋国人。"公孙友发言，大家没有反应。

"我觉得我们应该灵活一些，楚国人目前比晋国人强大，尽管我们不喜欢他们，但也不要得罪他们，最好主动去和他们修复外交关系，这样的话，郑国人也就不敢来欺负我们了。"华耦发言，大家还是没有反应。

宋文公皱了皱眉头，说话了："两位啊，你们一个是投靠晋国，一个是与楚国主动修好，这些话，我不爱听。华元，谈谈你的看法。"

华元也皱着眉头，对那两位的话，他也不爱听。

"各位，我们宋国是什么？我们是周朝的客人，我们是文明人，最好不要自降身份，不要像郑国人和齐国人那么考虑问题，他们不考虑尊严，只考虑利益，我们不能。

"楚国和晋国固然强大，可是，我们也不是任人捏的软柿子，我们要有尊严。无尊严，毋宁死。不错，当初我们的襄公帮助过晋文公，晋国人始终对我们心怀感激，跟我们关系好，那我们也没有必要去讨好他们，我们只要维持这样的友好关系就行了。至于楚国，没文化不讲信用的野蛮人，我们为什么要主动去跟他们修好呢？如果他们尊重我们，我们可以跟他们友好；如果他们还像从前一样欺骗我们、轻视我们，那就是我们的敌人，我们决不向他们屈服。

"各位，人活着，是要有点儿境界的。国家在世界上立足，是要有尊严的。我们的外交政策是什么？我们的外交政策是：独立自主，宁死不屈；人不犯我，我不犯人。"

华元的发言慷慨激昂，充满自信，赢得了所有人赞赏的目光。

"好一个独立自主，宁死不屈。好，右师说得好。我们宋国人，有志气、有骨气，有素质、有体质。我们不仅要活下去，更要有尊严地活下去。各位，散会。"宋文公很高兴，这是他要的结果。

第一三六章　宋国族争

可是，没有人走。

"主公，快中午了，管顿饭吧!"大家提议。

宋文公犹豫了一下，很勉强地说："好吧，每人两个馍。"心里在想，这几位，为了一顿饭，尊严也不要了。

六卿对视一眼，没有说话，心里却在想，这么小气，真没素质。

宋国的外交方针确定了。问题是，独立自主是需要本钱的，尊严也不是想有就有的。

第一三七章

宋国人的面子工程

宋国的外交政策，说起来简单，做起来就不是那么回事了。不该站队时乱站队固然是不对的，可是，该站队的时候不站队也是错误的。

宋文公登基，原本应该向盟国通报。可是，根据外交方针，宋国决定谁也不通告了。结果，晋国大哥不高兴了，出兵讨伐，弄得宋文公急忙派华元前去解释，总算平安无事。

晋国刚对付过去，楚国人来了。这一次，晋国大哥够意思，攻打楚国盟国郑国，于是楚国撤军，算是再次躲过一劫。

可是楚国人刚走，郑国人来了。这一回，宋国觉得是体现外交政策的好机会了，人不犯我，我不犯人，郑国来了，打。

于是，华元亲自领军，乐吕充当副将。结果一仗下来全军覆没，乐吕战死，华元被活捉，好在华元越狱成功，逃了回来。

286

宋国的外交政策很快被证明是失败的。

"尊严,我们的尊严在哪里?"宋国人很没有面子,他们需要找回面子。那么,面子在哪里?

在被郑国击败之后的第二年,宋国人攻打了曹国,借口是华、穆两族逃到了曹国。曹国当然不是宋国的对手,华、穆两族再次被驱逐出境,逃到了卫国。

这一次,有面子。

几年之后,东面的小国滕国国君滕昭公去世,宋昭公决定征讨滕国。

"主公,不对吧,按照咱们的礼,趁人家国君去世去攻打人家那是不对的。"公子友提出异议。

"什么对不对?我们要找回失去的面子,就要拿他们开刀。"宋文公不管这些。

宋国大军一到,滕国立马投降,拜宋国为盟主大哥。

这一次,有面子。

有面子的事情做了两件,宋国人有点儿云里雾里了,感觉好起来了。

宋文公十六年(前595年),楚庄王派特使申无畏经由宋国出使齐国,但是没有向宋国借道,结果被华元捉住了。换了别的国家,这正好是个跟楚国修好的良机,可是华元不这么认为,他说了:"过我而不假道,鄙我也。鄙我,亡也。杀其使者必伐我,伐我亦亡也。亡一也。"华元觉得太没有面子,于是把申无畏给杀了。

杀了申无畏,楚庄王率领楚国大军前来征讨,包围了宋国都城睢阳。

这一次,宋国人倒真的坚持了"独立自主,宁死不屈"的原则。楚国人从九月围城，到第二年二月，整整五个月的时间，宋国人一不投降，二不求援，完全依靠自己的力量坚守城池。五个月过去，实在受不了了，宋国人还不投降，只是向晋国求援。在被晋国忽悠之后，宋国人依然不投降。直到罗掘俱穷，易子而食，宋国人为了面子，还是不投降，而是派出华元去找楚国将军子重，靠个人关系解决问题，避免国家层面上失去面子。结果，真的被华元做到了。虽然实际上是投降了，但是表面上不是投降，面子还是保住了。

整整围城八个月，人均体重损失三十斤，宋国人创造了春秋以来被围时间最长的纪录。

宋文公离世后，太子瑕继位，就是宋共公。宋共公继承了父亲的一切，包括独立自主的外交政策。

宋共公五年，晋国召开盟会，宋共公找了个借口不参加，结果招来晋国讨伐，急忙赔礼道歉，算是解决了问题。

"右师啊，咱们的外交方针好是好，可是总是招来别人入侵，你看看，还有没有什么好办法，既能有面子，还能把两个超级大国给侍弄舒服了？"宋共公觉得这么下去不是个办法，要有所改变了。

"主公，这个事情好办。我啊，不是跟晋国人和楚国人都很熟吗？干脆，咱们撮合他们和平谈判，谈成了，咱们是中间人，不用站队，又有面子，还把两边的关系都搞好了。"华元其实一直也在想这个问题，昨天刚想出主意来。

"好主意，快去办吧。"宋共公觉得主意很好。

华元的外交能力挺强，再加上晋、楚两国也有这样的意向，于是，宋共公十年（前579年），华元撮合晋、楚两国联盟。

这件事，宋国有面子。

如果放在今天，华元将是诺贝尔和平奖的获得者。

面子，都被华元丢了，也都被华元挣了。

别忘了，宋国是戴、桓、庄三族共同执掌的，戴族风光了，桓族就不舒服了。华元觉察到了这个情况，于是他决定给桓族一些安慰。

宋国六卿改为九卿，华元的理由是：人家晋国都十二卿了，咱们怎么也该九卿，否则多没面子。九卿的安排是这样的：华元担任右师，鱼石为左师，荡泽为司马，华喜为司徒，公孙师为司城，向为人为大司寇，鳞朱为少司寇，向带为大宰，鱼府为少宰。

一共九个卿，华元和华喜为戴族，公孙师为庄族，其余六位，都是桓族。

按理说，桓族在内阁占据绝大多数，应该满足了，可是，还有人不满足。

宋共公十三年，宋共公去世，荡泽把太子公子肥给杀了，因为公子肥跟戴族关系比较近。

华元一看，桓族动手了，怎么办？

"各位，好自为之吧，我能力有限，我闪。"华元扔下一句话，跑晋国去了。

华元跑了，桓族就紧张了，因为华元跟晋国的关系好，这一去，基本上可以断定是去搬兵了，到时候晋国大军一到，桓族的麻烦就大了。

于是，鱼石把鱼府找来，商量对策。

"我看，赶紧把华元给劝回来，要等到他从晋国搬来兵了，那就不能挽回了。"鱼石非常害怕，在他的心目中，华元那是个"国际"巨头，走到哪里都要给面子的。

"不好，他要回来，肯定会讨伐荡泽，然后顺手把我们桓族都给灭了。"鱼府更担心的是这个。

"他不敢的，就算敢，也就是讨伐荡泽。退一万步，就算讨伐桓族，总还有个向戌是他的死党，他不会讨伐向戌，我们桓族总还能留下香火。"鱼石坚持。

"唉，我就准备逃亡吧。"鱼府知道反对也没用，叹了一口气。

鱼石立即上路，追赶华元。终于，在黄河岸边追上了华元。

"右师，你可不能走啊，你要走了，宋国可就没人管得了了。"鱼石上来就劝。

"左师，你别劝我了，我没脸见人啊。身为宋国执政，却不能保护我们的太子，我、我没面子啊，呜呜呜呜。"说来说去，是没面子。

"你回去吧，只要你回去，我们什么都听你的，你想干什么就干什么。"

"那，我要讨伐荡泽，行不行？"

"行，没问题。"

协议达成，华元回国。

回国之后，华元立即率领戴族和庄族讨伐荡泽，荡泽全家被灭。

荡泽是谁？荡意诸的儿子。这一回，不知道公孙寿有没有逃过一劫。

荡泽被杀，很快就有消息称华元会灭掉整个桓族。于是，鱼石、鱼府、向为人、鳞朱、向带仓皇出逃，到了睢水。过了睢水，就是楚国。

华元派人来请他们回去，结果没有请动。于是华元自己来请，鱼石还是不肯回去。等到华元离开之后，鱼府对鱼石说："刚才你错过了机会，华元再也不会来请我们了。我看他目光敏锐，说话很快，显然已经做出了决定。不信的话咱们去看，他一定非常快地回去了。"

鱼石等人登上高处，果然看见华元的车奔驰而去。于是，鱼石等五人尾随而去，果然发现华元命令守城士兵登城巡逻，进行防守准备。同时，华元派人准备去决开睢水的大堤。

毫无疑问，华元要动手了。

鱼石等五人立即渡过睢水，投奔楚国去了。

桓族逃走了。

华元随即将九卿恢复为六卿，任命向戌为左师，老佐为司马，乐裔为司寇。这样，六卿中，桓族和庄族各一人，戴族四人。随后，立宋共公小儿子公子成为国君，也就是宋平公。

宋平公三年，楚国和郑国联合讨伐宋国，占领了宋国的彭城（今江苏徐州），之后交给鱼石等人，并派三百乘战车帮助戍守。

287

晋悼公元年（前572年），宋国决定向晋国求援，收复彭城。

"右师，向晋国人求援，会不会破坏咱们的外交原则啊？"宋平公还有点儿担心面子。

"不会，咱们这只能算请朋友帮忙那种，不算求援，所以根本不是外交的事情。"华元挺能给自己找台阶。

就这样，华元前往晋国求援。

"我们支持宋国百姓收复彭城的合理要求。那什么，韩元帅，你怎么看？"晋悼公热情接待了华元，并且先把套话说了一遍。

"主公，宋国是我们的坚定盟友，他们的事情就是我们的事情。何况，彭城是交通枢纽，我们要和吴国联络，这是必经之地，所以，必须拿下。"韩厥表态，晋国出兵。

华元屁颠屁颠回去了，这一边，晋国开始征召盟国部队。

晋国派出下军佐士鲂走了一趟，首先来到鲁国。

鲁国立马答应出兵，不过出多少兵呢？季文子把握不好，于是来问臧文仲的儿子臧武仲。

"上次我们参加盟军，那是荀䓨来的，那时候荀䓨还是下卿。这次呢，士鲂也是下卿。侍奉大国呢，一定要注重使者的爵位高低。咱们啊，就按照上次出兵的数量就行，晋国人就没什么话说了。"臧武仲想得挺周到。

鲁国由孟献子率领鲁军前去会合。鲁国做得很好。

士鲂随后到了齐国，齐国也热情接待了他。

"没问题，盟主下令，我们肯定紧跟哪，放心回去，我们到时候一定出兵。啊，再告诉我一遍，什么时间？什么地点？放心放心，不见不散。"崔杼答应得很爽快，问得也很详细，还说自己亲自领军。

等到士鲂走了，崔杼哈哈大笑道："晋国人，等着去吧，哈哈哈哈，知道不？齐国的外交政策是阳奉阴违，哈哈哈哈。"

时间一到，齐国军队连个影子都没有。

晋国军队会合鲁军、宋军和卫军，包围了彭城。

这一回，楚国人闪了，因为他们知道晋国的小孩太厉害了，还是别惹他。

楚国人都闪了，鱼石五兄弟还怎么玩下去？被围三天之后，开城门投降。

于是，宋军收复彭城。而鱼石等人连同整个桓族，被晋军带回晋国，安置在壶丘（今山西垣曲县）。

"忽悠我们，打他们。"拿下了彭城之后，韩厥下令，晋国大军东进，讨伐齐国。

齐灵公和崔杼做梦也没有想到晋军这么简单就收复了彭城，按照他们的想法，楚国一定会出兵救彭城，自己正好坐山观虎斗，战事没有三五个月是完不了的。

"老崔，你看看，你看看，阳奉阴违玩砸了吧？怎么办？"齐灵公慌了。

还能怎么办？崔杼亲自前往晋军进行解释。无非就是生孩子、拉肚子等老一套的借口。韩厥是什么人？会被他忽悠？

"什么也别说了，念在世代友好的分儿上，这次就算了。不过，为了防止还有下一次，把你们太子派过来做人质。"韩厥懒得多说，直接给了答案。

没办法，齐国人把太子公子光派到了晋国做人质。

第一三七章　宋国人的面子工程

基本上，阳奉阴违的外交政策是有一定风险的。

鲁国、齐国和宋国的外交政策都介绍过了，为什么郑国和卫国的没有介绍？因为这两个国家不需要外交。对于卫国来说，一切跟着晋国走，根本就什么都不需要考虑，也不用像鲁国一样主动往上贴。而对于郑国来说，任何政策都是多余的，他们就像一艘在巨浪中穿行的小船，只能靠着本能的反应去躲闪。

不要以为郑国人因此就没有什么自尊，恰恰相反，郑国人是有自尊的。

晋悼公二年（前752），让我们来继续看看几个国家在外交政策上的运用。

晋悼公对于郑国人很恼火，他决定攻打郑国，迫使郑国投降。七月，晋国军队会同卫国军队进攻郑国，可是并没有使郑国投降。郑国为什么没有投降？其实，郑国是准备投降的。既然准备投降，为什么没有投降？

夏天的时候，郑成公患了重病，执政子驷来向他请示："主公，晋国人现在比楚国牛多了，咱们是不是要换个队站站？"

"咱不能这样啊。你说，人家楚国对咱们不错，楚王为了咱们连眼睛都搭进去一只，咱们怎么能忘恩负义呢？反正我快死了，等我死了之后，随便你们吧。"郑成公反对，其实除了上面的理由，当初郑成公在楚国做人质的时候，就跟楚共王是哥们儿，能够回来当上国君，楚共王出了不少力气。

不管怎么说，郑成公挺讲义气。

没几天，郑成公去世了。

秋天的时候，晋国军队来了，郑国大夫们纷纷建议投降，这回子驷说了："主公说过了，不能投降，如今他还没有下葬，所以他的话我们还要遵守。"

就因为这个，郑国人没有投降。

所以我们说，尽管郑国人经常投降，但是他们是有自尊的。

晋国和卫国联军没能拿下郑国，于是在卫国的戚（今河南濮阳）召开盟国会议，晋国方面荀䓨出席，鲁国是孟献子，卫国是孙林父，宋国是华元，只有齐国又玩生孩子、拉肚子这类把戏，再次缺席。

"齐国人太不要脸了。好了，先不说他们，讨论一下，怎样才能让郑国归顺我们，大家有什么办法都说说。"荀䓨主持会议，基本上这就是个神仙会，大家都是老朋友，随便谈。

孙林父没有发言，他根本就不准备发言，晋国让怎么干，就怎么干，连动脑筋都省略了。

华元想了想，第一个发言了："我看，咱们五个国家全军出动，灭了郑国。"

华元恨死了郑国人，他就希望灭了郑国。

孟献子一听，就知道这个主意不正，晋国人肯定不会这么干。其实，晋国和楚国都可以随时灭掉郑国，为什么都不灭呢？因为晋国和楚国并不希望直接面对面，都希望中间有一个缓冲，而郑国就充当了缓冲国的角色。在来之前，鲁国的卿们专题讨论过这个问题，针对晋国人想要的结果，提出了一个可行性方案。

"荀元帅，我有一个想法，不知道是不是可行。"孟献子说话很谦虚，而且面带微笑，等荀䓨点了点头，这才继续说，"我觉得，我们要在虎牢建城，做出在郑国人的家门口长期屯兵的架势，郑国人一定害怕，有可能就投降了。"

孟献子的主意是个好主意，重要的是，这是晋国人想要的主意。

"嗯，主意不错，我会向我们的国君汇报。不过，郑国仅仅是一个问题，还有一个问题，就是齐国。齐国人最近总是阳奉阴违，很讨厌。我们在冬天，还在这里再开一个会，如果齐国人还不来，那我们先解决齐国的问题。如果齐国人来了，我们就可以在虎牢筑城了。各位，散会。"荀䓨雷厉风行，决不拖泥带水。

回到鲁国，孟献子汇报了情况之后，立即派人前往齐国，向崔杼通风报信。孟献子知道，荀䓨关于齐国人的那些话就是说给他听的，就是让他去通风报信的。

崔杼害怕了，冬天的时候，老老实实去了盟国大会，该发言发言，该表态表态。

当年冬天，晋国开始在虎牢建城。

刚刚打好地基，郑国的子驷就来了："晋国大哥，别建了，我们服了还不行吗？"

事实证明，孟献子的主意真的很灵。

第一三八章

晋国重振霸业

晋悼公即位仅仅两年，晋国在与楚国的对抗中已经占尽上风。当然，这不完全是因为晋国实力强大，还有一个重要的原因，那就是楚国人正受到来自东方的压力，吴国频繁骚扰楚国边境。

晋悼公三年初，吴、楚发生了一场边境战争，结果楚国大败，令尹子重郁闷透顶，突发疾病而死。

鉴于形势一片大好，晋悼公决定趁热打铁，团结全世界一切可以团结的力量，彻底压服楚国。于是，决定六月在卫国的鸡泽（今属河北邯郸）召开盟国大会，特邀吴王参加，并且特地派了荀会去淮河上游迎接吴王。

这次会议的特殊意义在于，如果吴王参加，就等于宣告盟国的势力范围扩大到了东南。

那么，吴王会来吗？

288

鸡泽，晋国军队最先抵达，然后布置阅兵，要向与会各国展示晋国的强大力量。

第一个赶到的诸侯国是鲁国，他们一向是积极的。于是，晋悼公第一个接见了鲁国使团。

"鲁侯到。"大帐中，晋悼公起立迎接。

只见一个五岁上下的小孩蹦蹦跳跳进了大帐，看见大帐中两侧卫士的刀戟闪亮，气氛森严，小孩吓得一个哆嗦，"扑通"一声跪倒在晋悼公的面前。

晋悼公吓了一跳，没过年呢，怎么见面就下跪呢？这是谁家的小孩？

正在疑惑，进来一个大人，认识，谁啊？孟献子。

这时候，荀䓨回过神来了，急忙上前去搀那个小孩，然后对孟献子说："老孟，你看，这个大礼是见天子才行的，咱们是兄弟国家，这不太合适吧。"

原来，这个小孩就是鲁国国君鲁襄公。三年前鲁成公离世之后，两岁的鲁襄公就继位了，今年正好五岁。

"这个这个，啊。"孟献子有些尴尬，跪拜之礼那确实是见天子的，如今小孩害怕，上来给跪下了，可是也不好说这是吓的啊，怎么说？也是孟献子反应快脸皮厚："元帅啊，我们鲁国是个小国，紧挨着齐国和楚国这样的大国，全靠晋国保护我们了，我们不行大礼，无法表达我们的感激之情啊。"

回答得挺好，晋悼公挺高兴。

宾主落座，小孩还有点儿害怕，一句话都不敢说。

孟献子笑了笑，又开口了："我们鲁国有一个小小的请求，希望盟主能够满足。是这样的，我们有一个小小的邻国叫鄫国，我们希望把他们划归为我们的附庸，希望盟主批准。"

晋悼公一听，原来刚才那个头不是白磕的，想了想说："这不太好吧，国无大小，人家毕竟是个国家，不能你说吞并就吞并吧？"

孟献子笑了笑，上前一步说："盟主，恕我直言。我们尽管离楚国近，可是我们还是全力侍奉晋国，缴贡纳赋从来就没有耽误过。可是鄫国有什么？对晋国有过什么贡献？而贵国官员整天向我们提各种要求，我们没办法，只好从鄫国这样的地方想办法补偿。就算作为奖赏，也该答应我们的要求吧？"

一番话下来，尽管是面带笑容说的，但是实际上够强硬，够直接，晋悼公也觉得有道理，可是就这么反口，又觉得没面子。这个时候，旁边的小孩说话了。

"盟主，你就答应他吧，他说这事情成了的话，以后经常带我出来玩。"童言无忌啊。

晋悼公哈哈大笑，所有人都笑了。

既然大家都高兴了，事情也就解决了。

之后的几天，宋国、郑国、卫国、邾国、莒国的国君先后赶到，只有两个人没有来到，一个是齐灵公，另一个是吴王。

吴王不来，晋悼公除了表示遗憾，也没有别的办法。可是齐灵公不来，晋悼公就没那么好的耐性了。

"齐国人敢忽悠我们，打。"晋悼公刚刚骂完，齐国人来了，谁啊？公子光，齐国太子，在晋国做人质呢。

"主公，我爹最近肠子痛，让我代表他来。"公子光说了，他不是从齐国来，是从晋国来的。

"你爹一肚子花花肠子，容易痛。"晋悼公说，没办法，就只好算公子光是齐国的代表了，这总比齐国没有代表要有面子一些。

而吴王最终没有来。

第一三八章　晋国重振霸业

盟会如同往常一样，按照程序一一走完，算是天下百姓大团结了。

盟会期间，晋悼公宣布了一个好消息：长期屈从于楚国的陈国由于无法忍受楚国人的骄横和贪婪，决定弃暗投明，重归盟国怀抱，他们已经派了特使前来，洽商具体回归方法。

"哇。"一片欢腾，各国诸侯均表示，这是晋悼公个人魅力的胜利，是晋国强大感召力的必然结果。

随后，晋悼公兴致勃勃地带领大家去观看阅兵。

晋国阅兵，那是世界上最高水准的阅兵了。只见队列整齐，号令统一，军官威严，士兵勇猛。大家正看得带劲，突然，一乘战车冲出了自己的队列，一通乱窜，把晋军前队搅得一塌糊涂。

很快，这乘失去控制的战车被清理出去，战车上的三个人都被中军司马魏绛捉拿。晋悼公远远看去，大吃一惊，因为这乘战车就是自己同母的亲弟弟扬干的车。

"去，问问司马怎么处置。"晋悼公急忙派人去问。

派去的人还没到，那边人头已经落地。还好，不是扬干的，是他的御者的。

"我们带着诸侯来阅兵，本来是一种荣耀，可是魏绛却把我弟弟的御者给杀了，太不给面子了。不行，我一定要杀掉魏绛，你赶紧过去，不要让他跑了。"晋悼公很恼火，对旁边的羊舌赤说。

"魏绛这人很耿直，说一不二，所以他照章办事，有了罪过也不会逃避惩罚，放心，他不会跑，他会主动过来接受惩罚的。"羊舌赤动也没动，他知道魏绛会过来。

果然，不一会儿，魏绛来了，手中拿着一封信，把信交给晋悼公的侍从之后，拔出剑来，就要自杀，旁边的人连忙拦住了。

晋悼公把信拿过来看，上面写着：当初主公缺乏人手，让我当了司马。我听说，服从纪律叫作武，宁死不违军纪叫作敬。主公会合诸侯，我怎么敢不执行军纪呢？我为了执行军纪而杀了扬干的御者，是因为我对属下训导不利，以致害他们被军法处置。我的罪过深重，还让主公生气，因此，请审判我。

晋悼公看完，光着脚就从观礼台上蹦下来了，来到魏绛面前，激动地说："寡人之言，亲爱也；吾子之讨，军礼也；寡人有弟，弗能教训，使干大命。寡人之过也。子无重寡人之过，敢以为请。"

啥意思？我说的气话，是因为爱自己的弟弟；你杀掉扬干的御者，是执行军法；我不能管教好自己的弟弟，是我的过错。请求你就不要上军事法庭了，那会加重我的过错。

说完，晋悼公躬身行礼。

观礼台上，各国诸侯面面相觑。现在他们知道，为什么晋悼公能够让晋国再次称霸了。

回到晋国，晋悼公立即宣布，魏绛升为新军佐。

魏家，从此冉冉升起。

回顾一下晋国历史上的三次严格执法：

第一次，韩厥杀赵盾御者；第二次，韩厥杀郤克亲戚；第三次，魏绛杀扬干御者。三次杀人，第一次属于预谋，第二、第三次都属于意外。不过，三次杀人的效果都是正面的，第一次杀人，韩厥的地位得到巩固；第二次杀人，韩厥不久提升为卿；第三次杀人，魏绛提升为卿。

赵盾有权谋，郤克知机变，晋悼公有度量并且知错就改。

晋国为什么强大？这就是答案之一。

289

回到晋国的时候，吴王的特使已经到了，除了解释吴王因病缺席此次盟会，同时表示，吴国与周朝血脉相通，愿意加入盟会并接受晋国的领导。

晋悼公非常高兴，这绝对算得上一项巨大的外交成果。他设宴招待了吴国使者，委托使者向吴王致以最崇高的敬意，同时表示，晋、吴两国同族同宗，今后应该增进交流，促进友谊，互通有无。

吴国使者走了，晋悼公现在要考虑齐国的问题了。齐国什么问题？

齐太子公子光参加完盟会，又跟回来了，说来说去，成了代表晋国参加盟会了。如果他是代表齐国参加盟会，他就应该回齐国才对。

"算了，好人做到底。"晋悼公决定放公子光回齐国，做个顺水人情。

就这样，公子光回了齐国。

说起来，这算是齐国阳奉阴违外交政策的意外成果了。

在陈国投诚之后，晋悼公掰起指头来算了算，在中原，还跟着楚国混的就只剩下许国和蔡国了。

"打。"冬天的时候，晋悼公派荀罃去教训了许国一顿。

而楚国对陈国非常恼火，第二年春天出兵攻打陈国，恰好陈国国君陈成公去世，于是楚国主动撤军。

楚国撤军，是遵从礼法。从这个角度说，楚国这个时候已经完全中原化，某种程度甚至比中原国家还要中原化。所以我们说，楚国此时已经是中原国家了。

按照礼法，楚军主动撤军，陈国应该主动表示感谢并且修好，而陈国没有。于是楚国在夏天再次出兵。这一次，晋国率领盟国军队帮助陈国防守。

南面战场，晋国占据优势，楚军处于全面防守状态。这时候，晋国人可以腾出手来处理北面的问题了。

尽管吞并了不少的戎狄部落，可是，晋国的北面还有戎狄部落，似乎戎狄就像野草一样随时繁衍并且无边无际。按照《史记》的说法，戎狄都是夏朝的后代，晋国以北此时主要是林胡、楼烦之戎，平时逐水草而居，遇上天灾就跑到南面来抢掠。所以，晋国不得不在北面布置兵力，随时提防。

在南面安定之后，晋悼公决定要解决北面的问题，扫荡戎狄。

就在这个时候，魏绛来了，而且带了很多好东西，什么好东西？虎皮、豹皮。

"哪里来的这些东西？"晋悼公问。

"主公，这不是我给的，这是无终国国君派人送来的，委托我转交主公，代表戎狄各部请求我们跟他们结盟。"魏绛说。

别说，戎狄的信息很灵通，首先，他们知道了天下形势；其次，还知道晋悼公目前最欣赏的就是魏绛。

自古以来，送礼一定要找对人。

"戎狄没有什么信用，而且贪得无厌，我已经决定讨伐他们了。"晋悼公说。

"主公，天下诸侯刚刚归顺我们，陈国也刚刚回归。这个时候，如果我们大举讨伐戎狄，那么楚国人一定会趁机进攻陈国，我们将首尾不能相顾。失去陈国，必然让诸侯寒心。到时候，即便我们征服了戎狄，却失去了华夏的拥护，是不是得不偿失呢？"魏绛反对。

晋悼公沉思了，片刻之后，他问："你的意思，是和戎？"

"对，和戎。和戎至少有五大好处：第一，戎狄四处流动，逐水草而居，看重财物而轻视土地，我们可以把他们的土地买过来；第二，我们北面的警备力量可以减少，百姓也可以安心耕田；第三，我们现在是因为称霸中原而让戎狄畏惧，而一旦戎狄归顺，又可以提高我们在中原的威望；第四，和戎之后，我们不用远征，将士得到休息，武器也得到保养；第五，我们推行德政，能使远方的国家来朝，邻近的国家安心。"

魏绛的五大好处一出，晋悼公点头了。

"好，那就这样了，一事不烦二主，和戎事务就交给你全权处理了。"

晋悼公按照惯例，把事情交给了魏绛。

和戎的事情说完了，魏绛并没有要走的意思，晋悼公问："还有什么事？"

"主公，我想给你讲个故事，有穷后羿的故事。"

"后羿？就是传说中射日的那个后羿？说来听听。"晋悼公挺感兴趣。

"说的是夏朝的故事，那时候夏朝衰落，有穷氏的后羿就趁机取代了夏朝。可是，后羿不修德政，整天沉溺于打猎，他射术好啊。结果，贤臣都离他而去，奸佞则陪他吃喝玩乐。最终，后羿被家臣所杀，还被做成了红烧肉给他的儿子吃，他儿子不吃，就被杀死了。而他的老婆就成了别人的老婆，还给别人生了孩子。最后，整个有穷部落都被消灭了。

"从前辛甲做周朝的太史，下令百官都要对周王劝谏。《虞人之箴》写道：'茫茫禹迹，画为九州，经启九道，民有寝庙，兽有茂草，各有攸处，德用不扰。'啥意思？就是说茫茫天下，人兽各有所居，和平相处。后羿贪恋打猎，结果导致国家灭亡。所以，打猎也不可以过分，否则国家就很危险了。"魏绛啰啰嗦嗦讲了这么一通。

晋悼公笑了，他知道魏绛的意思，于是他说："我明白了，我错了，我不会再迷恋打猎了。"

那之后，魏绛与戎狄各部落结盟，戎狄定期进贡。而晋悼公也减少了打猎的次数，即使打猎，也决不违背农时。

这些，发生在晋悼公四年（前569年）。

从晋悼公四年到晋悼公七年，天下基本太平，其间只有楚国新任令尹子囊象征性讨伐陈国，转了一圈回去了。此外就是齐国悄悄地灭了莱国，好在莱国没有加入盟会，晋国也没有理由干预。

眼看到了晋悼公七年十月，韩厥已经老得分不清东西南北了，主动要求退休。算一算，前615年韩厥出任司马，到现在前566年，整整为国家服役五十年。五十年间，韩厥一直小心谨慎，兢兢业业，熬了二十五年才从司马熬到了卿。其间，经历了先家、赵家、胥家和郤家的灭亡，参加了对秦、对楚和对齐的多场战争。

韩厥低调并且决不卷入权力斗争，更难能可贵的是，他还是一个很有原则的人。因此，尽管他没有什么好朋友，却也没有痛恨他的人。

"主，主公，我要退休。"韩厥在小儿子韩起的搀扶下来找晋悼公，请求退休。

"元帅辛苦了，为国家操劳了一辈子，也该休息了，那我就不挽留您了。"看见他这个样子，晋悼公也没法挽留。不过为了尊重他，还是问他："那您认为，谁接任中军帅比较好？"

"好，好。"韩厥什么也没听清，就说好。

"唉，人老了，是不是都会这样？"看着眼前的韩厥，晋悼公感慨。

"好，好。"韩厥使劲点头。

按照规矩，韩厥退休，长子韩无忌接班进入八卿之列，但是韩无忌身有残疾。于是韩无忌主动请求把位置让给自己的弟弟韩起，晋悼公当即批准，同时任命韩无忌总管公族大夫，作为对他谦让品德的奖赏。

之后，晋悼公召开八卿会议，讨论新的人事安排。

为什么晋悼公不直接任命，或者暗箱操作？因为他有把握，而且他已经树立了韩无忌这样一个榜样，他相信，让大家自己来民主决定的话，结果会更好。

"论资格、论能力、论人品，论功劳，当然是荀老出任中军帅了。"大家都这么说，于是，中军佐荀罃顺理成章递补中军帅。实际上，此前由于韩厥身体不好，荀罃已经在中军帅的位置上实习了几年了，大家都很服气。

中军帅定了，该中军佐了。按照排位，应该是荀偃递补。

"士匄比较合适，他比我稳重。"荀偃推让了，其实他还有一点理由没说，那就是荀家独占中军不太好。

第一三八章　晋国重振霸业

其实，大家也都认为荀家叔侄同时出任中军帅和中军佐不大合适，于是，士匄谦让了几句之后，晋悼公任命他担任中军佐了。

荀偃依然担任上军帅，上军佐空缺，应该栾黡递补，栾黡一看人家荀偃都让了，再说，当上军佐还不如当下军帅滋润，干脆，咱也让。

"我看，上军佐就韩起吧。"栾黡也让了，这倒让大家感到意外，因为栾黡并不是一个懂得谦让的人。

于是，韩起出任上军佐。下军帅、下军佐依然是栾黡和士鲂，新军帅、新军佐也还是赵武和魏绛。

基本上，这与晋悼公的预期是相同的。被谦让的人感到高兴，谦让的人得到赞扬，而最终的结果又是大家都愿意看到的。皆大欢喜，就是这样了。

晋悼公，真行。

第一三九章

晋国新策略

韩厥退休，荀罂为中军帅的消息很快被楚国驻晋国地下办事处传递到了楚国。

"哈哈哈哈，晋国真是没人了，竟然让一个我们的俘虏掌管国家，我们还怕他们干什么？打。"楚共王非常高兴，他知道韩厥老奸巨猾，难以对付，可是荀罂这个楚国人的俘虏有什么可怕的？

"大王，晋国人不可轻视啊。我听说荀罂可是大家选出来的，民主选举啊，而且他们的卿都很谦让，这样的国家很难对付啊。"令尹子囊倒头脑清醒，急忙提出不同意见。

"兄弟，不要畏敌如虎啊。我下令，立即出兵，包围陈国。"楚共王等不及了，他不能容忍自己的家门口竟然还有晋国的仆从。

蛰伏了四年之后，楚国要和晋国争霸了。

290

楚军出动，包围陈国。陈国君臣在权衡利弊之后，终于认识到，晋国远而楚国近，楚国可以随时来犯而晋国不能随时来援，总有一次晋国救援不及，本国就会被楚国的铁蹄所践踏。所以，还是重回楚国的魔爪之下过得比较安心一些。

于是，陈国投降了。时隔四年，陈国再次成为楚国的保护国。

失去了陈国，晋悼公召开八卿会议。

"陈国再次投降楚国，我们是不是该讨伐陈国？"

士匄发言了："陈国离楚国这么近，老百姓整天生活在恐慌之中，他们能不投降楚国吗？对于陈国，我们心有余而力不足，失去它没有什么可惜的。"

一阵议论声。

"士匄所说非常有道理，我再补充一点，陈国对于我们来说并没有太大的战略意义，我们与楚国争夺陈国可以说得不偿失。因此我的看法，放弃陈国。"中军帅荀罃做了总结。

于是，晋国放弃了讨伐陈国的想法。

初战告捷，楚共王看到了争霸胜利的希望。

第二年冬天，也就是晋悼公八年（前565年），子囊率领楚国大军，北伐郑国。

郑国立即召开六卿会议，与会人员是子驷、子国、子耳、子孔、子展、子乔，其中，子驷为执政。郑僖公没有参加吗？不好意思，郑僖公年初的时候被子驷毒死了，立他儿子公子嘉为郑简公，郑简公当时只有五岁。

"各位，楚国人又来了。自从我们投靠了晋国人，这是楚国人第二次来了。

大伙看看，怎么办？"子驷提出问题。

"还能怎么办啊？赶紧派人去晋国求救吧。"子孔建议求救。

"哼，等晋国人来了，黄花菜都凉了。《周诗》说得好：'俟河之清，人寿几何？兆云询多，职竞作罗。'等到黄河水清了，人都死了；占卜的次数多了，自己都不知道该干什么了。我看啊，咱们先顾眼前吧。楚国人来了，直接投降吧。"子国发言。

"那之后晋国人来了呢？"子乔问，他反对。

"那再投降晋国人。"子耳接了话头，他也是主降派。

"我听说，小国在大国之间生存，靠的是信用。如果我们不讲信用，大国随时会来讨伐，我们离亡国也就不远了。我们与晋国五次订立盟约，现在要背叛他们，楚国人能靠得住吗？晋国人在晋悼公的领导下，八卿团结一心，他们一定会来救我们的，我们为什么要背弃他们呢？"说话的是子展，又一个主战派。

三比二，主战派占上风。这时候，所有人都看着子驷，他的意见将是决定性的。

"《诗经》写道：'谋夫孔多，是用不集。发言盈庭，谁敢执其咎？如匪行迈谋，是用不得于道。'出主意的人多了，决策就难了。提意见的时候大家很踊跃，负责任的时候就找不到人。跟没关系的人商量，有什么用？你们都不了解各国形势，说出话来都没谱。据郑国驻晋国地下办事处的消息，晋国今年大旱，粮食歉收。因此，即便我们去求援，晋国也没有办法来救我们。再者说了，这根本就是两个超级大国之间的斗争，我们凭什么为这两个大国拼命？就这样吧，投降楚国，我来负责任。"子驷做了决策，他是个文化人，所以出口就是《诗经》。

"谋夫孔多"是个比较生僻的成语，比喻出谋划策的人很多。

既然有人负责任了，大家也就没什么好说的。

子驷亲自去见楚军，订立盟约。与此同时，派大夫王子伯骈前往晋国，解释郑国为什么投靠楚国。

王子伯骈领了这个任务，一路叹气去了晋国，挨骂是肯定的，会不会被砍了都不好说。王子伯骈觉得自己就像郑国，两头不讨好，又两头都不敢得罪。

"荀元帅，不好意思了，我们投降楚国了。自从跟晋国结盟以来，晋国让我们干什么我们就干什么。可是这一次，楚国人来势汹汹，我们想抵抗，但是我们的老百姓都害怕了，他们纷纷投降，我们劝也劝不住，拦也拦不住，没办法，也只好跟着投降了。唉，这些老百姓，真是鼠目寸光。"王子伯骈来见荀罃，把责任都推到老百姓身上了。

荀罃看着王子伯骈，心中暗暗得意。为什么得意呢？后面再说。尽管心中得意，表面上还是要装出义愤填膺的姿态来。

"忽悠，接着忽悠。"荀罃开口了，口气很生硬，"要是什么事情都是老百姓做主，你们早喝西北风了。楚国人讨伐你们，你们连个求援的使者都没派来，直接就投降了，然后派你来忽悠我们。你们根本就是想投靠楚国了，瞧不起我们是吗？不好意思，我们只好在你们的城下相见了。"

威胁，赤裸裸的威胁。

还好，荀罃并没有为难王子伯骈。

子驷说对了，晋国粮食歉收。

正因为粮食歉收，当晋国驻楚国地下办事处加急快报报告了楚军要出兵讨伐郑国的时候，荀罃很犯愁。出兵吧，正闹饥荒呢；不出兵吧，又会失去诸侯的信任。怎么办？荀罃很担心郑国来求救，他在内心里盼望郑国干脆投降算了。

结果，郑国真的投降了。

如果郑国来求救，而晋国不出兵，那就是晋国不道义了；可是如今郑国直接投降了，嘿嘿，那就是郑国不地道了。可是就算郑国不地道，荀罃也知道晋国不可能现在就出兵讨伐郑国。

要忍，即便是大国，有的时候也要忍。

有一个国家一直在关注着晋国，如果说楚国与晋国之间是争霸，那么，这个国家与晋国就是纯粹的仇恨了。哪个国家？猜对了，秦国。

秦国人无时无刻不在想着找晋国人报仇，晋国粮食歉收的情报第一时间到了秦国，郑国投降楚国的消息也第一时间到了秦国。

"晋国人，想不到你们也有尿的一天。好啊，我们报仇的机会到了。"秦国人非常高兴，他们看到了机会。

这个时候，秦国的国君已经从康公传到了共公，从共公又传到了桓公，从桓公又传到了景公。每一任国君在鞠躬尽瘁之前给儿子留下的遗言都只有六个字："找晋国人报仇"。

秦景公决定要趁这个机会攻打晋国，可是，单打独斗还是没信心，怎么办？找楚国人两面夹击晋国人。

秦景公派了大夫士雃前往楚国，请求楚国出兵两面夹击晋国。士雃就是士会当年留在秦国的儿子的后代，说起来，晋国也是他的祖国。

"不可。"子囊拒绝，他知道晋国人的实力，更知道超级大国之间要避免直接的对抗。"晋国虽然受了灾，但是有晋国国君的英明领导，上下又很团结，此时攻打他们占不了什么便宜，反而会引来更激烈的报复。"

楚共王瞥了他一眼，对士雃说："士大夫，回去告诉你家主公，楚国永远与秦国站在一边，秦国的敌人就是我们的敌人，何况晋国本来就是我们的敌人。你们尽管出兵，楚国会出兵配合你们。"

士雃屁颠屁颠地回去了，任务算是完成得很好。

"大王，我们真的要出兵？"子囊觉得这不像楚共王的风格，所以他困惑。

"你看你是越来越憨了，快赶上宋国人了。秦国要打晋国，为什么不让他们打？咱们不支持，秦国人就不敢打。所以，咱们一定要出兵。不过呢，咱们出兵，就到武城（楚地，属今河南南阳），然后按兵不动，让秦国人去跟晋国人拼命，哈哈哈哈。"楚共王笑了起来，他为自己的计谋而高兴。

子囊恍然大悟，他觉得楚共王真的很高明。不过他随后皱了皱眉头，因为他知道，靠这些小聪明，是斗不过晋国人的。

第二年秋天，秋收之后，秦国人出兵了。

晋国的收成不错，但是饿了一年的晋国人没有心思跟秦国人交手。荀罃下令坚壁清野，不要跟秦国人作战。

秦国人在晋国没有遇到抵抗，可是他们也很难受。再一打听，说是楚国人出兵了，但是全都待在武城，没有任何发起进攻的迹象。

"这帮楚国人忽悠我们。看来，不仅晋国人，哪个国家的人都不能相信啊。"秦景公发出叹息，急忙撤军回国了。

291

到了十月，晋国人缓过劲儿来，晋悼公决定讨伐郑国。

憋了一年的气，晋国人再次号令天下，于是所有盟国都不得不派兵协同晋国。

晋国军队推进到了虎牢，然后四军加上各诸侯的军队，准备分别进攻郑国都城荥阳的四门。

郑国人在城头上看去，盟军乌泱泱的，比楚国军队多多了。六卿立即召开紧急会议，不用商量，大家一致同意投降。

郑国投降了。

可是，郑国人想投降，晋国人还不一定想受降呢。

"不行，郑国人总是忽悠我们，我看，我们还是继续攻打他们，这样楚国人会来救他们,然后我们在这里与楚国人决战。"荀偃建议,他的思路,跟当初楚庄王相同。

荀罃摇了摇头,他总结了晋楚之间数十年来的争霸历史,他发现,战争并不能解决问题,三次大战,谁也没有被击垮,反而对抗更激烈了,大家的日子都不好过。所以,要有更好的办法。

"不,我们接受郑国人的投降,然后撤军,让楚国人再出兵讨伐郑国,折腾他们。"荀罃说。

"可是,楚国人走了,我们再来,不是也折腾我们?"荀偃质疑。

"我们有四军,再加上盟军,所以,我们可以将四军和盟军分为三个部分,每次出动一个部分,另两个部分休息。这样,楚军的疲劳程度是我们的三倍,我们就可以拖垮他们。与楚军决战这样的办法固然一时痛快,但是并不聪明。君子劳心,小人劳力。我们是文化人,不要总想着用武力解决一切问题。"荀罃把自己的想法说了一遍,大家一致赞同。从战略思想的角度来说,荀罃比前人大大地迈进了一步。

君子劳心,小人劳力。就出自这里。

十一月,晋国与郑国在荥阳城下举行结盟仪式。

六岁的郑简公亲自出马,郑国六卿全部到齐。

歃血为盟由晋国中军佐士匄和郑国上卿子驷执行,歃血之后,开始盟誓,士匄先说了:"今天结盟之后,郑国如果不死心塌地跟着晋国干,或者三心二意搞小名堂,就像这个被杀的鸡一样。"

士匄说完,该子驷了。子驷略微沉吟了一下,开始盟誓。

"老天爷啊,你不关照郑国啊,让我们夹在两个大国之间。可是大国总是欺负我们,用武力威胁我们,让我们过得生不如死,痛苦万分。从今天开始,要是我们不对对我们很讲究礼仪并且切实保护我们的国家服从,而有其他念头的话,就像这只鸡一样。"子驷说完,现场大哗。这段盟誓,不仅骂了晋国和楚国，而且也没有无条件跟从晋国。潜台词就是：如果晋国对我们不尊重或者不能切实保护我们，我们就投降楚国。

郑国人，虽然总是投降，但是骨子里有自尊。

士匄有点儿傻眼，不知道该怎么办了。

"不行，这段不算，要重新来。"荀偃在一旁叫了起来。

"不能改了，已经发过誓了，要是再改，就等于我们在欺骗神灵了。"子展针锋相对，也跟着叫了起来。

晋国人手握剑柄，准备出手了，只要荀罃说一句"杀"，今天，这里就是郑国人的坟场。

荀罃笑了笑，摆摆手，示意大家放松。

"算了，我们自己缺乏德行，却要挟人家和我们盟誓，这已经是很不讲理了。我们还是回去修养德行，治理好我们自己的国家，到时候远方的人都会来归顺我们，又何必担心郑国背叛我们呢。行了，今天就这样了。"

荀罃的话让郑国人都松了一口气，晋国则有人愤愤不平。晋悼公没有说话，虽然他也隐隐有些弄不懂，不过他知道，论起老奸巨猾，荀罃绝对不在栾书之下，他这样做，一定有他的道理。

盟誓结束之后，晋悼公单独把荀罃请来，可是没等他发问，荀罃先说话了："主公，你一定是要问我为什么这么轻易放过郑国人。我们现在对付楚国人的策略是拖垮他们，而不是战胜他们。这样，我们就需要郑国人不停地背叛，楚国人不停地来讨伐他们，否则，就达不到我们的目的。我们不怕他们背叛，而怕他们不背叛。"

这一次，轮到晋悼公恍然大悟了。

"元帅，还是你高明，我差点儿错怪了你。那么，我们现在应该怎么办？"晋悼公是个聪明人，他的聪明在于他不仅能迅速理解别人的意思，还能做进一步的考虑。

"主公说呢?"荀罃知道晋悼公的意思,所以他想让晋悼公自己说出来。

"就照元帅说的:退而修德。既然我们并不准备发动战争,那么就把精力集中到治理国家上来,给老百姓实惠。"聪明,晋悼公绝顶聪明。

晋军回国了,晋悼公召开八卿会议,讨论国内事务。

"各位元帅,按照荀元帅的策略,我们用拖的办法对付楚国人,而把重点放在民生建设上,各位有什么好的想法,不妨说来听听。"晋悼公开了个头。

发言开始,按照级别从大到小,不过荀罃照例做最后总结,因此最后一个发言。

一转眼,六个人发言完毕,虽然也有些建议,不过都是不得要领,泛泛而谈,听得晋悼公有些失望。

"魏绛,该你了。"晋悼公说,他的声音和目光都带着一种期待,因为他太欣赏魏绛了,希望他不要让自己失望。

"主公,在回国的路上我已经在思考这个问题了,如今有一套方案,请主公和各位看看有没有可取的地方。"魏绛果然没有让晋悼公失望,他是带着方案来的。

魏绛的方案得到大家的一致赞同,晋悼公笑得合不拢嘴,看来自己的眼力确实不错。

整套方案由魏绛主持实施,荀罃全面协调。下面,来看看魏绛方案的大致内容。

由于连年战争,上一年又是荒年,即便本年收成不错,百姓的日子也都很紧,因此,国家把仓库里的财物拿出来借给百姓。从晋悼公开始,所有卿和大夫,家里有积蓄的都要贡献出来。国君和卿大夫们除了分内的收入,不得再有其他收入。祈祷、祭祀等公务活动中不要使用牛羊,用财物取代,公家宴请只用一种牲畜,公家也不要再制造新的器具,车马、服装以够用为原则,不要奢侈浪费。

我们看到，魏绛的方案总结起来就是：以公家补百姓，国家节流，高层带头，给百姓实惠和帮助。

这个政策推行了一年，晋国国内安定，百姓安居乐业，军队士气大振。晋国，从灾荒中重新站了起来。

第一四〇章

郑国穆族兄弟

晋国人刚走，楚国人果然就来了。

"投降投降。"子驷眼睛都没眨一下，直接建议投降，他现在算是彻底想通了。

"我们刚刚跟晋国人歃血为盟，嘴上的血还没干呢，这么快就背叛晋国人，太那什么了吧？"子孔反对。

"嗐，那个盟誓不是我们自愿的啊，我们是被迫的啊，就算神灵也不承认的，有什么信用可言？再者说了，盟誓里也说了，谁能保护我们我们就投靠谁，楚国人来了，晋国人也没有保护我们啊。于情于理，都该投降啊。"子展支持投降，他也想通了。

郑国投降。

292

最痛苦的其实是郑国人，想想过去的三场晋楚大战，哪一场他们能逃得脱？而他们也很不幸地没有一次站对了队。

"各位，现在的形势又成了我们轮流被欺负了，怎么办？"郑国六卿召开会议，子驷提出问题。

"怎么办？当被欺负不能避免，我们就让自己享受这个过程吧。"子孔苦笑着说，这个问题他也想过，可是没有答案。"我们可以把自己打扮得漂亮一点儿，这样他们在欺负我们的时候就会对我们好一点儿。"

苦笑声一片。

"不然……"终于有人对子孔的苦中找乐表达了不同意见，大家一看，是子展。

"你有什么好办法？"子驷问，在所有人中，他知道子展是最有想法的。

"想想看，三次晋楚大战，每次这两个国家打完之后，咱们就有好几年安生日子过。所以啊，咱们要让他们再打一次仗，不管谁胜谁负，咱们都能消停一阵子，过几年好日子。"子展还真有想法。

"可是，弄不好会引火烧身，万一被灭了怎么办？"子乔质疑。

"嘿，如果这两个国家想要灭了我们，我们早就被灭十多回了，放心，他们就是要征服我们，不是要消灭我们。"子展解释。

子驷说："子展，你这主意是个好主意，可是，怎样才能让他们直接打起来呢？"

"激怒他们，或者激怒其中的一方。"子展回答。

"怎样激怒他们？"大家忍不住都来问。

"这个简单。"子展早已成竹在胸。

郑国，从消极外交改为积极外交。从前是你们要来打我们，现在是我们让你们来打我们。从前是你们要，现在是我们要，要让你们看见我们就烦，就害怕。

晋悼公十年（前563年）六月，郑国与楚国联合进攻宋国；之后，郑军进攻准备援助宋国的卫国；七月，郑军与楚国联合进攻鲁国；八月，郑国与楚国又联合进攻宋国，并攻克了萧；九月，郑国再次单独进攻宋国。

四个月时间，郑国伙同楚国或者单独出兵，一共五次，攻打了三个晋国盟国。几次出兵，都是郑国主动邀请楚军参加，其目的，就是要激怒晋国人。

晋国人被激怒了。

"看来，郑国人跟我们想到一块儿了。既然这样，出兵。"荀罃很高兴，决定出兵。

按照荀罃的方案，晋军分为三军轮流讨伐郑国：第一军，晋国中军，搭配鲁、曹、邾三国军队；第二军，晋国上军，搭配卫、宋、莒三国军队；第三军，晋国下军，搭配齐、滕、薛三国军队。新军负责都城防卫，不参加轮换，但是，新军帅赵武随第二军行动；新军佐魏绛随第三军行动。

第一次出征，由第三军完成。中军主帅荀罃亲自挂帅，下军帅栾黡、下军佐士鲂和新军佐魏绛领军，同时通知齐国、滕国和薛国出兵，在郑国的牛首（今河南通许）会合，准备进攻郑国。

九月二十五日，军队进驻牛首。随后，荀罃分派任务，盟军进驻虎牢城，不许出战；晋军在梧地和制地筑城，由士鲂和魏绛分别驻守。

晋军摆出一副准备长期驻扎的姿态来，其实，并没有进攻的打算。

可是，这边城还没有筑好，从荥阳传来重大消息：郑国内讧，六卿中，子驷、子国、子耳被杀。

"元帅，好机会，我们趁机拿下荥阳。"栾黡建议，若是拿下荥阳，那就是头功一件了。

"不，乘人之危不是君子的所为，来人，再探再报。"荀罃下令。

栾黡有些失望，打仗还讲什么君子不君子？他不知道，荀罃其实也不讲君子不君子，他只不过是在按既定的战略在推行。

那么，郑国到底发生了什么？

第一四〇章 郑国穆族兄弟

293

郑国的事情，无外乎也是利益和权力斗争。

说起来，还要从鲁宣公四年（前605年）的"吃肉门"说起，那一年，郑灵公得到了一只王八，可是在分肉的时候跟叔叔公子宋开了一个玩笑，结果被公子宋和公子归生（又叫公子家）暗杀了。

郑灵公被杀，郑国人推举郑灵公的弟弟公子去疾（也就是子良）为国君，子良推掉了，认为应该是哥哥公子坚继位。于是，公子坚继位，就是郑襄公。

郑襄公做了国君，第一件事想干什么？想把兄弟们都赶走。为什么这样？这帮兄弟太能干了。

"子良，咱们兄弟一家人不说两家话，我打算只留下你，把其他兄弟都赶走，你一定要帮我啊。"郑襄公把子良找来商量，他相信子良，却不相信那一帮兄弟。

"主公，兄弟如手足啊，咱们是一家人，怎么能赶走他们呢？"子良吃了一惊，立即反对。

"他们，明白说吧，我担心他们有野心。"郑襄公犹豫了一下，还是说了实话。

"主公，你怎么没看明白呢？灵公是怎么死的？是被兄弟们杀死的吗？不是啊，是被叔叔辈的杀的。为什么灵公死得像个老鼠一样窝囊？因为他没有善待自己的兄弟，自己的兄弟们无权无势，谁也帮不了他。如今你要赶走兄弟们，让叔叔辈的独掌大权，恕我直言，只怕你死得比灵公还要窝囊。这样吧，如果你一定要赶走兄弟们，连我一起赶走，免得被你连累。"子良说话也没有遮遮掩掩，直接说到了要害。

"那、那、那，还是你说得对，那我不赶兄弟们走，行了吧？"郑襄公总算明白了。

"不仅不能赶走,还要扶持兄弟们。"

"好,我让兄弟们都做大夫。"

连郑襄公、郑灵公在内,郑穆公一共十三个儿子,也就是说,郑襄公此时有十一个兄弟,结果一股脑儿全部任命为大夫。这十一个兄弟分别是:子良、子驷、子孔、士子孔、子罕、子然、子羽、子印、子国、子丰、子游。

郑穆公的后代,在郑国政治舞台上集体亮相了。

不过这个时候,郑国的实权派依然是他们的叔叔们,公子归生为执政。

郑襄公五年(前600年),公子归生离世。此前,公子宋已经呜呼哀哉。

"公子归生谋害郑灵公,证据确凿,追加惩治。"郑襄公在兄弟们的支持下,开始趁机清洗叔叔们的势力,公子归生破棺弃尸,整个家族被驱逐出境。

唉,一个王八,害了多少人?

子良成为执政,标志着郑穆公的儿子们开始占据郑国政权的主导。

郑襄公七年(前598年),晋、楚爆发邲之战,郑国投降楚国,子良作为人质去了楚国。为什么子良做人质?因为这是楚国人指定的。

战后,又是一个权力清洗的机会,郑襄公杀了石制和公子鱼臣,罪名是石制勾引楚国人,妄图杀害郑襄公,立公子鱼臣为国君。证据呢?证据就是子良做人质这件事情是石制在从中捣鬼。不管怎样,又一个叔叔被干掉了。

两年之后,郑襄公派子张替回了子良。

郑襄公登基十八年后去世,太子姬费继位为郑悼公;郑悼公仅仅干了三年,就呜呼哀哉了,弟弟姬睔接着干,就是郑成公。

现在,穆公的儿子们都成了叔叔辈了。

郑成公三年,郑成公前往晋国朝拜,结果因为私下接触楚国人,被晋国人扣押。爷爷辈的公子班趁机把郑成公的哥哥公子繻立为国君。

"兄弟们，公子班叔叔立了公子繻，对咱们是非常不利的，怎么办？"子良召集兄弟们开会了，一班兄弟都是亲兄弟，尽管不是一个妈生的。

"干了他们。"十个兄弟都这样说。

三人同心，其利断金，何况十一个人一个想法。十一个人啊，比两只手还多一个指头呢。

公子繻只坐了三天宝座，后宫的床还没有睡热，就被干掉了。公子班一看大事不妙，跑吧，跑到了许国。

人杀了，可是国君还在晋国呢，怎么办？

兄弟十一人再次召开会议，做出以下决定：首先，立郑成公的太子姬髡顽为国君，以告诉晋国人我们已经有国君了，不要用郑成公为人质来要挟我们；其次，立即展开营救郑成公的行动。

兄弟们派子罕把郑襄公庙里的钟送给了晋国人以贿赂他们，那时候晋国国君是晋景公，恰好刚做完那个噩梦，因此对这个钟挺有兴趣，一高兴，决定放了郑成公。但是有个条件，郑国要派人来做人质。

于是，子然前去迎接郑成公回来，子驷则去晋国做人质。

就这样，郑成公回来了，太子接着做回太子。

"叔叔们啊，还是你们好。"郑成公对叔叔们非常感激，不久，派人把子驷替了回来，因为子良身体不好，就任命子罕为执政。

两年之后，公子班从许国回来想要叛乱，结果杀了子印和子羽，十一兄弟成了九兄弟，九兄弟联手把公子班连带他弟弟、他儿子和他侄子全家灭掉。

现在，郑穆公的儿子们已经把郑穆公的兄弟们灭得差不多了。

郑成公到登基十四年的时候去世，这时候的六卿是子罕、子驷、子国、子孔、子丰、子然。齐刷刷六个兄弟，都是郑穆公的儿子。

郑成公驾崩，太子继位，就是郑僖公。现在，九兄弟又成了爷爷辈了。

郑僖公的叔叔们，也就是郑成公的兄弟们或者说郑襄公的儿子们现在很郁闷，因为所有的位置都被郑成公的叔叔们给占了，或者是被郑成公叔叔的儿子们占了，而自己呢，空顶着公子的名头，无权无势，自己这辈儿吃喝不愁，儿孙辈儿恐怕就要受穷了。

怎么办？于是，郑僖公的叔叔们开始暗中联络郑僖公，要对付郑僖公的爷爷们。而郑僖公对这帮爷爷也很看不惯，自己贵为国君，还要整天当孙子，心情肯定不爽。

就这样，郑僖公联络自己的叔叔们，暗中对抗爷爷们，准备在合适的时机实现权力大转移。

可是，郑僖公太嫩了，爷爷们都是见过大风大浪的，难道斗不过这个孙子？

果然，郑僖公登基仅仅五年，也就是韩厥退休的那一年，子驷派人给郑僖公喂了一包毒药，送他去见列祖列宗了。对外，宣称郑僖公患疟疾而死。

郑僖公的叔叔们愤怒了，也恐慌了，于是准备做鱼死网破的斗争了。可是，郑僖公的爷爷们更加果断，在子驷的率领下，将郑僖公的叔叔们一网打尽，一个不留。

郑文公、郑穆公、郑襄公、郑成公，郑国连续四代国君，郑文公和郑襄公的儿子们基本上都被郑穆公的儿子们消灭掉了，而郑成公的儿子们还小。也就是说，郑国的权力已经别无选择地落在了郑穆公后代的手中。

郑僖公被杀，这个时候，郑国的六卿是子驷、子国、子孔、子耳、子乔和子展。子驷、子国、子孔是郑穆公的儿子，子耳是子良的儿子，子乔是子印的儿子，子展是子罕的儿子。

第一四〇章　郑国穆族兄弟

294

大权都在自己人手中，子驷就有些得意忘形起来，他显然忘了晋国发生的权力斗争，现成的教材他并没有好好学习。

尉止，也是郑国的公族，家族的力量比不上穆公的后代们，但那是个强悍的家族。当初，子驷曾经和尉止有过不愉快，如今子驷大权在握，自然要公报私仇。

"你家的兵车太多，超过了规定。"子驷找个理由，要将尉止家的兵车充公。

"你们家的更多呢。"尉止愤怒了，实际上，他在最近的几次战争中都立下了功劳，却没有得到封赏，他正窝火呢。

尉止是被逼急了，他知道，像自己这样被子驷逼急了的人并不少。

"好啊，不让老子活，老子让你们跟晋国郤家一样。"尉止决定要奋起反抗了。

要找到同志并不困难，尉止找来了司氏、堵氏、侯氏、子师氏四大家族，这些也都是公族，他们对子驷这帮人也都是恨得牙痒痒。当初子驷要兴修水利，听起来是好事，可是干起来就不是了，他们在这几家的土地上挖水渠，用来浇灌子驷那帮兄弟的土地。所以，这几个家族早就恨不得杀了子驷和他的兄弟们。

杀人并不难，就像三郤，无非也就是一人一戟。十月十四日，根据内线的消息，子驷、子国、子孔和子耳在西宫的朝廷上开会，于是，五个家族的人马杀奔西宫而来。

子驷他们万万没有想到，竟然有人敢来袭击他们。

子驷、子国、子耳当场被杀，只有子孔事先听到消息，偷偷溜走了。他为什么有消息不告诉大家？嘿嘿，子孔，是内线。他为什么要做这个内线？

因为兄弟们都死了,他就是老大了。

杀了子驷他们,尉止等人把郑简公劫持到了北宫,让郑简公宣布郑穆公的后代们都是叛逆,全部驱逐出境。郑简公早已吓得尿了裤子,只管哭了。

那一边,子驷的儿子第一时间得到消息,说是父亲被叛乱分子所杀,谁来报告的消息?子孔。

"孩子,快去报仇啊,我再找人出兵啊。"子孔做出一副很着急的样子来,实际上他也确实有些着急,他要尽快灭了那五个家族。

子西率领家兵去报仇了,之后子孔又找到子国的儿子子产,子产也急忙出兵。之后,子乔也率军杀到。等到穆族的人马纷纷杀到,五族就彻底歇菜了,尉止被杀,逃得快的几位逃出北宫,哪里还敢回家,一路逃到了郑国的世仇宋国。

这场叛乱,称为"西宫事变"。

子驷、子国被杀,意味着郑穆公的儿子们剩下的就只有子孔一个人了。顺理成章,子孔成为新的执政。

子孔把所有大夫都请到了朝廷,他起草了一份盟书,盟书上除了规定大家各守其职,额外要求大家都要无条件听从子孔的命令,效忠子孔。这哪里是盟书,这是效忠誓言。

没有人签这份盟书,大家本来就有些怀疑子孔是个卧底,如今再搞这一套,这简直已经不是个普通的卧底了,这简直就像要篡位了。

群情有些激愤,要不是看在子孔辈分高的分儿上,大家早就一拥而上,把他给砍了。

子孔也不是省油的灯,他已经在调集家兵,准备来个关门打狗,把自己的侄子们和一帮大夫都给杀了。

形势十分危急,一触即发。

子国的儿子子产挺身而出了，他找到子孔，劝说他把那份盟书烧掉。

"那怎么行？我这是为了国家的安定啊，大家一反对，我就烧了，以后还怎么管理国家？"子孔讲起大道理来。自古以来，但凡为了私欲的，都会讲大道理来给人听。

子产继续劝说子孔，他说："众怒难犯，专制的欲望难以达到，这两项事情放在一起，大家都很愤怒，而你专制的欲望又没有边际，国家就很危险了。你烧掉盟书，大家平静了，也没有人来跟你争权，不是很好吗？何必要搞得这么紧张呢？"

"众怒难犯"这个成语，是子产的发明。

子孔想了半天，也觉得得罪人太多不是个办法，既然这样，顺坡下驴吧。

于是，子孔焚毁了盟书。大家也给子孔一个面子，承认他的执政地位。

第一四一章

荀罃妙计安天下

由于死了三个卿，子驷的儿子子西、子耳的儿子良霄（伯友）以及子丰的儿子子石递补为卿。

郑国的内乱很快平息，而郑国的外交方针也并没有改变。

"晋国人驻扎在虎牢了，各位，怎么办？"子孔现在有资格在内阁会议上这样提问了。

"投降。"子展眼睛都没眨一下就脱口而出。

说到投降，大家都很愿意。

于是，郑国人投降，子孔亲自前往晋军大营签署盟约。

现在，郑国又成了晋国的盟友。

295

郑国人投降了，晋国人准备撤军。可是，就在晋国人撤军之前，最新的线报到了：楚国军队在令尹子囊的率领之下，已经赶来救援郑国。

荀罃的想法，就是按照原计划撤军。可是，有一个人不同意。

"元帅，如果说楚国人还没有出来，我们撤了也就撤了，如今楚国人已经到了，我们就这么走，那就等于是逃跑了，我请求迎击楚军。"下军帅栾黡有不同意见。

换了别人的意见，荀罃基本上就不会考虑。可是，栾黡的意见他不能不考虑，为什么？因为当年栾书对自己非常信任，可以说自己能有今天，有栾书的知遇之恩。而栾黡这个人性格比较跋扈，不像他的父亲，荀罃不想让栾黡说自己忘恩负义之类的。

"既然这样，那就顶上去吧。"荀罃下令，于是晋国和盟军绕过荥阳，推进到了郑国的阳陵（今河南许昌），等待楚军。

楚军继续前进，进入郑国。

"我们撤吧。"荀罃说，之所以上一次听栾黡的意见，也是因为考虑到要逼迫楚国挺进到郑国，否则，就达不到拖累楚国人的目的。现在，楚军既然已经来了，这个目的已经达到，所以，可以撤了。

可是，栾黡还是不同意撤。

"元帅，现在逃跑，跟刚开始逃跑有什么区别？这是晋国的耻辱，当着这么多盟国的军队，更是耻辱。"栾黡说话也没有客气，他觉得荀罃太软。

"这，我们现在撤退，楚国人一定以为我们害怕了，他们就会骄傲大意，那时候我们再跟他们决战，不是更好？"

"元帅，别忽悠我了，我还不知道你？你这一撤，直接就回国了，还说什么决战？反正我不管你，要撤你撤，我不撤，我带领我的部下去跟楚国人决战，就算死了我也情愿。"栾黡是真不给面子，不过话说回来，荀罃确实是在忽悠他。

现在，晋军的两个统帅意见不一。虽然荀罃级别更高，可是按照晋军的规矩，下军就听下军帅的，中军帅来也不灵。如果栾黡真的要跟楚国人决战，那就是整个下军过去了，荀罃也拦不住。如果晋悼公在这里，荀罃可以请示晋悼公，然后就地免掉栾黡的下军帅，问题是，晋悼公不在，荀罃就是个光杆司令，人马都是人家栾黡的。

这个时候，荀罃知道来硬的是不行了。

"那好，挺进到颍水。"荀罃下令，于是晋军和盟军挺进到颍水北岸。

当天，楚军也挺进到颍水南岸，两军隔江对峙。

想一想，栾黡的所作所为是不是有点儿像当年的先縠和赵同、赵括了？

晋国人和楚国人在郑国的地盘上对峙，郑国人也没闲着。

六卿会议召开。

"看来，第四次大战又要在我们的国土上打响了，各位啊，前三次咱们都站错了队，这次呢？大家考虑一下我们该怎么办？"子孔提出问题。

大家开始争论，有人认为应该坚定地跟着晋国，有人认为应该坐山观虎斗，等晋楚大战结束了，那时候该投降谁投降谁。

"子展，你怎么看？"子孔对这些答案都不满意，他发现子展没有说话，知道他一定有想法。

子展看着大家争论，觉得这帮人没有任何前瞻性，完全是在碰运气。

"我们应该立即投降楚国。"子展说话了，话一出来，大家都很惊讶。

"不是吧，叔？"良霄第一个表示不理解，"晋国人还没走呢，楚国人也还没过来呢，咱们这么早就投降楚国，晋国人回过头来打咱们，怎么办？"

大家都瞪着子展，等他回答这个问题。

"各位，晋国人根本就没有想打咱们。想想看啊，要是真打咱们，他们只派三分之一的部队？他们来了不攻城，反而修城，就是要给咱们做做样子。再说了，他们真的敢跟楚国人决战？别忘了，楚国人是全部兵力，晋国人只有三分之一，怎么打？晋国人迟早要撤，咱们等楚国人来了再投降，又得搭进去不少银子，不如现在主动投降，楚国人也就不会来打咱们了。"子展一番话，大家总算明白了。

第一四一章　荀罃妙计安天下

"那、那就投降楚国吧。"子孔决定了。

当天,子展悄悄南下,然后悄悄地渡过颍水,代表郑国投降楚国了。

郑国人投降楚国的消息迅速传到了晋军大营。

荀罃偷偷地笑了,这是他要的效果,因为这样,他就随时有理由再次入侵郑国了。

"郑国人,真是不要脸,打他们。"栾黡气不打一处来,要回过头攻打郑国。

"算了,我们现在不能击退楚国人,也就等于不能保护郑国人,人家投降也是有道理的。再者说了,我们现在攻打荥阳,楚国人必定从后面攻击我们,到时候我们两面受敌,也不是件好事。撤吧,天也凉了,回家过年吧。"荀罃这一次没有客气了,坚持撤军。

栾黡还和荀罃争辩了几句,但是见士鲂和魏绛也都支持荀罃的决定,这才愤愤不平地接受了。

晋军撤军,到郑国北部,憋了一肚子气的栾黡终究还是没能够忍住,率领下军抢掠一番,总算没有空手而归。

这一边,楚军果然没有继续北上,也撤军回国了。

说起来,这是晋国分为三军以来晋、楚两国的第一次较量。

晋国人和楚国人都走了,郑国人反而觉得很不安。

过完年,六卿再次开会,还是讨论天下形势。

"各位,说实话,这个年我过得很不踏实,为什么呢?总是担心晋国人和楚国人什么时候会来。子展啊,你上次出主意说要让这两个国家打一仗,咱们就有安生日子过了。可是去年折腾这么一下子,还是没打,你还有什么办法?"子孔上来就问子展,他知道问别人等于白问。

"接着折腾啊。"子展胸有成竹,他知道该怎么办。"咱们攻打宋国,晋国人一定来打我们，然后咱们投降，然后楚国人再来，然后咱们再投降。"

子孔还没说话，子乔笑了："兄弟，咱们真是够贱的，别人不打咱们，还要自己找打，哈哈哈哈。"

大家都笑了。

"哥哥，好主意是好主意，可是咱们无缘无故攻打宋国，这样做太明显了，楚国人会起疑心的。"子西说话了，他觉得楚国人不傻，一定会有所警觉。

"说的也是，那老弟有什么好主意？"子展问。

"我们先派边境官员去挑衅，让宋国人先来打我们，我们不是就有打宋国的理由了？"

"还是你想得周到。"

就这样，郑国边境官员派人去割了宋国的麦子，还挖人家的祖坟。宋国人不干了，向戌率领宋军攻打了郑国边境。

于是，郑国有了攻打宋国的借口，子展亲自率军攻打宋国。

宋国是没有底气跟郑国决战的，看见郑国的正规军杀来了，立马撤退、防守、求援。

整个春天，郑国人就干这件事情了。

"子展，简直就是我们的卧底啊。"整个春天，荀罃每天都很高兴，他很欣赏子展，因为子展跟自己的配合太默契了，"这个家伙太有才了，他要是晋国人的话，老子把中军帅让给他。"

过完春天，荀罃知道又该出兵了，这一次，该第一军，也就是中军了。

于是晋悼公御驾亲征，中军帅荀罃，中军佐士匄率领中军出动。由于晋悼公亲征，各诸侯国纷纷出兵，上次出过兵的齐国等国家也来了。其实对于这些盟军来说，他们出兵也不多，谈不上辛苦，作战也不靠他们，谈不上危险，既然如此，何不来好好表现一下呢？

十二国联军从北面和东面分头杀入郑国境内，四月出发，到六月，包围了荥阳。荀䓨还是老套路：围而不打。

晋国人老套路，郑国人也是老套路：投降。

七月，盟军和郑国结盟。

结盟仪式上，要宣读盟誓。这样的事情，都是士匄代表晋国去做，一来，级别恰当；二来，士家家传博学，写个盟誓什么的很拿手。

"这一次，大家就谁也不要插嘴了，我一个人念就行了。"士匄先提醒大家，省得再发生上次子驷上去抢念誓词的事情。

在大家表示赞同之后，士匄开始念他的誓词。

"凡是我们的同盟国家，不要囤积粮食，不要独占山川，不要庇护他国的罪人，不要收留奸佞之辈。要互相救济，消除祸乱，同仇敌忾，辅佐王室。如果违反上述规定，司慎、司盟两位神灵，名山大川的神灵，先灵先神，先王先公，在座的十二个国家的祖先的神灵们，都要来诛杀他，让他失去百姓，丧失君位，断子绝孙，亡国亡种。"

士匄念完，除了他自己，所有人都笑了。

在场分明十三个国家，士匄却说成十二个国家，不知道是数错了还是没有包括郑国，总之少了一个国家。于是各国都想：少的这个国家就是我国，所以，神灵作证，我们不受这个破盟约的约束。

盟会完毕，各自回家。

盟军前脚走，楚国军队后脚就到了。因为听说晋悼公亲自出马，而且一共是十二国联军，楚共王决定自己也要御驾亲征，这还不放心，还请秦国出兵相助，于是秦国派了军队会同楚军前来对抗盟军。

楚军到的时候，盟军已经撤走了。

"哎哟，总算盼到你们了，我们投降，我们投降。"郑简公亲自出迎，身后是一帮爷爷、叔叔跟随。

七月投降了晋国，八月就投降了楚国，郑国人现在很享受投降的过程。

于是，楚、秦联军撤军了。

这次，算是第二次较量。

296

楚国人走了，郑国又恢复了往日的平静。

"各位，现在怎么办？"子孔又问大家。

大家都看子展。

"怎么办？派兵攻打宋国。"子展说。

大家都笑了。

这边，楚共王刚刚回到郢；那一边，郑国人就出兵攻打宋国了。

宋国人二话不说，立马向晋国求救。

"走，第二军上。"荀䓨毫不含糊，决定出兵。

七月刚回来，九月就再次出兵。

这一次，还是盟国军队全部出动。

晋军的出兵速度之快，连郑国人也有些惊讶。

"我们投降吧。"子孔说，说得很自然，因为已经习惯了，就像说"我们吃饭吧"。

大家都笑了。

子展笑完之后说："这一次不能这样投降了，派人向楚国求救。"

"为什么？"大家都觉得奇怪，以往投降最积极的就是子展了，怎么这一次要扮烈女了？

"不求救，那是我们的过错。我们要让楚国人有难不救，他们才会心服口服。"子展说，他总是比大家看得远一些。

"虽然他们很强大，但是整个过程在咱们的掌控之中，咱们是导演，他们是演员,被我们耍得团团转。"子孔说完,哈哈大笑。

大家又笑了,都觉得超有自尊。

盟军再次攻打郑国的消息早就到了楚国,楚共王是不愿意动窝了。于是,把子囊请来了。

"令尹,辛苦一趟吧,去趟郑国。"楚共王要把活儿派给子囊。

"大王,我倒不怕辛苦,可是,士兵们受不了了。你想想,去年秋天走了一趟,今年秋天又走了一趟,地里的庄稼要是再不收,那就沤臭了。不行不行,真不行。"子囊当即拒绝,连一点儿商量的余地都没有。

楚共王想想,也明白就是这么回事,所以也不能强求子囊。

"唉,算了,咱们就假装不知道算了。"楚共王没办法了,决定装聋作哑。

可是,你想装聋作哑,人家还偏偏不给你这个机会。

上两次盟军攻打郑国,郑国都不来求救,偏偏这次,郑国人来了。谁啊?良霄和石𫝆。

楚共王一看见他们,头都大了。没办法,硬着头皮也要接见。

"啊,两位大夫,有何贵干啊?"楚共王装傻充愣。

良霄和石𫝆一看楚共王装傻,心里就明白怎么回事了,不得不佩服子展的判断力。

"大王,形势危急啊,晋国亡我之心不死,又纠集了十二国军队讨伐我国。我们小小郑国不是他们的对手,可是我们感念大王的恩情,不愿意投降他们。因此,国君特地派我们两人前来,恳请大王出兵,救我国百姓于倒悬。"

良霄忍着笑把话说完,就看见楚共王一脸的苦相。

"啊,这个,啊,什么?你说晋国人又来了?"

"是,是啊,十二国联军啊,不知道多少人马,从城上看过去,乌泱泱的。大王,您知道什么叫乌泱泱的吗?就是根本看不到边。大王啊,整个郑国都在盼望着您哪。"良霄添油加醋,生怕楚共王不害怕。

"这个,啊,你先退下,我找子囊来商量一下。"楚共王要拖。

"大王,我们国君还等着回话呢,您现在叫令尹来吧,我们就在这里等着。"良霄还不肯走。

没办法,楚共王把子囊给找来了。

子囊来了,一看良霄和石䂮在这里,"嗡"的一声,脑袋也大了。

楚共王把两人来的目的说了一遍,其实不用他说,子囊也知道。

"你看,令尹,怎么办?"楚共王把皮球踢给了子囊。

"这个,啊,两位。我们楚国一向坚持国无论大小,一律平等的原则。武力不是解决问题的最好方式……"子囊自己也不知道说了些什么。

两个郑国人忍着笑,心想总算也看见楚老大没脾气的时候了。

"令尹啊,这些冠冕堂皇的话留着以后再说吧,是救,还是不救,倒给个明白话啊。"良霄故意这么说,心想我们郑国跟晋国有什么争端啊?不都是你们两个国家在咬吗?

子囊一时没话说,要救,没力量;不救,怎么说得出口?

楚共王觉得很没有面子,于是跟子囊商量:"令尹,咱们也分兵为两部分,只率领一半的军队去救怎么样?"

"大王,晋军的战斗力您不是不知道,再加上盟军,我们出动全部兵力也不一定能赢,一半的军队去,那不是给人家送菜?"

"这么说没法去救?"

"真是没法救。"

"那倒是救,还是不救?"良霄还插一句。

"不救。"子囊终于直接说了。

良霄和石䂮对视一眼,假装很失望,实际上心里很得意。

"那、那什么。请问大王,如果不能救援郑国,你们能不能送些玉帛、美女给晋国人,恳求他们从郑国撤兵呢?"石䂮壮着胆子,提出这么一个问题来。

"什么?"楚共王还没有说话,子囊先急了,大吼起来,"你把我们楚国当什么了?啊,我们还要乞求他们?还要给他们进贡了?"

楚共王也很不高兴,可是想想自己救不了郑国,还有些惭愧,所以压住火,没有发作。

等到子囊发完了火,郑国人还没完呢。

"大王,令尹,实不相瞒。来的时候我们国君交代过,如果贵国不能发兵救我们,那不好意思,为了国家的生存,我们就不能怀念大王的恩德了,我们就投降晋国人了。"这一回,说话的是良霄。

这一回,楚共王再也压不住火了。

"投降,你们郑国人就知道投降。告诉你们,别用投降威胁我们。就是你们投降,我们也不救。"楚共王大声嚷起来,然后一拍桌子,"来人,把这两个郑国人抓起来。"

就这样,良霄和石㚟被楚共王扣留在楚国了。

楚国人终于折腾不起了。

第一四二章

腐败二人组

九月二十六日，郑国投降，晋悼公派赵武进入荥阳与郑简公结盟。

十月九日，郑简公派子展出城与晋悼公结盟。

双方都知道这一次是真的了，再玩虚的没啥意思了，于是双方约定，十二月一日，在郑国的萧鱼举行会谈。

以此为标志，郑国彻底投向晋国，而楚国默认了晋国对于郑国的控制权。

这样，除了被楚国绝对控制的蔡国、陈国和许国以及晋国的世仇秦国，包括吴国在内的绝大多数诸侯国都成了晋国的盟国，晋悼公的霸业超过了前任的任何一位霸主。更难能可贵的是，晋悼公并没有通过发动战争来实现自己的霸业。

十二月一日，晋悼公和郑简公在萧鱼会面，两国国君共同回顾了祖上十八辈的兄弟之情，表示要世世代代友好下去，共同应对来自东南西北的威胁。

为了表达诚意，郑简公向晋悼公赠送了三位著名音乐家师悝、师触、师蠲，豪华宫室用车三十乘，战车一百乘，歌钟两架以及配套的乐器，舞女十六人。

礼品非常贵重，等于是向晋国表示：老大，从此郑国的安全就交给您了。

财色双收，晋悼公非常高兴，当即表示晋国一定尽到做盟主的责任，谁敢欺负郑国，晋国一定严惩不贷。

回到晋国，晋悼公把魏绛召到了宫里。

"魏元帅，这里有歌钟一架，美女八个，归你了。"晋悼公把郑简公给的歌钟和美女分了魏绛一半。

魏绛问："主公，这是为什么？"

"是你让我和戎狄部落讲和，从而让中原诸国都归服我国。这八年时间里，我们九合诸侯，和诸侯之间的关系如同音乐一般和谐。因此，我要请你和我一同分享这些礼物。"晋悼公说，他是个喜欢和人分享的人，而他最赏识的就是魏绛。

"主公，和戎狄讲和那是国家的福气，九合诸侯那是主公的威望，也是大家的功劳，我算得了什么呢？《诗》写道：'乐只君子，殿天子之邦。乐只君子，万福攸同。平平左右，亦是率从。'音乐是用以强化德行的，只有通过道义对待它，用礼法推广它，用信用保守它，用仁爱勉励它。然后才能震抚邦国、同享福禄、怀柔远方的人，这才是所谓的快乐。《书》中写道：'居安思危，思则有备，有备无患，敢以此规。'"魏绛引经据典，说了一大通道理，还弄了两个成语出来给后人应用，想不到，魏犨的孙子竟然这么有学识。

"居安思危""有备无患"这两个成语出自这里，由于《书》已经亡佚，我们只好认为这两个成语就是魏绛发明的。

《诗》的内容出于《诗经·小雅·采菽》，意思是："快乐的君子，镇抚天子的邦国；快乐的君子，集聚无数的福禄；治理好邻近的国家，让他们甘愿顺从。"

这一通，基本上是连卖弄带讲道理带拍马屁，听得晋悼公十分高兴。

"你的教导，我牢记了。不过，论功行赏，这也是国家的典章制度，神明为证，我们不能不遵守，所以，这些奖赏，你就拿走吧。"晋悼公高兴了，自然更要奖赏魏绛。

最后，魏绛还是接受了歌钟和八个美女。

其实，在与楚国争霸的过程中，功劳最大的应该是荀罃，为什么这些赏赐没有给荀罃呢？

因为，晋悼公认为荀罃消受不起。

为什么荀罃消受不起？

荀罃积劳成疾，身体一天不如一天，眼看就到了夕阳的最后一抹红了。

晋悼公必须考虑中军帅的人选了，八卿当中，算来算去，算去算来，只有魏绛具备中军帅的人品和才能。可是，魏绛不具有这样的威望，魏家的家底也太薄了一些。让魏绛一下子从新军佐到中军帅，晋悼公担心会引起众人的不服。

"魏绛，我打算让你接任中军帅。"晋悼公最终还是决定试一试。

"主公，使不得，我不过是新军佐，我当中军帅，没有人会服气的。"魏绛拒绝了。

"当初先轸、赵盾、栾书和韩厥不也都是破格提拔吗？你不要担心，我做你的后盾。"晋悼公还要说服他。

"主公，先轸能被破格提拔，那是狐偃和赵衰的力挺；赵盾能被破格提拔，那是因为赵衰的遗德；栾书和韩厥能被破格提拔，那是因为他们的品行、多年积攒的人脉和强大的家族实力。魏家家族实力一般，而我的人脉远远不够，而且，主公看看现在的八卿，谁会服气我当中军帅？恕我直言，若是我当了中军帅,只怕三郤的命运就会落到我的头上。"魏绛是个聪明人。

晋悼公也是个聪明人,所以,他不再劝说魏绛了。

魏绛不肯担任中军帅,晋悼公知道,中军帅的宝座只能给士匄或者荀偃了。他真的不愿意让这两个人担任中军帅。可是,他又不得不让这两个人担任中军帅。做国君,即便是非常强势的国君,有的时候也不能按照自己的意愿去做事的。每个人都有鞭长莫及的时候,国君也是一样。

为什么晋悼公这样不喜欢士匄和荀偃?那还要说说四年前的一件事情。

298

晋悼公十年(前563年),也就是晋悼公采用魏绛改革方案的第二年。

春天的时候,晋国召开联合国大会,会议地点选择在柤地,这地方是楚国的地盘,在今天的江苏省邳州市。为什么在这里开会?一来,是向楚国人示威;二来,更重要的是在这里等待吴王寿梦。

结果吴王还是没有来,又拉肚子了。

没办法,依然是这些兄弟国家开联欢会。

联欢会结束的前一天晚上,士匄和荀偃结伴来找晋悼公了。

"主公,有件事情我们汇报一下。宋国的左师向戌是个很贤能的人,主公知道宋国人那点儿毛病,死要面子,原本是不准备投靠我们的,多亏了向戌据理力争,这才成了我们的盟友。这样的人我们要树立典型啊,所以,我们商量了,就在这儿附近有个小国家叫偪阳的,其实就是一座城池,而且,紧邻着宋国。咱们干脆顺手把偪阳拿下来,送给向戌,这样呢,天下诸侯的权臣们岂不是都会向着我们了?"

晋悼公正高兴呢,想想看,觉得两人说得有理,再加上,偪阳城屁大一个城,顺手就能拿下。

"主意不错,跟荀罃元帅说了吗?"

"说了，元帅觉得挺好，让我们来请示主公。"士匄和荀偃忙说。

"那好吧，你们去跟元帅说，我同意了。"晋悼公同意了。

从晋悼公这里出来，士匄和荀偃又去了荀罃那里，还是跟晋悼公说的那些话，在这里又说了一遍。

"不行，偪阳城虽然小，但是很牢固，拿下来也不能显示我们的武力，拿不下来就很丢人。"荀罃不同意，《左传》中的原话这样说："城小而固，胜之不武，弗胜为笑。"

"胜之不武"这个成语，来自这里。

"元帅，这件事我们已经跟主公说了，主公说很好啊，说一定要拿下来啊。"士匄说，用晋悼公来压荀罃。

"不行，我跟主公说去。"荀罃还是不干，要去找晋悼公。

"叔啊，主公同意之后，我们已经跟向戌说了。要是反悔，恐怕宋国人会笑话我们。"荀偃急忙说。

到这个时候，荀罃看出来了，这两位是铁了心要打偪阳。如果自己阻拦，去晋悼公面前揭穿他们，大家的面子都不好看，而荀偃还是自己的侄子。

荀罃思考了一阵，叹了一口气："那就打吧，但是下不为例。我告诉你们，下次有什么事情先跟我商量，听见没有？"

"是。"士匄和荀偃偷偷笑着，走了。

为什么这两位对向戌的事情这么卖命？荀罃知道，这两个家伙收人家好处了。

事情果然如荀罃预料的那样，从四月九日开始攻城，一直到四月底，盟军拿不下偪阳城。这倒也不奇怪，一来偪阳城小而且坚固，盟军人数优势没什么用。二来这次出征根本就没有准备攻城，因此缺乏攻城器具。三来大家都知道这是晋国人收了好处，我们凭什么给你们卖命啊？四来晋国人都知道好处是被荀偃、士匄收了，凭什么你们拿好处我们流血流汗啊？

这一天，偪阳守军见盟军也就这两把刷子，决定干脆耍弄他们一番。

偪阳守军开了一个城门，这个城门恰好是鲁军的攻击部位，于是鲁国军队杀入城中。刚进去百十号人，城上偪阳守军就把城门放下来了，要把那些进城的鲁军活捉。

说时迟，那时快，只见鲁军中一员大将，身高九尺，膀大腰圆，当时大喝一声，双臂用力将城门托住，进城的鲁军急忙后撤。这个大力将军是谁？鲁国勇士叔梁纥是也。

鲁军后撤，城头上偪阳军队开始射箭。

这时候，鲁军中又一员大将挺身而出，他把战车的一个轮子卸了下来，蒙上皮甲当作盾牌，左手持盾，右手握戟，上前帮助鲁军挡箭以及抵挡追兵。这员大将叫什么？狄虒弥。

"哇，古人说的力大如虎就是指这两个伙计吧。"鲁军主帅孟献子赞叹起来。

在叔梁纥和狄虒弥的帮助下，鲁军撤回安全地带。

偪阳守军一计不成，又施一计。他们从城头上放下一条长布，高喊："鲁国的兄弟们，有种的顺这布爬上来。"

鲁军中又有一员大将应声而出，此人名叫秦堇父，当时一蹿而出，跑到城下，抓住长布就向上爬。偪阳守军一看，鲁军中还真有这样的二百五。等到秦堇父就要爬到城头，上面赶紧一刀切断了布，秦堇父摔了下来，当时摔昏过去。不一会儿，秦堇父醒了过来，上面又抛下布来，秦堇父又爬上去，上面又切断了布。这一次，秦堇父有了经验，虽然掉了下来，但是毫发无损。

"嘿，有种的再来。"秦堇父还来劲了。

城上又抛下来一条白布，秦堇父又爬上去，上面又是一刀给切断了。

"嘿，有种的再来。"秦堇父还要玩。

"你回去吧，我们没布了。"偪阳人服了。

秦堇父收拾好了三条布，回去了。然后每天拿着布去各军中炫耀，说是这下孩子的尿布不用买了。

转眼到了五月四日，偪阳城还是没有拿下来。士匄和荀偃后悔得够呛，觉得这次亏大了，向戌给的那点儿好处连两个月的时间成本都不够啊。原本以为偪阳城一鼓作气就拿下来了，算是顺手挣点儿外快，哪想到这么费劲。

"不行，咱宁可把好处退给老向，也要撤了。"哥儿俩受不了了，出门在外两个多月了，早想回家了。

于是，士匄和荀偃来找荀罃了。

"元帅，你看，大雨的季节就要到了，到时候道路泥泞，咱们回去可就费劲了。要不，咱们撤吧？"士匄和荀偃请求撤军了。

两个月拿不下偪阳城，荀罃本来就对这两个小子一肚子火，正想找时间收拾他们呢，如今看他们来要求撤军，哪里还压得住火？

"撤军？撤你个头。"荀罃气得七窍生烟，顺手把手边的弩机砸了过去，多亏士匄和荀偃躲得快，弩机从两人中间穿过，把两人吓得脸色煞白。"你们两个浑蛋，挖了坑给主公和我跳，我说不打你们非要打，真打起来你们又都是尿包。要打的是你们，要撤的也是你们，你们要不要脸啊？你们这样，不是想把罪责推到我身上吗？啊？等到撤军回去之后，你们又会说了：'要是不撤，我们就拿下来了。'老夫已经老了，丢不起那个人。我告诉你们，给你们七天时间拿下偪阳，否则的话，别怪老子翻脸不认亲戚，把你们欺上瞒下、索贿受贿两桩大罪并罚，斩首示众。"

荀罃一通臭骂，把两人骂得狗血喷头，狼狈而出。

士匄和荀偃一合计，荀罃看来是真的急了，七天之内拿不下偪阳，真是要砍头的。怎么办？

"赶紧攻城吧，七天之内攻不下来，先杀了向戌，然后自杀吧。"哥儿俩商量好了，准备临死拉个垫背的。

当天，士匄和荀偃组织攻城，两人身先士卒，发动总攻。

七天之内，还是没能拿下偪阳。不过，荀罃见两人还算卖力，几次宽限。一直到了八月，盟军才终于拿下偪阳。整整用了四个月时间。

荀罃非常恼火，命令把偪阳国君押送回晋国，用来祭祀祖先。

士匄和荀偃去找向戌了。

"老向，看见没有，为了你，用了四个月的时间，我们冒着生命危险，还要忍受大家的诅咒和谩骂，容易吗？怎么样，再表示表示吧。"哥儿俩觉得很亏，惦记着再多要点儿。

向戌一听，差点儿哭出来。

"两位大哥啊，原来以为一顿饭的工夫就拿下偪阳了，谁知道用了四个月。你说费这么大劲，死这么多人拿下来的偪阳城，我敢要吗？我要敢要，不要说别人了，我家主公回去之后非灭了我全家不可。所以啊，这城我是不敢要了，给我们主公吧。你们怎么说还有得赚，赚多赚少而已。我费了半天心思，花出去不少银子，最后什么也没捞着，做的都是赔本买卖，你们还忍心让我再出血吗？两位，这回就这样吧，我就当做慈善了，你们就当少赚点儿，咱们下次再策划一个好的，大家发大财，行不？"向戌哭丧着脸说，他觉得自己比这两位还要冤呢。

士匄和荀偃没话说了，一来人家说得有道理，当初也是他们夸下海口说放个屁的工夫就能拿下偪阳城；二来呢，要是把向戌逼急了，把事情抖搂出来，大家都没好果子吃。

几位商量好了，恰好荀罃派人来请向戌，商量把偪阳城移交给他的事情。

来到荀罃的大帐，就看见荀罃皮笑肉不笑的表情。

"偪阳城拿下来了，你派人来接收吧。"荀罃的话说得干巴巴的，强压着火。

"元帅，如果晋国想要安抚诸侯，让大家安心，最好就把偪阳城给宋国国君；如果给我的话，那就等于是我动用诸侯的力量满足自己的私欲了，打死我也不敢要啊。"向戌说了实话，不过听上去，好像是高风亮节。

"算你识相。"荀罃暗骂了一句，不过心情好了一些。

就这样，偪阳城给了宋平公。

向戌虽然破了些财，好在为国家做了贡献，心想今后总有机会补偿回来。

盟军就地解散，大家一路骂着，一路回家。

晋军路过睢阳的时候，宋平公要在宫中宴请晋悼公，还有歌舞表演。

节目单出来，向戌先给晋国人看看，荀罃过了目，告诉向戌："这个《桑林》之舞要去掉，这是天子之礼，我们不能享用的。"

向戌从荀罃那里出来，士匄和荀偃哥儿俩悄悄跟过来了。

"老向，别听荀罃元帅的，他是老古董。天下就你们宋国和鲁国能用天子之礼，人家鲁国经常用，我们去了都用，你们怕什么？照用啊，我们主公肯定高兴。"这哥儿俩又来出馊主意，想拍拍晋悼公的马屁。

向戌想想也是，只要晋悼公高兴，管他什么天子不天子的。

当晚的宴会上，就上演了《桑林》，领舞的舞师举着旌夏之旗就上来了。什么是旌夏之旗？就是一种五色羽毛旗，只有天子之舞才用的。

晋悼公懂啊，他在都城长大的，自然懂得，一看这个，立马跑厕所里回避了。直到拿掉了旌夏之旗，才回来看表演。

回国的路上晋悼公生了病，就很担心是不是自己看了不该看的《桑林》之舞，老天爷在惩罚自己。荀罃安慰他说："咱们已经推辞了，他们非要表演，怎么能怪罪咱们呢？没事。"

后来，晋悼公的病好了，但是也知道了宋国人表演《桑林》之舞都是士匄和荀偃在搞鬼。再一打听，原来攻打偪阳城也是这两个小子假公济私，收了人家的好处。

第一四二章　腐败二人组

"这就是两个腐败分子啊。"晋悼公总算明白了。

从那之后,晋悼公对士匄和荀偃的印象一落千丈,知道这两个人靠不住。

第一四三章

腐败分子挂帅

> 匏有苦叶，济有深涉。深则厉，浅则揭。
> 有瀰济盈。有鷕雉鸣。济盈不濡轨。雉鸣求其牡。
> 雍雍鸣雁，旭日始旦。士如归妻，迨冰未泮。
> 招招舟子，人涉卬否。人涉卬否，卬须我友。
>
> ——《诗经·国风·邶风·匏有苦叶》

一个待嫁的女郎，站在济水边，望着对岸，苦苦地等待自己的心上人。这首诗从匏可渡河起兴，坚信未婚夫无论遇到什么艰难险阻都一定会来。姑娘有盼望，却无疑惑，尽管大家渡河去了，她仍然在等待，等得那么坚定，那么执着。

匏，也就是葫芦，可作为渡河用的救生圈。

299

每个人都有自己的使命,完成了就该走了。

所以,当楚国人服软之后,荀罃也就该走了。

转年的夏天,也就是半年之后,荀罃积劳成疾,一病不起,卒了。与他前后脚卒的是士鲂。

八卿现在变六卿,权力又要重新布局。

荀罃的死,让晋悼公非常伤心。当初栾书和韩厥的死都没有让他如此伤心,为什么?因为栾书死了有韩厥,韩厥死了有荀罃,而现在呢?

晋悼公无可奈何。

"士匄,由你递补中军帅。"晋悼公宣布,既然大家都差不多,干脆就按照顺序递补。

"主公,上一次,是荀偃谦让我,而且他比我年长,因此请任命荀偃为中军帅吧。"士匄谦让了,他说得有道理,荀偃的资历比他老得多。

晋悼公知道,这两个人从能力到人品都差不多,谁上其实都一样。

"那好,任命荀偃为中军帅,士匄继续担任中军佐。"晋悼公宣布,中军就这么定了。

按照顺位,上军帅就该是韩起,可是韩起也谦让了。

"还是赵武吧,他比我能干。"韩起要让给赵武。

于是大家去看赵武。

"别,栾黡的功劳大啊,还是栾黡吧。"赵武连忙推让,倒不是他真的佩服栾黡或者喜欢他,而是他知道栾黡这人很跋扈,自己一下子超越了他,他一定不高兴。而栾家势力大,尽量不要得罪他。

于是,大家又看栾黡。

按栾黡的想法，自己就算做中军帅也不过分，可惜没人推荐自己。如今看见大家都在谦让，自己要是不谦让的话，显得很没有风度。

"韩起比我强，他都愿意让给赵武，那就赵武吧。"栾黡也谦让起来，大家都有些意外。不过大家也听出来了，栾黡的谦让有些不服气的意思。

晋悼公自然知道大家都不愿意栾黡升上去，所以借着栾黡的话，顺势就说了："韩起和栾黡都这么谦让，令人高兴啊。既然这样，那就赵武出任上军帅吧。"

上军帅赵武，上军佐依然是韩起。栾黡没有上升的余地，于是依然担任下军主帅，魏绛递补为下军佐。

按照惯例，中军帅一旦病故或者退休，儿子立即进入卿的行列，为什么荀罃的儿子没有获得任命？因为荀罃的儿子荀朔在生完儿子之后就去世了，而荀朔的儿子荀盈现在只有六岁。士鲂的儿子也很小，也没有办法继承父亲的职位。

现在，新军无帅，怎么办？

"新军并入下军，恢复三军编制。"晋悼公下令。

于是，晋军从六军到四军，现在进一步缩编到了三军。

北面，晋国的荀罃卒了。

南面，楚共王也薨了。

临去世之前，楚共王做了一次深刻反省，他对大臣们说："我这人没什么能耐，十岁的时候就继位了，受的教育不够。就因为我没什么能力，结果咱们干不过晋国人，让大家跟着我受苦，让祖先面上无光。如今我要死了，我死之后，给我谥号灵或者厉吧，你们帮我选一个吧。"

楚共王，跟他父亲楚庄王一样善于反省和自责。从能力来说，比他父亲略差，但是性格非常像。不幸的是，他在位期间，晋国人已经从谷底走出，而且后来又是晋悼公继位，楚共王被比了下去。

第一四三章　腐败分子挂帅

楚共王几天后薨了，于是大臣们开始讨论他的谥号。

"是厉好呢，还是灵好呢？"大臣们讨论。

"都不好。"子囊发言了，他扫了众人一眼，然后用不可辩驳的语气说话，"你们都听错了，大王的遗命是谥号共，你们凭什么要改呢？大王领导楚国期间，安抚了蛮夷，势力直达南海，让他们臣服于华夏。而且，大王谦虚礼让，有高尚的人格。我问大家，凭什么不谥号共呢？"

共，通恭，也就是恭敬的意思。

大伙一听，子囊的话有道理，而且，子囊的态度又这么强硬，傻瓜才会反对。

"我们拥护，我们支持。"

楚共王在位三十一年而薨，太子熊招继位，为楚康王。

注意，子囊的话中，已经自称楚国为华夏了。原话如下：赫赫楚国，而君临之，抚有蛮夷，奄征南海，以属诸夏。

子囊的话很快被良霄和石䜣听到了，这两位还被扣押在楚国呢。两人一商量，去找子囊了。

"节哀顺变，深表悼念。"两人假惺惺表示了沉痛哀悼之后，进入正题，"令尹啊，说说我俩的事儿吧。你说你们保护不了郑国，郑国才投降了晋国，这不怪郑国啊。我们俩是使者，你们没理由扣留我们啊。怎么说咱们都是华夏正统，该讲点儿道理啊，别弄得跟蛮夷似的。"

子囊一听，这两位的话有道理，而且口口声声咱们华夏正统，怎么说咱楚国也要做得像个华夏国家啊。

"好，你们回国去吧。"子囊一高兴，把两人放了，临走，还大包小包送了不少礼物。

300

最新的天下形势是这样的。

晋国在与楚国的拉锯中取得胜利，整个中原在晋国人的领导之下，而北面的戎狄也很顺服，晋国的四周，只有秦国没有归顺。

楚国被晋国拖得无力应付，再加上楚共王去世，楚康王需要时间稳固国内，无暇对外。而东面吴国对楚国的侵扰越来越多，因此，楚国已经无力与晋国争霸。

"现在，我们想打谁就能打谁了。"晋悼公很高兴，他在盘算，还有哪些账需要清算的。

六卿一致认为：腾出手来，该收拾秦国了。

确实，秦国已经接二连三地侵略晋国了，特别是那一年趁着晋国闹饥荒来侵犯，让晋国人想起来就恨得牙痒痒。

晋悼公十四年（前559年）夏季，晋国纠集了盟军，浩浩荡荡，讨伐秦国。晋悼公亲自领兵，晋国三军六卿全部出动，再加上十二国诸侯的兵力，这已经是当时可以动员的最强大的力量了。

从架势上看，说晋国要灭掉秦国都不夸张。

秦国全国紧急动员，主要兵力退守雍城，准备打一场国家保卫战。同时，秦景公紧急派人前往楚国求救，说起来，两家现在还算是亲戚，因为秦景公把女儿嫁给了楚共王，不幸的是楚共王第二年就薨了，把女儿的大好青春就这么荒废了。

楚国接到秦国的求救信，怎么办？

"这个，我们令尹子囊刚刚去世了，新任令尹子庚对军队的情况还不熟悉。啊，这个，希望体谅啊。我们楚国一向和平解决争端……"楚康王有点儿糠，也确实没力量对抗晋国人，因此拒绝了秦国人的求援。

"楚国人忽悠我们不是一次两次了，看来，他们跟晋国人都是一路货色，靠不住。"秦景公大骂，现在终于明白楚国人也靠不住了。

谁都靠不住，就只能靠自己了。

其实，明白了只能靠自己的道理比什么都重要。

秦国人一面加强防守，一面要想办法阻止晋国人的推进。

这一边，盟军开始推进，直到秦、晋边境。这时候，出了点儿问题。

晋悼公的身体一向就不是太好，这几年的折腾固然折腾死了楚共王和荀罃，也折腾得晋悼公够呛。眼看大军就要进入秦国境内，晋悼公的身体挺不住了。

"各位，看来，我只能在这里等候你们的捷报了。我宣布，这次讨伐秦国的行动由晋国六卿代替我指挥。"晋悼公留在了晋国，而把指挥权给了六卿。

其实到这个时候，晋悼公已经不对讨伐秦国抱太大的期望了。他知道，不论是荀偃还是士匄，都缺乏栾书和荀罃那样的决断和机变，也缺乏韩厥那样的原则性和协调能力，换言之，他们都不是帅才，而且有私心。而盟军部队中，大家都是瞻前顾后，谁也不愿意往前冲。要掌控这样一支队伍，确实不是荀偃和士匄的能力所能做得到的。

就是因为担心荀偃没有担当责任的气魄，所以晋悼公宣布六卿指挥，而不是中军帅指挥。

盟军乱哄哄进了秦国国境，果然如晋悼公预料的那样，荀偃和士匄根本约束不住各国部队。两人经常找各国领军来谈话，不过谈的不是这场战争，而是今后怎样联手赚钱。

大军所到，秦国人无法抵挡，沿途秦国城池要么空无一人，要么当即投降。兵不血刃，盟军已经挺进到了泾水。越过泾水，到秦国国都雍城将再也没有大河的阻隔。而泾水与雍城的直线距离不到两百里。

泾水是渭河的一条支流，以水流清澈见底而著称，因此有两个成语叫作"泾清渭浊"和"泾渭分明"，就是指泾水干净而渭水浑浊。

到了泾水东岸，大军暂时驻扎。

"咱们是继续前进，还是就在这里打住？"荀偃和士匄开始商量，这两个人就没有单独带兵打过仗，心里直打鼓。从这个层面来说，这两个人当初的谦让，也有一定的对自己的能力没底的成分。

"要不，咱们看看大家的反应再说？"

"也好，要是大家都不肯渡河，咱们就有理由收兵了。"

"是啊，打这仗干什么，又没得赚。"

两个腐败分子商量好之后，召集六卿及盟军领军们开会。

"各位辛苦了，此次讨伐秦国，我们在主公的战略思想指导下，在各国盟军的大力支持下，节节胜利，顺利推进到了泾水。眼下，三军士气高昂，而对面就是秦国的腹心地带。那么，到了这个时候，我想听听各位的意见，下一步咱们应该怎么办？"荀偃发言，逻辑不是太清晰，不过基本上也说明白了。

大家都不是傻瓜，都是江湖上摸爬滚打出来的，谁听不明白荀偃话里有话？此次西征，晋国是领导，晋国想打就打，想撤就撤，有什么好商量的？而且，现在已经到了这里，要么渡河，要么撤军，没有第三种选择，有什么好商量的？既然荀偃这样说，毫无疑问，他想撤军了，可是不好意思自己说，想要借大家的口说出来，这样回去好有个交代。

"我们听元帅的，元帅让我们向西，我们就向西；元帅让我们向东，我们就向东。"盟军一致这样表示，谁也不傻，所以，谁也不提意见。

荀偃有点儿傻眼，他也知道盟军没有人愿意渡河，因为这仗跟他们没有一点儿关系。可是他没想到，大家明明不想打，却都不肯说。

魏绛张了张嘴，想说什么，可是忍住了。他知道，凭借绝对优势的人马和气势，只要下了决心，这就是灭掉秦国或者至少让秦国大伤元气的绝佳机会，这时候还有什么好犹豫的呢？那么他为什么不说？他知道荀偃和士匄都不是气量很大的人，得罪他们不是一件明智的事情。他也知道，就靠这两个人指挥，就算渡过了泾水，后面还不知道出什么幺蛾子呢。所以，他微微叹了一口气，没有说话。

魏绛忍住了，可是有一个人忍不住了，谁？栾黡。

栾黡是个急性子，他一向就瞧不起荀偃和士匄这样不爽快的人，他连荀罃都敢顶撞，当然就更不怕荀偃了。

"元帅，你的意思，就是撤军是不是？"栾黡一点儿面子不给，直接把荀偃和士匄的小算盘给托出来了。

"这这这，不是啊。"荀偃闹了个大红脸，连忙否认。

"既然不是，有什么好商量的，立即渡河就是了。"

"这，这，啊，各位，栾元帅建议渡河，大家还有什么更好的想法没有？"荀偃还不太甘心，希望有人提出反对意见来。

有人会提意见吗？谁也不比谁傻多少。

看见大家都不发言，荀偃万般无奈，下了一个谁也没听明白的命令："好，明天渡河。"

会开完了，大家都走了。

栾黡气哼哼地出来，没走几步，被人拉住了。正要发火，一看是士匄，忍住了。为什么忍住了？不是因为士匄的职位比自己级别高。

"女婿，你倒是给荀元帅一个面子啊。"士匄说。

原来，士匄是栾黡的老丈人。

"哼。"栾黡哼了一声，也没搭理老丈人，走了。

栾黡早就知道，士匄跟荀偃是一路货色。

人多，船少，艄公更少。

谁先渡河，谁后渡河，完全没有人知道，因为根本就没有人安排。

"渡什么渡啊。"齐军统帅崔杼躲在帐篷里喝酒。按照齐国阳奉阴违的外交方针，齐国人过去是不参加盟军的，可是后来发现不参加盟军就要被晋老大讨伐，现在学乖了，盟军行动积极参加，不过呢，出工不出力，除了会餐的时候冲在最前面，其他的时候都躲在最后。

"嘿嘿，晋国人还没有请我们过河，急什么？"宋军统帅华阅也躲在帐篷里喝酒，按照独立自主的外交原则，宋国每次都告诉自己不是来参加盟军，而是来帮助晋国人的，所以，晋国人要给足自己面子。否则，决不主动行动。

基本上，打仗的时候，宋国军队也仅仅在齐国军队前面。不过不如齐国军队的是，会餐的时候，他们在所有军队的最后。所以每次参加盟军行动，宋国士兵都是大家嘲笑的对象。

齐军和宋军不动窝，晋国三军呢？中军不动，上军的赵武和韩起自然也不会动，栾黡和魏绛一赌气：好的，老子也不动。

所以渡河的命令下达之后，竟然没人渡河。

一连三天，无人渡河。

别人不急，负责组织船只的叔向急了。叔向是谁？后文会有介绍。

叔向一算，如果大家都不渡河，等到回国之后，荀偃来个"没渡河是因为船只没准备好"，那自己就百口莫辩，成了沉默的替罪羔羊了。

怎么办？叔向不能去找荀偃，如果他一推二拖三装傻，自己反而进退维谷了；也不能去找赵武，赵武小心着呢，决不会做出头的事情；更不能去找栾黡，那立马就会得罪荀偃。

这个时候，只能找一个人，谁？

叔向来找鲁军统帅叔孙豹，原因有三个：第一，鲁国的方针是完全以晋国利益为鲁国利益；第二，叔向跟叔孙豹的关系非常好，算得上知己；第三，叔孙豹这个人很讲礼仪和信用，不会耍滑头。

"豹哥，准备渡河吗？"叔向开门见山地问。

"我早就准备好了，可是没有命令不敢行动啊。"

"那我代表晋国命令你们渡河，渡不渡？"叔向说。其实，他没有这个权力，但是他知道叔孙豹需要这个命令，他也不愿意得罪荀偃。

"我给你念一首诗吧。"叔孙豹笑了笑，开始念诗，"匏有苦叶，济有深涉。"

刚念了两句，叔向打断了他。

"豹哥，这个人情我记下了，回来之后我请客。"叔向非常高兴，告辞出来，准备船只去了。

为什么叔孙豹刚一念诗，叔向就知道他要渡河呢？说起来，两人都是博学多才，对起话来也是这样有情趣。

第一四四章

栾范成仇

叔孙豹此人博学多才，随和正直，而且风雅并济。在历史上，叔孙豹以"不朽"而留名。虽然这是后面的故事，不妨这里先说说。

一次，叔孙豹出访晋国，士匄迎接，问叔孙豹："古人有句话叫作'死而不朽'，什么意思？"

叔孙豹没有回答，一来他有些讨厌士匄，二来他知道士匄想要干什么。

果然，士匄没等叔孙豹回答，自己就说了："我们家，在虞以前就是陶唐氏，在商朝是豕韦氏，周朝是唐、杜两氏，现在晋国最强大，我们又在晋国是士氏，我们这个家族是不是不朽？"

叔孙豹一听，差点儿没笑出来，这也太没档次了。

"好像不是你说的这样。你这叫世禄，世代做官而已，而不是不朽。鲁国从前有个大夫叫作臧文仲，他死之后，他的话还能世代流传，这才是不朽。我听说啊，最高的境界是树立德行，其次是建立功业，最后是留下言论。能做到这些，历经多长时间都不会被废弃，这才是不朽。至于您刚才说的，也就是保留了祖上的姓氏，守住了宗庙，使祖先能够得到祭祀，这样的家族，每个国家都有。并不是官越大，钱越多，就能不朽。"

叔孙豹一番话，说得士匄垂头丧气。

而叔孙豹的"不朽"论述被后人称为"三不朽"，世代流传，叔孙豹也因此而不朽。

哪三不朽？请看《左传》原文："豹闻之，大上有立德，其次有立功，其次有立言，虽久不废，此之谓不朽。"

301

叔孙豹说到做到，第二天，鲁军率先渡河。

鲁军渡河，有一个人坐不住了，谁？

郑军统帅是子乔，郑国从前的外交政策是以万变应万变，也就是没有外交政策。从前被晋、楚两国轮流蹂躏的日子受够了，如今能够专心专意投入晋国的怀抱，他们觉得来之不易，应该珍惜。所以，郑国人是很希望诚心诚意跟着晋国人干的。

看着鲁国军队渡河，子乔觉得郑国军队也该渡河了。可是，子乔不太明白盟军中这些乱七八糟的关系，又生怕贸然行动会有麻烦，于是，他决定去找卫国人一起行动。

其实这个时候，卫国人的心思是一样的，卫军统帅北宫括也正犹豫呢。

"既然投靠了晋国，又不死心塌地跟着他们，怎么能指望今后他们来保护我们呢？兄弟，咱们渡河吧。"子乔说。

"正有此意，明天咱们一块儿渡河。"北宫括说。

第二天，卫军、郑军联袂渡河。

鲁军、郑军和卫军都渡河了，荀偃和士匄再按兵不动可就说不过去了，于是，晋军中军渡河，上、下两军随后渡河，最后，宋军和齐军也不得不渡河。

匏有苦叶啊。

盟军渡过了泾水，秦国再度震惊，秦景公做了最后动员，并且准备实在抵挡不住，向西逃遁。如果逃也逃不了，那就抹脖子自杀。至于讲和或者投降，秦景公想都没有想过。

可是秦景公不知道的是，晋国人根本不想再进攻了。

盟军驻扎在泾水西岸，再次按兵不动，等待粮食吃完，然后撤军。

栾黡气得牙痒痒，要不是魏绛劝他，直接就去骂荀偃了。

齐、宋两国军队暗自高兴，每天悠闲自在，权当西部自驾游了。

一转眼三天过去，大军没有动静。可是这时发生了一件事情，让盟军不能不动了。

原来，秦国人在泾水上游放了毒药，那时候的毒药很厉害，没有水货，因此下游盟军的士兵喝了下了毒的水，个别体质略差的就被毒死了，还有一些上吐下泻。

"进又不进，退又不退，难道在这里等死吗？与其在这里等死，还不如去跟秦国人决一死战。"子乔愤怒了，他也不打招呼，率领郑军前进了。

郑国人，其实是很有血性和担当的。

郑军前进，鲁军和卫军也随后跟上。这时候，荀偃也就不能继续按兵不动了，于是，盟军跟着郑军前进了。当天，盟军顺利拿下棫林。

拿下棫林，又是按兵不动。

到这个时候，大家都看得非常清楚了，荀偃根本就不想往前走了。不要说齐国和宋国军队了，就连鲁国、郑国和卫国军队也都觉得很没劲了。

敌军主力还没有见到，盟军就已经士气低落，人人思归了。

盟军统帅们又一次开会了，自从上次在河对面开会之后，就再也没有开过。

"各位，如今我们已经顺利渡过了泾水，实现了战略性的胜利，盟军表现英勇，令人敬佩。那么，我们下一步该怎样行动，请大家发言。"荀偃又是这一套，等大家提出撤军。

大家暗笑的暗笑，苦笑的苦笑，就是没人发言。

最后，栾黡实在是看不下去了，他腾地站了起来，大声说道："荀元帅，磨磨叽叽干什么？你是元帅，你说了算，你说吧，明天该怎么办？"

栾黡把球踢回给了荀偃，看他怎么说。

"这，这个。"荀偃扫视一番，确认实在是没有人会再发言，没办法，只得说了，"这个，明天，啊，明天，'鸡鸣而驾，塞井夷灶，唯余马首是瞻'。"

啥意思？天亮的时候就准备好战车，填好井，削平灶，什么也别问，跟着我的马走就行了。

哄堂大笑。

"你是元帅还是马是元帅啊？还有这样下命令的？管你马头向哪里，老子的马头向东。"栾黡忍不住低声骂了起来，荀偃听得清楚，假装没听见。

不管怎么说，荀偃发明了一个成语：马首是瞻。

第二天一早，盟军早早起来，填井平灶，然后各国领军都来荀偃的战车前盯着他的四匹马，基本上，十二个盟国的领军，三个人盯一匹，要看看荀偃的马头到底去哪里，万一这四匹马的马头不朝一个方向，怎么办？晋国上军的赵武和韩起轮流过来瞄一眼，只有下军帅和下军佐不知道为什么没有来。

荀偃很犯愁，昨天说的唯自己马首是瞻，而不是说具体方向，就是因为自己也不知道该往哪里走。想了一个晚上，也没想好。前进吧，实在不愿意；撤军吧，又怕被嘲笑。

可是，不走还不行，因为填井平灶了，这地方也不能待了。

正躲在大帐里头疼呢，有人帮他做了决定了。

"报元帅，下军向东走，撤了。"

荀偃一听，大吃一惊，不过挺高兴。

"怎么回事？"荀偃还要假装很严厉。

"栾黡说不知道元帅的马头朝哪边，他的马头向东，所以就跟着他的马头走了。"

"那，魏绛呢？也跟着走了？"

"他说了，他是栾黡的副手，当然要听栾黡的。"

"嗯，这件事情不怪栾黡和魏绛，是我的命令下得不清楚。算了，既然下军已经撤了，那就全军撤退吧。这次便宜了秦国人。"荀偃借坡下驴，命令全军跟随下军撤退。

就这样，浩浩荡荡，盟军沿原路后撤，到泾水西岸，齐、宋两军先渡河，当天回到泾水东岸；第二天，鲁、郑、卫三国军队撤回东岸；第三天，其余盟军和晋国下军撤回东岸；最后一天，晋国中军和上军撤回东岸。

302

盟军撤军的消息迅速传到了雍城，秦景公立即命令出动部分兵力前往泾水，准备收复失地。秦军抵达泾水的时候，恰好是晋军上军和中军在渡河。

秦军远远地观望着，他们并没有发起进攻的意图，实际上他们也不敢，因为谢天谢地，盟军撤了，如果此时发动进攻，必然导致盟军再次进攻秦国，那就得不偿失了。

渡河中的晋军有些紧张，他们不确定秦国人会不会来攻击，明显地，晋军撤军的速度在加快，而且开始慌乱，看上去，就有些像战败之后的逃跑。

看着晋军狼狈而逃的样子，中军有一个人感到很窝火，谁？栾针，栾黡的弟弟。

栾家很奇怪，从栾枝到栾盾到栾书，栾家三代都是那种很忠厚很谨慎的性格。可是到了第四代，也许是由于栾家的地位已经完全不同，栾黡和栾针两兄弟的性格都很暴躁，很意气用事。鄢陵之战的时候，栾针就是晋厉公的车右，那时候他没有表现的机会，只玩了一回好整以暇。这一次，栾针作为公族大夫在中军的公族部队中效力。

"我们这算什么？我们是来找秦国人报仇的，可是根本就没有跟秦国人决战就撤退了，跟逃跑有什么区别？我们栾家兄弟参加了这场战争，这简直让我们栾家感到羞辱。"栾针很气愤，对身旁的士鞅说。

士鞅是士匄的儿子，也就是栾黡的小舅子，跟栾针是转折亲，也是公族大夫，同事加亲戚，所以与栾针的关系不错。

"嗐，元帅都不觉得羞愧，你何必呢。"士鞅安慰。

"不行，我不能丢我父亲的脸，我宁愿死在秦国人的手上，也不愿意就这么回去。"栾针跟他哥哥一样一根筋。

"那……"

"兄弟，是男人就跟我一起冲到秦军那里跟他们血拼，怎么样？"

"这……"

"走吧，不要犹豫。"

栾针招呼自己手下的士兵去冲击秦军阵地，愿意跟他去的并不多，不过栾针并不在意，率领着十余乘车，百十号人向秦军冲杀过去，士鞅也只好跟着冲了过去。

秦军人多，栾针的人少，一开始秦军还有些吃惊，不知道晋国人又搞什么诡计。可是后来看见晋军大部队并没有尾随杀来，这才集中精力绞杀这小股晋军。

按照士鞅的想法，栾针杀入敌阵，恐怕整个晋军也得随后杀来。可是眼看着小部队被秦军包围，晋军依然忙着渡河，根本没有管他们。

"要命了，跑吧。"士鞅见势不妙，急忙撞开一个口子，没命一般逃跑，再回头看栾针，还在那里傻乎乎地拼命。

栾针战死。

士鞅逃了回来，紧接着，随着大军回到了泾水东岸。

栾黡在泾水东岸等待弟弟的归来，他们兄弟二人之间的感情非常好。

一直等到晋军全部渡河，也没有看到栾针，栾黡有一种不祥的预感，于是派人去中军找弟弟。

不久，派去的人回来了。

"看见栾针了吗？"栾黡问。

"元帅，栾针大夫战死了。"

"战死了？怎么战死的？"栾黡大吃一惊，急忙追问。

于是，那人将事情的经过说了一遍。

"什么？我弟弟战死了，士鞅跑回来了？"栾黡怒吼起来，他本来就看自己的小舅子不顺眼，如今更觉得士鞅不地道。"这么不仗义，我弟弟就是被他害死的。"

说完，栾黡抄起一条大戟，冲出大帐，让御者驾着车，直奔中军而去，他要杀了士鞅，为弟弟讨个公道。

来到士鞅的军帐，军士说士鞅去了父亲那里。栾黡提着大戟，又直奔士匄的大帐。

士鞅正在父亲的大帐中，他不敢去见栾黡，因此来找父亲商量。结果，士匄把儿子痛骂一顿之后，也没有办法可想。他知道这个女婿本来就瞧不起他们父子，这下肯定不会轻饶了士鞅。

父子二人正在那里愁眉苦脸，外面早有人来报，说是看见栾黡手提大戟去找士鞅，看上去气势汹汹，不知道要干什么。

"儿啊，不好了，你赶快跑，有多远跑多远，我不派人去叫你，你就别回来，听见了吗？"士匄知道女婿的脾气，看这架势，老丈人的面子也不会给，绝对要杀了小舅子才肯善罢甘休。

士鞅还有点儿犹豫,就在这个时候,就听见大帐外面栾黶大声喊:"士鞅,我非宰了你不可。"

士鞅吓得一哆嗦,平时就有些怕栾黶,这个时候更是怕得要死。当时什么话也不敢说了,一溜烟从大帐后门溜了出去。

这一边,栾黶闯了进来,看见老丈人站在那里,毕竟是老丈人,栾黶还是客气了一点儿。

"岳丈,士鞅在不在这里?"栾黶一边问,一边四处扫视。

"女婿啊,消消气,栾针的事情我都知道了,我悲痛万分啊。士鞅这个兔崽子当时也不说拦住他,唉。我狠狠揍了他一顿,把他赶走了,从此之后,我没有这个儿子了,你也没有这个小舅子了,我也不会再让他当官了,让他死在荒郊野外。"士匄一来为儿子辩解,二来也是告诉栾黶自己已经惩罚了士鞅。

听老丈人这么说,栾黶的火消了一些。

"哼,栾针本来不想去,都是士鞅撺掇的。如今我弟弟死了,他跑回来了,就等于是他害死了我弟弟。岳丈,你要是不赶走他,我一定杀了他。"栾黶说。

士匄又安慰了半天,栾黶这才回去。

士鞅跑哪里去了?

士鞅从父亲的大帐中逃出去之后,不敢再在中军大营待下去,一口气出了中军大营,来到了泾水岸边。

他心想,只要还在晋国,姐夫随时会来追杀。干脆,一不做,二不休,投奔秦国吧。士鞅想妥当之后,恰好天近黄昏,还没有黑,江边就有船有艄公,士鞅就渡过了泾水,投奔秦国去了。

秦景公一看,好嘛,晋国人这仗打得太搞笑了,浩浩荡荡而来,灰头土脸而归,送了一个大夫的命,还送了一个活的过来。一问,这位投降的还是士会的重孙，热烈欢迎。

为什么秦景公欢迎士鞅，因为祖上留下的遗言中有这么一句：晋国人都不是好东西，只有士会是个好人。

于是士鞅摇身一变，成了秦国的大夫。

"主公，这个被杀死的名叫栾针，这哥们儿不错，够义气，咱们啊，索性表现一下大国风度，也让晋国人感到惭愧，把栾针的尸首送回晋国去吧。"士鞅建议，一来，良心上过得去；二来，也为自己今后回国做个铺垫。

秦景公觉得士鞅够义气，立即批准。

"我听说晋国的权力斗争那是波澜壮阔，惊心动魄，一家接着一家被灭。请问，你觉得下面被灭的会是谁家？"晋国的权力斗争已经成了全天下的话题。

"这个，说起来，权力斗争的基本规律是，谁猖狂，谁灭亡。你看栾黡，身为下军帅，目中无人，竟然跟中军帅佐对着干。说实话，他让人想起先縠、赵家兄弟和三郤来了，我估计，下一家就是栾家了。"士鞅回答，尽管话中包含了对栾家的不满，不过也很有道理。

"栾黡也不能逃脱吗？"

"他应该能够逃脱，其实他父亲栾书是个好人，治理国家也很勤谨，因此朝野上下都很怀念他，包括晋国国君也很念记他的恩德。靠着栾书的遗德，栾黡应该能够善终。不过，他死之后，栾书的遗德基本上也就被他挥霍完了，而他得罪的人就要开始报复了，那时候，他的儿子势力还不行，而仇人又那么多，我想啊，他儿子那一辈恐怕就该遭殃了。"士鞅分析着，而这也是他的计划。

"那，你跟栾家不是仇人吗？"秦景公笑着问，他能感觉到士鞅对栾黡的仇恨。

"那，谁家跟栾家不是仇人啊？"

说到这里，秦景公突然有点儿担心，他知道晋国人都是权力斗争的高手，

第一四四章　栾范成仇

这士鞅看上去就不像什么忠厚之人，这位要是在秦国玩起权术来，岂不是要把秦国搞个天翻地覆？

于是，秦景公暗中派人前往晋国，找晋悼公为士鞅求情，请求让士鞅回国。晋悼公也乐得做这个人情，找到栾黡和士匄，为他们调解，栾黡也只得表示不再追究士鞅。

不久之后，士鞅回到晋国，官复原职。

栾家和士家表面上和解，实际上，早已经结下了仇恨。

第一四五章

孙良夫的领悟

盟军回到晋国，晋悼公早已不在边境，因为身体状况很不好，回到了国都。

于是大军就地解散，各诸侯部队自行回国。

晋军回到国都，六卿去见晋悼公。荀偃汇报了整个过程，其中自然避重就轻，夸大战果，把撤军的事情轻轻带过，说是盟军思乡心切，不愿前行，再加上发布军令的时候下军理会错了，因此趁机撤军。主要是听说主公身体欠安，大家也想回来看看。再说，秋天就要到了，也该回来收麦子了。

总之，荀偃早就想好了一整套话，遮掩一番，以便过关。

晋悼公其实什么都知道，不过他什么也没有说，一来身体不好，不愿意动怒；二来，晋悼公也明白，除了魏绛，这几位就这水平，能平安回来就算不错了。

"各位辛苦了，讨伐秦国，也就是教训他们而已，到这一步已经够了。另外有一件事情要大家讨论一下，在你们讨伐秦国的时候，卫国国君被赶走，公孙剽篡位，你们知道吗？"晋悼公把伐秦的事情轻轻带过，说起了卫国的故事。

"我们才回来,不知道。"荀偃连忙回答,士匄也应和着说不知道,两人无意中对视一眼,从对方的眼神中,两人都看出一件事来:他实际上知道。

于是,晋悼公将卫国发生的事情简单说了一遍,然后问:"我们作为盟主,是不是应该讨伐叛逆?"

"我看不要,卫国已经有了新国君,如果讨伐他,不一定就能成功,反而惊动了各诸侯国。我们不如趁其稳定,快去安抚。商汤的左相仲虺说过:'亡者侮之,乱者取之,推亡固存,国之道也。'灭亡的国家我们要从中吸取教训,动乱的国家我们可以吞并它。放弃灭亡的,巩固现存的,这才是我们作为盟主应该做的啊,主公应该赶紧去安抚他们。"荀偃发言,他的意见是不仅不讨伐,还要赶紧承认。

"哦。"晋悼公略有些意外,他看看大家,问:"你们看呢?"

"我们也和元帅的看法一样。"大家异口同声。

"那就这样办吧。"晋悼公明白了。

晋悼公明白了什么?卫国又发生了什么?

303

自从城濮之战后,卫国就彻底成为晋国的跟班,他们别无选择。这样也好,省心。而晋国对这个跟班也不错,把占领的卫国土地都还给了他们。

城濮之战后晋文公捉拿了卫成公,并且试图毒死他。可是卫成公很聪明,他贿赂了下毒的厨师,结果毒药的剂量太小,竟然没有毒死他,于是晋文公以为是上天的意思,释放了卫成公,依然让他做卫国国君。

卫成公薨了之后,儿子卫穆公继位。

孙良夫成为卫国的上卿,孙良夫是谁?卫武公有个儿子名叫惠孙,孙良夫是惠孙的后代,公子惠孙就是孙姓的得姓始祖,孙姓在宋版《百家姓》

中排名第三，孙姓郡望有汲郡、陈留郡、太原郡、乐安郡、东莞郡、吴郡。

孙良夫和晋国的郤克关系很铁，因为两人曾经一同参加过齐国的"残奥会开幕式"，后来又一同找齐国报仇（鞌之战），结下了深厚的战斗友谊。

除了战斗友谊，孙良夫还搞明白了另外一件事情。

"孩子，爹要死了，爹死之后，就是你继任上卿，这个国家就交给你了。说说看，你怎么当这个上卿？"孙良夫临死之前，把儿子孙林父叫来叮嘱后事。

"爹，您说过，卫国是个小国，只能跟着晋国混，因此国内无大事，伺候好了晋国，就能高枕无忧了。"孙林父回答。

"那好，怎么才能伺候好晋国？"

"爹，您说过，各国关系就像人跟人之间的关系。"

"错了。"

"错了？爹，您就这么说的啊。"

"那是从前，现在我突然又明白了一点。各国关系不是像人和人之间的关系，就是人和人之间的关系。就说卫国和晋国之间的关系，那就是我跟郤克之间的关系。我们两人关系好了，卫国和晋国的关系也就好了，伺候好了郤克，也就是伺候好了晋国，明白吗？"临死之前，孙良夫竟然又开了一窍。

"明白了，爹，您还有什么诀窍就赶紧说吧，别问我了。"孙林父有点儿急，怕老爹话没说完就咽了气。

"你呀，要跟晋国的权臣们搞好关系，有事没事走动着点儿，逢年过节送送礼，特别是中军帅和中军佐那里，出手要大方。这样呢，对国家和对咱们自己家都有好处。为什么呢？"说到这里，孙良夫捯了一口气，歇一歇。

孙林父没有回答，他知道不用自己回答。他给父亲倒了一碗水，孙良夫喝了一口，接着说："卫国每年给晋国上贡，上多少，那还不是他们一句话？把他们伺候好了，这边给咱们减一点儿，什么都回来了。再者说，送礼都是咱们去送，他们不会说这是卫国送的，他们会说这是孙林父送的，他们念谁的好？念你的好啊。等到晋国人只认你孙林父的时候，卫国国君也就不敢把你怎么样了，这叫作拥晋自重，明白吗？"

"用国家的银子，换咱孙家的地位？"

"都一样，那边也是用国家的军队，换六卿的实惠。"

"那不是损了国家，肥了家族？"

"这还用说？看看天下各国，哪个国家不是这样？"

"爹，您说得太对了。还有什么叮嘱？爹，爹，您醒醒，您醒醒，呜呜呜呜……"

孙良夫卒了，可是，他的理念已经传授给了孙林父。

孙林父被封于戚（今河南濮阳），其子孙有以邑名为姓，孙林父为戚姓得姓始祖。戚姓在宋版《百家姓》中排名第33位，郡望为东海郡。

孙良夫卒的前一年，卫穆公已经薨了，因此卫国现在的国君是卫定公。

孙林父按照父亲的叮嘱去做，全力搞好与晋国权臣们的关系，那时正是栾书执政。栾书这人非常清廉，孙林父送去的礼物多半会被退回。栾书领导下的内阁总体也比较清廉，除了三郤，其余人也都不大敢收。

不管怎样，至少孙林父把三郤伺候得很爽，而郤犨正是负责东部事务的，晋、卫关系归他管。

一门心思伺候晋国的大佬们，对自己的国君难免就有些懈怠。卫定公一向对孙林父很不满意，到了卫定公五年（前584年），卫定公对孙林父的不满已经非常强烈。孙林父感到自身的安全受到了威胁，怎么办？跑吧。

孙林父逃到了晋国。

"老孙来了，欢迎欢迎。"栾书挺客气，按照政治避难准则，破格给了孙林父上大夫的待遇。按理说，考虑到两国的实力差距，实际上应该是下大夫的待遇，不过栾书还是给了面子。

不久，卫定公来晋国访问，根据惯例，晋国把孙林父在卫国的封邑戚也还给了卫国。

孙林父有些失望，甚至可以说是非常失望，因为晋国并没有给他做主，而是公事公办了。不过，他依然坚信父亲的遗言，逢年过节，都会去八卿的府上拜会，平时，则时不时去拜见三郤，送财送物。

"老孙，别急，我们一定帮你衣锦还乡。"三郤被伺候好了，答应要帮他。

三郤倒不是拿钱不干活儿，只说不做的人。

几年后，卫定公再次访问晋国。

"孙林父是个好人哪，身在晋国还很关心卫国，而且，外交经验丰富，工作认真负责，我们都认为，他应该回到祖国的工作岗位上去。"郤犨先来找卫定公，为孙林父求情。

"不好意思，神太大，我们庙太小。"卫定公也没客气，直接给顶回去了。

郤犨弄了个大红脸，一路上骂骂咧咧回去了。不过，他还有办法。

第二天晋厉公接见卫定公，又提到孙林父的事情。

"老卫，孙林父这样的人才不应该浪费啊。据我所知，你们之间其实没有什么问题，就是有点儿误会。我看，给他个机会，你们见面好好聊聊，消除误会，再做君臣，怎么样？"晋厉公受郤犨之托，也来做和事佬。

"见面就不要了吧，多尴尬。再说，我跟他之间没有误会啊，有误会是他的事情，我又没赶他，都是他自己跑出来的，难道我还请他回去？"卫定公还是很硬，连晋厉公的面子也没给。

晋厉公有些生气了，趁着上厕所的机会把栾书叫了出来。

"元帅，这家伙这么不给面子，是不是把他扣下来？"晋厉公想来硬的。

"主公，这不行，人家是内部事务，咱们做做和事佬可以，但是不能强迫人家啊。再说，你要扣了人家，今后谁还敢再来？"栾书把他劝住了。

这一次，晋厉公亲自出马也不灵。

"老子还有办法。"郤犨很恼火，不过他也很倔，为了朋友，或者准确地说，为了财宝，他是可以做到两肋插刀的。

卫定公访问完了晋国，回到了卫国。

第二天，晋国人来了，谁啊？郤犨。

"啊，主公，我家主公说了，孙林父是个忠臣贤臣，你们之间应该消除误会，为卫国的和谐稳定同心同德，共同努力。因此，派我把孙林父送回来了。"郤犨这招太绝了，人给你送回来了，看你怎么办。

卫定公有点儿傻眼了，看这架势，晋国人不把孙林父弄回来是不肯善罢甘休的。这下人都送回来了，如果赶回去，那就是太不给晋国人面子了。可是如果留下，自己又太没面子。怎么办？卫定公进退两难。

有困难，找老婆。

卫定公决定去请教老婆，这世界上他最佩服的人就是他老婆。

他老婆叫定姜，从齐国娶回来的。齐国的老婆通常有两大特点：第一有学问；第二很漂亮。

定姜既漂亮又有学问，昨天晚上还在批评卫定公不应该拒绝晋厉公的建议。"这事没完，你不信等着瞧。"定姜昨晚上断言，没想到第二天就印证了。

卫定公去了老婆的宫里，把事情汇报了一遍。

"老婆，怎么办啊？"

"你可以拒绝他，不过他们还会来，如果他们再来，恐怕你就要搬家了。所以，趁现在还没到那一步，赶快答应吧。"定姜直接给了答案，连犹豫一下都没有。

"这个……"卫定公还有些不愿意。

"老公啊，孙林父再怎么说也是同宗的卿，又有晋国为他求情。让他回来，既对祖先有个说法，又能得到晋国的欢心，何乐而不为呢？"定姜继续开导。

"那，那他回来什么待遇啊？"

"嘻，好人做到底啊，恢复一切待遇，上卿，把戚再给他。"还是定姜有气魄，有的时候，女人比男人大气。

于是，孙林父在阔别祖国七年之后，衣锦还乡了。

事实证明，老爹的遗言是正确的。

304

孙林父爽了，卫定公就不爽了。

当年冬天，卫定公在郁闷中薨了。由于定姜没有儿子，因此卫定公临死之前立了妾敬姒的儿子姬衎为太子，继位后就是卫献公。

卫献公心智成熟比较晚，虽然他爹看着他挺可爱，其实他有点儿没心没肺。在父亲的葬礼上，卫献公表现得一点儿也不悲哀，一点儿也不在意，似乎死的不是自己的父亲，而是对门张大爷的亲家公。

定姜对卫献公的表现非常不满意，当场就说了："这小子没心没肺，他一定会把卫国毁了，我们恐怕都不得善终了。早知道，就立他弟弟做太子了。"

定姜一言既出，在场所有人大哗。这话很快传了出去，卫国卿大夫们都开始心存恐惧，为什么？如果定姜眼力准，那就证明卫献公是个昏君，大家的日子都不好过；如果定姜眼力不准，那么她就有可能收拾卫献公，国家还是会乱。

孙林父不管这些，他把自己的家财都放在戚，自己的工作重点依然在与晋国权臣们的关系上。他知道，只要抱住晋国权臣的大腿，孙家就能在卫国呼风唤雨。

孙林父并没有把卫献公放在眼里，在卫献公面前也没有什么礼节可讲。

卫献公十一年（前566年），也就是韩厥退休的那一年，孙林父出使鲁国。两国重温了往日的盟约，登坛为盟的时候，鲁襄公每上一级台阶，孙林父同步上去。上坛之后，叔孙豹在一旁悄悄提醒他："老孙，诸侯盟会的时候，大家同样步骤，因为大家都是诸侯，如今您和我们主公结盟，似乎应该稍稍靠后一点儿才对。"

孙林父没有回答，也没有一点儿惭愧或者后悔的意思。随后的程序，依然这样失礼。

没办法，习惯了，习惯成自然了。

等到孙林父走了之后，叔孙豹说了："孙林父一定不会有好下场的，因为他太不知道自重了。《诗经》写道：'退食自公，委蛇委蛇。'这么专横而又得意，一定要受到教训的。"

其实，叔孙豹完全不了解孙林父的家传理念。在孙林父的眼里，鲁国人迂腐得不可救药。

叔孙豹所引用的那首诗出于《诗经·召南·羔羊》，说起来，这是全世界最早的描写公款吃喝的诗，原诗如下：

羔羊之皮，素丝五紽。退食自公，委蛇委蛇。
羔羊之革，素丝五緎。委蛇委蛇，自公退食。
羔羊之缝，素丝五总。委蛇委蛇，退食自公。

翻译过来是这样的：

羊皮大衣暖洋洋，白丝银线闪亮光；公款吃喝真惬意，悠闲自在心舒畅。羊皮大衣闪闪亮，白丝银线好辉煌；摇摇摆摆一路走，公款吃喝心荡漾。羊皮大衣品牌响，白丝银线把眼晃；公款吃喝就是好，皆大欢喜没商量。

委蛇委蛇，是悠闲自在的意思。

而成语"虚与委蛇"出于《庄子·应帝王》，指对人虚情假意，敷衍应付。

转眼间卫献公登基十八年了，也没有发生什么大事。其实呢，卫献公倒不是坏人，只是心智成熟较晚，到此时还童心未泯而已。

这一年晋国征集盟军讨伐秦国，于是，卫国派出北宫括领军前往。

这一天，卫献公约了孙林父和宁殖（宁俞的儿子）来吃中午饭，约完之后，卫献公就跑园子里打鸟去了。

那边孙林父和宁殖换好了正装，规规矩矩来到宫里，等着和卫献公共进午餐。

谁知道从上午等到下午，左等不来，右等不来，一直等到天近黄昏，卫献公还没露面，把两位饿得饥肠辘辘，找人一问，说是在城外园子里打鸟呢。

于是这两位驱车来到园子，看看怎么回事。一看，还在打鸟呢，打得高兴，一打一天。

"主公，我们还等着您吃饭呢。"孙林父和宁殖压着火，对卫献公说。

"什么？等我吃饭？吃什么饭？"卫献公早把吃饭的事情给忘了。

"上午您派人去请我们来吃中午饭啊，喏，就旁边那位去的。"

"啊，什么，有这事吗？"

"主公，您派我去的啊，您忘了？"

到现在，卫献公才算想起来，确实派人去请过，可是那时候没想到打鸟这么好玩啊。

"那什么，你们看，中午已经过去了，午饭肯定请不成了，那改天吧。你们先请回，我再打会儿鸟。"卫献公还要打鸟，说完，不搭理孙林父和宁殖了。

第一四五章　孙良夫的领悟

孙林父和宁殖二人叹了一口气，走了。

想当年，卫懿公养鸟把国家给养丢了。如今，卫献公打鸟，国家也很危险了。

第一四六章

腐败大会

被卫献公忽悠了一番，孙林父非常恼火，一怒之下，第二天回到了戚，派他儿子孙蒯来随朝听令，自己懒得来见卫献公了。

按理说，这个时候卫献公应该有所察觉了，可是，没心没肺的卫献公全然没有警觉。实际上，他挺喜欢孙蒯，觉得这位小孙比老孙有趣，在一起吃吃喝喝比较带劲。

基本上，孙蒯也没有太多事情干，每天也就是"退食自公，委蛇委蛇"。

305

这一天，卫献公又派人来请客，说是请吃晚饭。这一次，宁殖学精了，说是吐酸水带拉肚子，没法前来，推掉了。孙蒯不好推，老老实实来了。

这一次，卫献公倒没有忽悠人，到点开饭，好酒好菜，算是单独请孙蒯。

卫献公心情挺好，孙蒯的段子也不少，两人越喝越高兴，渐渐都喝得有点儿多了。

乐队上来了，几首保留曲目唱罢，孙蒯拍手叫好。卫献公一看，更加带劲。

"哎，来那首，那什么，《巧言》。"卫献公点了一首，这首歌名叫《巧言》，是他最爱听的，堪称亡国之曲。

历朝历代，最好听的曲子或许都叫亡国之曲，因为这样的曲子让人如痴如醉，忘家忘国。

"那，不行，我不唱。"首席歌手拒绝了，那时候，歌手有拒绝的权利。

卫献公干瞪眼，正要发火。乐队二号歌手叫作师曹的主动请缨了："主公，我唱。"

伴奏声起，师曹开始歌唱。

"彼何人斯？居河之麋。无拳无勇，职为乱阶。既微且尰，尔勇伊何？为犹将多，尔居徒几何？"这首歌，师曹连唱三遍，听得卫献公手舞足蹈，如坠云中。

再看孙蒯，已经遍体流汗。

孙蒯原本就在流汗，因为喝得浑身发热，不过，此时的汗都已经是冷汗。

为什么孙蒯会这样？这又是一首怎样的歌？为什么首席歌手不肯唱？为什么二号歌手要连唱三遍。

说起来，话并不长。

这首歌，见于《诗经·小雅·巧言》，整首诗就是在发泄不满，骂老天爷不公，骂国君昏庸，骂大夫图谋造反。最后一段，就是骂大夫图谋造反的。而师曹连唱三遍的，就是最后一段。卫献公没有听出奥妙来，傻乎乎地在那里陶醉。可是孙蒯就听着不对劲了，卫献公这时候给我唱这段，不是说我们父子要造反吗？

所以，孙蒯的脸色大变，他是怕的。

头号歌手为什么不肯唱这首歌，就因为他知道这首歌把所有人都骂了一遍，不知道得罪谁，不知道谁会产生联想，所以坚决不唱。

二号歌手不懂得这首歌的内容吗？他当然懂。懂还要唱？不错，就因为懂，所以要唱，而且专门唱最后一段。这不是要害卫献公吗？不错，就是要害卫献公。为什么要害卫献公？

说起来，话也不长。

原来，二号歌手是个琴师，卫献公前些天让他教自己的小妾弹琴，小妾不认真学习，二号歌手拿出师道尊严，打了小妾的屁股三下。可是，小妾的屁股别人怎么能动？所以，卫献公很生气，就打了二号歌手的屁股三百下。

三百下可不算少，打得二号歌手到现在还不能坐。所以，二号歌手怀恨在心，想了这么个办法来报复。

孙蒯第二天就赶到了戚，把事情对父亲做了汇报。

"这么说来，他对我们是很不满意了，随时准备下手对付我们。既然如此，不如我们先下手为强。"孙林父觉得事态严重，必须立即动手了。

第二天，孙林父率领家兵，杀入卫国都城楚丘。当时卫国军队都随盟军讨伐秦国去了，而卫献公平时不得人心，因此大家都是看热闹，没人愿意帮他。

进了城，迎面遇上了大夫蘧伯玉，孙林父对他说："小蘧，国君无道，国家因此而危险，你说应该怎么办？"

"我觉得国君就算无道，也不要轻易推翻他啊，谁知道下一个是不是就比他强呢？"蘧伯玉回答。

"啐，没见识。"孙林父很失望，原本以为蘧伯玉能支持自己。

蘧伯玉是谁？卫国公族，大夫，蘧姓和璩姓以及部分曲姓和瞿姓的祖先。后文会有他的故事，这里并不多说。

孙林父没管蘧伯玉，蘧伯玉也很识趣，赶紧逃到了国外。

再往前走，卫献公派来子乔、子皮和子伯寻求和解，孙林父没客气，把这几位都给杀了。

噩耗传到宫中，卫献公没办法了，逃吧。于是，卫献公逃出城去。

逃出国都，卫献公又派子行来讲和，结果又送了命。孙林父还不罢休，派兵追赶卫献公。卫献公一路奔逃，逃到了齐国。在边境，卫献公设坛向祖宗报告这次逃亡的事情，并且说自己没有过错。

"得了吧。如果没有神灵，你还报告给谁听。如果有神灵，你说谎也骗不了他。你只知道打鸟，不管国事，这是第一条罪状；怠慢孙林父等老臣，这是第二条罪状；我虽然不是你亲娘，但也是太后，可是你对我就像对奴婢一样，这是第三条罪状。你呀，就说你逃亡的事情就行了，别说什么自己没过错了，丢人不丢人哪！"谁把卫献公骂了一顿？还有谁？定姜。

定姜的话充满了辩证法，人家齐国女人真有学问。

卫献公被骂得一愣一愣的，也不好发作，毕竟现在到了人家娘家。

没办法，卫献公就按照定姜的话做了祷告。

为了一个小妾，卫献公背井离乡。从此之后，小妾也属于别人了。

孙林父和宁殖立了公孙剽为国君，就是卫殇公。

立了卫殇公之后，孙林父立即派人前往晋国打点，六卿家里都走了一趟，还留下专人等待荀偃和士匄回来。晋军回来当天，孙林父派来的人就携礼拜会了荀偃和士匄，两人本来跟孙林父的关系就不错，如今又有好处，于是双双答应在晋悼公面前为孙林父美言。

晋悼公洞察一切，但是他不能改变一切，他知道这是六卿拿人手短的结果，可是他也只能装不知道。

晋悼公知道，这个口子一开，对于晋国的威望将是一个严重的打击。但是，他也无能为力了。

因为，他病得很重。

当年十一月，由晋国召集了一次盟国关于卫国问题的理事会，士匄主持了会议，会议地点就在卫国的戚，孙林父做东。吃饱了，喝足了，歌舞表演也看过了，与会各国代表表示，完全支持卫国百姓的选择，支持卫殇公作为卫国唯一的君主统治卫国。

在士匄的建议下，与会各国举行了盟誓。

走的时候，与会各国代表大包小包，都装满了礼物。

306

晋悼公病入膏肓的消息很快传到了各国，有人担忧，有人窃喜。

最担忧的是鲁国，他们早已经把自己的命运交给了晋国；最高兴的是楚国、秦国和齐国，楚国和秦国不说了，一向阳奉阴违的齐国也看到了不用再装孙子的曙光。

"鲁国人仗着有晋国人撑腰，越来越不把我们放在眼里了，收拾他们。"齐灵公暗下决心，他找来崔杼商量："你说，咱们现在能不能干过晋国？"

"没问题，你看去年他们打秦国，那是打仗吗？荀偃和士匄除了贪污受贿，不会干别的。"崔杼提起晋国人来就有气，他生气是有道理的，"那一次士匄借了我们的旄，一直赖到现在还不还，什么人哪。"

齐灵公又把太子公子光找来，问他晋国的情况，公子光也说荀罃去世之后，晋国的官场越来越黑暗。现在还有晋悼公，大家不敢太过分，一旦晋悼公没了，恐怕大家就要放开了搞腐败了。

"那还怕他们什么？"齐灵公决定动手了。

秋天，齐国联合邾国南北夹击鲁国。鲁国立即向晋国求救，晋国方面的回答是：国君病危，请鲁国兄弟好自为之。

晋悼公十五年（前558年），晋悼公薨，终年二十九岁。

晋悼公的一生，是光荣的一生，是伟大的一生，也是不平凡的一生。

在他执政的十五年时间里，晋国的权力斗争受到遏制，没有一个人死于权力斗争。在对外斗争中，他采纳魏绛的办法，安定了北方；采用荀罃的办法，让楚国人无力争锋，让郑国人死心塌地投靠晋国。他对盟国以礼相待，实现了中原各国的和谐相处。

他提拔任用了大量的人才，同时为老百姓带来了财产性收入。

晋悼公的去世，是晋国百姓的巨大损失，也是当时热爱和平的天下百姓的巨大损失。

随着晋悼公的去世，当时世上再也没有这样一位具有伟大人格和广泛号召力的国君了。

晋国，权力斗争的激化将不可避免，全面腐败将无法阻挡。

天下将再次陷入混乱。

现在，来回顾一下晋国的历史。

从晋惠公十四年（前637年）晋文公登基，晋国开始走上称霸之路，到晋文公五年（前632年），用了五年时间，晋国在城濮之战击败楚国，开始称霸。先轸、先且居父子先后执政，狐偃、赵衰全力辅佐，这段历史是晋国政治最清明的时期。晋襄公七年（前621年），赵盾执政，拉开了晋国权力斗争的序幕。从称霸到开始权力斗争，共用了十一年时间。

此后，尽管权力斗争不断，但是赵盾、郤缺、荀林父和士会都还算尽心尽力，廉洁奉公。晋景公十年（前590年）郤克执政，政治开始腐败，不过还算有所节制。此后，三郤腐败更加严重，但是执政的栾书、韩厥和荀罃都很自制，再加上晋悼公的强势，腐败被最大限度地压制。后来荀偃执政，全面腐败已经不可避免。晋悼公去世（前558年）后，晋国官员开始全面腐败。

晋国从走上正轨到称霸，用时五年；从称霸到开始权力斗争，用时十一年；从权力斗争到开始腐败，用时三十一年；从开始腐败到全面腐败，用时三十二年。

也就是说，从晋文公登基开始，晋国用了七十九年完成了全面的腐败进程。

七十九年，很长吗？很短吗？

从团结走向斗争，从清明走向腐败，从强盛走向衰落，是偶然，还是必然？

晋国的霸业到此结束，尽管它依然是最强大的国家。

第二年春天，晋悼公下葬。看起来，诸侯下葬的时间在缩短。

晋悼公的太子姬彪继位，为晋平公，从年纪看，也就是十四岁左右。

继位之后，晋平公立即登船，顺黄河而下，抵达温，在这里，会见各盟国诸侯并接受他们的祝贺。

各大小国家都是国君亲自前来，齐国依然秉持阳奉阴违的外交原则，派了上卿高厚前来。一向是楚国跟班的许国国君许灵公不请自到，也来参加会议。

根据大家在会前的交流情况，大会临时设了三个议题。

第一个议题，鲁国控告邾国和莒国暗中勾结齐国和楚国，骚扰鲁国。荀偃等人都是收了鲁国的好处的，因此，立即将邾宣公和莒犁比公逮捕拘留。

第二个议题，鲁国控告齐国侵犯鲁国。对这个问题，齐国代表高厚表达了不同意见，他表示，齐国其实并没有侵犯鲁国，而是越境捉拿本国罪犯。事实上，齐国并没有占领任何一块鲁国土地。对此，鲁国人也承认齐国人并没有占领该国土地。

"好，这件事情再议，啊，老高，你有什么意见？"荀偃对高厚使个眼色，荀偃的意思是我现在给你面子，会后你要表示一下。

高厚笑笑，说："好吧，咱们会后交流。"

荀偃也笑了，这下要发财了。他为什么在这个问题上不帮鲁国？荀偃的算盘是这样的，鲁国给的那点儿东西，也就够第一个议题的。第二个议题，要从齐国人身上发财。

第三个议题，许国要求搬迁到晋国。

国家可以搬迁吗？

春秋时期，国家是可以搬迁的。那时候地多人少，人是最大的财富，地反而不如人值钱，不像现在人满为患。

说起来，许国已经搬过一次家了，那是在楚共王十五年（前576年），许国被郑国欺负得够呛，于是向楚国请求搬家，结果在子重的帮助下，许国从现在的河南许昌一带南迁到现在的河南叶县一带。当然，叶县本来是楚国的地盘，但是人烟稀少，可以顺便给许国人去开荒。紧接着，郑国顺势把许国原来的地盘占领了。

按照许国人的想法，我惹不起总躲得起吧，原来的地盘都给你了，你不会再欺负我了吧？谁知道郑国在晋国和楚国之间总受欺负，就看准了可以在许国身上出气，所以，许国南迁之后，郑国人还是动不动来抢人、抢东西。

从前，许国受了欺负就去楚国人那里告状，有一次，楚国人扣押了郑国的大夫，结果呢，郑国人一生气，投靠晋国去了。楚国人一算账，为了小小许国就失去了郑国，太不合算，所以以后也就不管这两个国家之间的事情了。

许国眼看着楚国也不能保护自己，这才想出这么个招儿来。他们的意图是：干脆，我搬到晋国去，投入晋国的温暖怀抱。

郑国人不地道，总是欺负人家许国；楚国人不地道，不对自己的仆从国提供有效帮助；许国人也不地道，有奶便是娘，人家楚国都给你地了，你还想叛逃。

说来说去，究竟谁不地道？

各国之间，只有永远的利益，没有永远的朋友，所以，无所谓地道不地道，弱小就要受欺负，这才是永恒不变的真理。

在当时，小国永远是大国之间利益争夺或者交换的筹码。

那么，晋国愿不愿意接收呢？

其实，晋国早已经玩过这样的模式。

在晋惠公时期，一个叫作驹支的戎原本生活在瓜州（今甘肃敦煌），结果被秦国给灭了，驹支百姓落荒而逃，整个部族逃到了晋国，请求给一块地维持生活。

"那好，南面那块地反正是荒郊野岭，给你们了。"晋惠公发了慈悲，反正那块地没人，给他们去开荒种地也不错。

于是，驹支就在晋国西南部的荒郊野外住了下来，晋国也不管他们，但是，这块地还是晋国的地，驹支相当于搞了个自治区，一直到现在，过得也不错。

此外，上次拿下彭城，把鱼石几族人弄到了晋国，晋国人也认为是占了大便宜。

所以，听说许国要搬迁到晋国，晋国人非常高兴。

"来吧，我们热烈欢迎，几块地盘你们可以挑，靠边境也行，包在晋国里面也行，保证你们整个国家的安全不再受到侵扰。"晋平公当时就表态了，想一想，自己刚上任，就办了这么一件大事，晋国增添了人口，许国百姓安全了，诸侯更依赖晋国了，这简直是奇功一件啊。

"那，多谢盟主。"许灵公也高兴。

"那什么，现在就讨论搬迁计划，各盟国，大家都出点儿力，帮助许国搬家。"晋平公的效率很高，于是大家开始商讨怎样帮许国搬家，你出多少人，我出多少车，等等。

当天，皆大欢喜。

正式的议题结束了,按照惯例,东道主还要搞个联欢,组织大家看看歌舞、打打猎之类的,因此还要住几天。

就是这几天,出问题了。

许灵公很高兴,对身边的人说:"早知道的话,早投靠晋国人了,看人家多爽,不愧是盟主。"

话没说完,荀偃和士匄来了。

叙礼完毕,宾主落座。

寒暄完毕,话入正题。

"那什么,这里也没有外人。直说吧,你也看见了,你们提出搬家,我们就全力帮助,别以为事情就这么简单,你不知道我们哥儿俩在我们主公面前为你们说了多少好话。"士匄先表功。

"两位元帅,多谢多谢,大国风度啊。晋国能够称霸,全靠你们这些元帅兢兢业业,无私地工作啊。"许灵公没有听出话里有话,真心奉承了几句。

按照程序,先表功,对方主动提出要表示表示,那最好;如果对方没听明白或者装傻充愣,那就继续。

"你看,我们为你们做了这么多事,还有那么多兄弟也都默默为你们工作,表示表示吧?今后你们搬到了晋国,咱们还要多亲近亲近呢。"荀偃把话就挑明了。

许灵公一愣,敢情这两位是来索要贿赂的。

"那、那什么,当然,应该的,应该的。"许灵公够机灵,当时应承。

"那,现在?还是,明天?"

"我收拾收拾,明天吧。"许灵公推到了明天。

"嘿嘿,好。"哥儿俩满意地出来了。

离开了许灵公的住处,哥儿俩没回去,还要去另一个地方找人继续敲诈。

找谁？高厚。

尽管在会上逃过一劫，高厚还是心有余悸。怎么办？高厚打的主意就是潜逃回国，于是派人悄悄溜出去探路。

有人敲门，应该是探路的回来了。高厚急忙开门，一开门吓他一跳，原来，来人是荀偃和士匄。

"哎哟，两位元帅大驾光临，有何指教？"高厚心里发虚，把两人让进了屋子。

高厚知道这两位是黄鼠狼给鸡拜年，没安好心，这么晚上门来，肯定是来索贿的。怎么办？满足他们吧，不甘心，何况齐国现在也不怕他们，迟早要闹翻，给了他们太亏；不满足他们吧，恐怕会有麻烦。

转眼间，寒暄完毕，三人坐下，就要说正题。

"老高，气色不错啊。跟你透个底吧，这次开会之前，我家主公已经决定了要讨伐齐国，多亏了我们哥儿俩为你们据理力争，你们才逃过一劫啊。你看，我们够不够意思？"又是士匄先开口，意思就是我们够意思了，下面该你意思意思了。

看着士匄说话，很道貌岸然的样子，高厚觉得有点儿可笑。

"士元帅，来之前，崔杼让我帮他问一件事情，您借他的旄还用不用？"高厚一句话出来，士匄闹了个大红脸。

什么叫话不投机？

荀偃和士匄敷衍了几句，走了。

第一四六章　腐败大会

第一四七章

晋齐暗斗

第二天，按照行程应该是去打猎。

可是，集合的时候大家发现许灵公没有来，只派了一个大夫来。

"怎么回事？你家主公怎么不来？"荀偃问，他觉得有点儿不对劲。

"回元帅，昨晚我国来人报告，说是国内的大夫们强烈反对迁移到晋国，正在谋划叛乱，我家主公连夜赶回去了。因为时间太晚，大家都睡了，所以没敢打扰大家。"

荀偃一听，立即明白了，许灵公是被他和士匄给吓跑了。

想想也是，还没迁移呢，你们就这么明目张胆索贿，那要是到了你的地盘上，那不被你抽血吸脂？

"太无礼了，不打个招呼就跑了，派人抓回来。"栾黡发火了，要去抓人。

最恨许灵公的是荀偃和士匄，可是最怕把许灵公抓回来的也是他们。

"算了算了，谁没有三急呢，人家有事，走就走了吧。"荀偃装起大度来，大家一看，这不是他的风格啊，再一想，人人都明白了。

"那，搬家的事情怎么办呢？"晋平公问，只有他不知道怎么回事。

"那先算了，等他们定了再说吧，反正咱不急。"荀偃说。

晋平公有点儿郁闷。

307

夜宴。

国君们正襟危坐，有说有笑，有吃有喝。大夫们原本也陪着吃喝，按照晋平公的意思，大家白天累了，表演一下歌舞也就行了。可是荀偃的想法不一样，他还有一件事情要做。

"我建议，各国的大夫轮流表演舞蹈，啊，歌舞歌舞，边唱边跳舞。"荀偃开始出幺蛾子，大家不知道他打的什么算盘。

高厚感到事情有点儿不妙了，为什么这样说？本来自己是代表齐国的，尽管不是国君，但是跟国君们坐在一块儿，享受国君待遇，感觉很爽。如今各国大夫上台表演，自己也上去，不是立马降一级？而且，自己是大国上卿，跟小国的大夫们同台表演，那简直不是降一级，那是降了两级。

不用说，荀偃是在用这个办法羞辱高厚。

晋平公同意了，他只是觉得这样热闹，没有考虑到高厚的情况。

谁反对？谁敢反对？

第一个登场的，是晋国下卿魏绛，荀偃自己当然不会上去表演。

魏绛的表演不错，大家叫好。

之后，各国大夫轮流上场，有表演得好的，也有表演得一塌糊涂的，反正大家当乐子，都没有在意。

最后登场的是高厚。

高厚这叫一个别扭，明知道这是荀偃在羞辱自己，自己还不能推掉，看着大家嘻嘻哈哈地指着自己，那叫一个窝火。

怀着这样的心情，高厚开始歌唱并跳舞。歌声有点儿凄凉，还有点儿走调，没法不走调，大家开始狂笑起来。越是这样，高厚就越是走调，歌唱走调了，脚底下自然也就踏不准节奏，看上去十分别扭。

"别唱了。"荀偃一声断喝，把大家都吓了一跳。"这唱的什么？这什么步法？在这么多国君面前，你敷衍了事，太无礼了。"

当着众人的面，荀偃训斥高厚。

想想看，荀偃是晋国上卿，可是人家高厚那也是齐国上卿啊。如此训斥，几乎就等于晋国向齐国宣战了。

高厚的脸上青一阵白一阵，憋了半天，终于说出一句话来："不好意思，打猎的时候扭了腰，所以舞步有些乱。"

满场的气氛都很紧张，刚才还是欢声笑语，如今个个心惊胆战。晋平公一看，这本来是大家高兴的事情，弄成这样实在不好。所以，晋平公打个圆场："算了，高上卿累了，坐下来喝酒吧。"

"主公，高厚藐视盟会，我建议，让各国大夫与他盟誓，让他发誓永不背叛晋国，否则全家死光光。"荀偃不肯这样轻易放过高厚。

晋平公点点头，荀偃的面子他是要给的。

"那、那我先去方便一下。"高厚没有反对，但是要求先撒泡尿。

这边，准备了公鸡和盘子，大家等待高厚回来盟誓。

左等不回来，右等不回来。

"难道高厚也掉粪坑里淹死了？"荀偃派人去找，找了半天，派去的人回来了。

"报告元帅，没找到高厚，齐国代表团一个人也没找到，连他们的车马也不见了。"来人报告。

得，跑了。

一次聚会，跑了两个国家的代表。

而这仅仅是个开始。

温地的盟军大会让荀偃和士匄很不爽，跑了两个国家的事情也让晋平公很不高兴，而坊间在流传两人索贿的消息。

"屁大的许国，说来就来，说跑就跑，把我们盟会当什么？菜市场啊？"盟会结束之后没几天，荀偃和士匄召开六卿会议，讨论这个问题。

大家都知道是怎么回事，反正不便得罪这两个人，也就顺着他们的话骂了一通许国。

"不行，我们要教训他们。从前，他们仗着楚国人的势力不搭理我们，现在，楚国人不行了，我们要让他们知道谁才是世界的老大。"荀偃决定出兵，其实，开会之前他就已经决定了。

在如何讨伐许国的问题上，大家进一步讨论。

按照魏绛的建议，就不要动用盟军部队了，一来，打这样的小国犯不着兴师动众；二来，频繁调动盟国部队，大家也不胜其烦，该给盟国喘息的机会。

这个建议得到所有人的赞同，但是，士匄有点儿小小的不同意见。

"我赞成不要动用大多数盟国的力量，但是……"士匄说到这里，扫视众人一眼，大家不知道他葫芦里卖的什么药。"上次盟会跑了两个国家，我们如果只讨伐许国，人家会说我们欺软怕硬，这样，别的国家咱们不召集了，就召集齐国人，折腾他们。"

哄堂大笑。

士匄这人聪明，从小就聪明。

春天才结束了盟会，夏季六月，晋国就出兵讨伐许国了。要说起来，公报私仇的效率比为公家干活儿要高很多。

讨伐许国，晋国出动的是下军，不知道是不是荀偃借这个机会折腾栾黡和魏绛。不过，荀偃这次亲自领军。

郑国人听说要打许国，大家的眼睛都散发出光芒，坚决要求上前线。

第一四七章　晋齐暗斗

于是，郑简公和子乔主动领军加入晋军。

鲁国人早就听说了晋军要打许国，但是没接到出兵的通知。怎么办？鲁襄公和叔孙豹一商量，还是要出兵，为什么呢？按照惯例，晋国人是应该派人来召集出兵的，这次会不会是使者在路上犯了脑膜炎或者被劫匪给害死了呢？所以，鲁国出兵了。

说是不召集盟国军队，但实际上还是成了盟国军队。

齐国出兵没有？

齐国人对于出不出兵的问题进行了讨论，与会人员是齐灵公、高厚、崔杼、庆封。

大家首先达成一项共识，那就是这是晋国人在挖坑，如果齐国不出兵，就掉进晋国人的坑里了，晋国人就有证据说齐国背叛大家，就有借口讨伐齐国了。所以，不能上晋国人的当，应该出兵。

接下来，就没有什么共识了。高厚打死不去，因为他知道去了就要死；崔杼更不敢去，虽然他是债主，但他现在很怕看见借债的士匄，庛他是不敢要了；庆封就没带过兵，更不敢去。

看见大家推三阻四，齐灵公一拍桌子："算了算了，你们都不去，我去行了吧？我倒要看看，荀偃敢对我怎么样。"

就这样，齐灵公亲自率领齐军参加盟军行动了。

为什么不派公子光去呢？他多次带兵并且跟晋国人关系很好，他去不是很合适？后面会讲。

四国军队在许国境内的函氏聚齐，荀偃没想到齐国军队会来，更没想到竟然是齐灵公亲自领军。想想看，晋国国君出动的行动，齐灵公都不赏脸，如今这样一个小行动，齐灵公竟然亲自来了。荀偃也有点儿傻眼，再加上士匄不在身边，胆气也差了很多。所以，荀偃对齐灵公恭恭敬敬，不敢再像对待高厚那么专横。

四国军队在许国抢了一通，栾黡觉得不过瘾，于是，晋国军队屁股歪一歪，打到楚国去了，恰好公子格率领楚军来救许国，两国军队半路上相遇。别说，栾黡的下军战斗力超强，大败楚军。之后，四国军队又在许国抢掠一番，各自回国。

308

齐灵公亲自走了一趟，感觉很好。

"谁说荀偃很专横啊？啊。他看见我就跟老鼠见了猫一样啊,哈哈哈哈。"齐灵公有些得意，他觉得晋国人不过如此，也就是虚张声势，连个许国也拿不下来。

"主公出马，自然不一样啊。"大家一起来拍马屁。

"看来，我们阳奉阴违的外交策略是成功的。"

"是啊是啊。"

"那，我们什么时候打鲁国？"

"收完粮食先试试，看看晋国人什么反应。"

齐国君臣商量妥当，准备向鲁国动刀。

就像郑国喜欢动不动拿许国练手一样，齐国也总是惦记着鲁国，其实也不是要把鲁国怎么样，就是想打一打。就算抢了地盘，说不定哪天一高兴，又还回去了。

齐、鲁两国，真是一对欢喜冤家。

秋收之后，齐国试探性地进攻鲁国，没有任何收获就撤兵了。

鲁国立即向晋国报告，请求盟主主持公道。

齐国就等着，要看看晋国怎样处置。

转眼第二年夏天了，晋国人没有任何反应。

"主公，听说曹国的事情没有？"高厚问。

"曹国什么事？"

"年初的时候，卫国的孙蒯到曹国的重丘打猎，结果把人家汲水的罐子给打烂了，曹国人骂他。这不，上个月，孙蒯和石买出兵，把人家重丘给占了。曹国人到晋国人那里告状，也是石沉大海，晋国人根本不管。"

"那你的意思是？"

"打鲁国啊，不打白不打，打了也白打。"

"哈哈哈哈。"

秋收之后，齐灵公亲自领军攻打鲁国北部，拿下桃地，活捉守将臧坚。

齐国和鲁国打仗，一般能不杀的都不杀，因为大家都沾亲带故。所以捉住了臧坚，齐灵公就派自己的心腹太监夙沙卫去开导他，劝他一定不要自杀，这一趟就当到齐国串个亲戚，回了趟姥姥家。事实上，臧坚的姥姥家真在齐国，不过他姥姥是鲁国人，后来嫁到齐国的。

"我家主公说了，千万别自杀。老臧，你为什么要自杀呢？你看我，一个太监，不也凑合活着吗？你怎么也比我活得滋润吧？"夙沙卫来开导臧坚。

臧坚是谁啊？臧家的人啊，有学问有地位的人。本来，臧坚也没想要自杀，被夙沙卫这一通劝，听上去全是在讽刺自己。再看夙沙卫，不男不女、不阴不阳一个太监，就这样一个人竟然来开导自己？

臧坚感受到了极大的侮辱，比被俘更让他难以忍受。

"替我谢谢你家主公吧，他不让我死，却又派你这么个太监来开导我，我还不如死了呢。"臧坚气哼哼地说。

夙沙卫一听，这不是不识好人心吗？当时，夙沙卫甩袖而去。

夙沙卫一走，臧坚找了一根木刺，正好肚子上有个伤口，顺着伤口扎了进去，当即身亡。

所以，自古以来，劝人也要讲究身份，劝人也要会劝。否则，越劝越糟糕。

如果说卫国人违反盟约还能忍受的话，齐国人几次三番阳奉阴违攻打鲁国的事情确实让晋国人无法忍受。

据驻郑国地下办事处的消息，郑国人又开始跟楚国人眉来眼去了。

再没有反应的话，盟会就名存实亡了。

荀偃和士匄坐不住了，他们决定要采取某种措施。

第二年，也就是晋平公三年（前555年），荀偃和士匄终于还是出手了。

两人先派人去卫国捉拿了石买和孙蒯，做做样子，显示盟主很公正。勒令卫国将重丘还给曹国，同时对石买和孙蒯进行了批评教育后释放。

重丘还给了曹国，但是，卫国从重丘抢走的大量财物没有归还。当然，曹国能够得回重丘已经谢天谢地，哪里还敢再要财物？

这件事情，荀偃和士匄发了两笔财，一笔是卫国人送的赎金，另一笔是曹国人送的酬金。

秋天的时候，齐灵公再次攻打鲁国。他不知道的是，晋国人已经准备好了来讨伐齐国。

晋国人借着这件事情召集盟国军队，十月，鲁、宋、郑、卫、曹等国全部出兵，跟从晋军三军，在晋平公的亲自率领下从鲁国渡过济水，攻击齐国本土。

齐灵公也不示弱，率领齐军进抵平阴，挖壕沟防御。

从战争的角度来说，晋军的战术思想已经非常先进。晋军在所有能达到的山泽都插上了晋军旗帜，同时布置战车拖上树枝来回驰骋，造成大量尘烟，让齐国人以为晋军人数数不胜数。

盟军开始进攻，齐军在城门外列阵，两军交战，齐军大败，退守平阴城。

士匄看见齐国大夫子家在城上，对他大喊："哎，伙计，咱们是老朋友了，告诉你个消息，只告诉你，别跟别人说。"

城上的齐国士兵一听，什么消息？还不跟别人说，所有人都竖起耳朵来听。

"鲁国人和莒国人都要求各出一千乘战车来夹击你们,我们已经同意了。等他们来的时候,齐国估计就完蛋了。我就告诉你一个人啊,你赶紧找后路吧。"士匄又喊,所有人都听在耳朵里。

齐军人心惶惶,这个消息很快传到了齐灵公的耳朵里,登城一看,看见晋军阵地后面尘土大作,好像千军万马来到。

"我的娘啊。"齐灵公的脸色变得煞白。

看来,晋国人不是想象中那么好对付的。

当晚,齐军弃城而逃。

第二天,盟军顺利占领了平阴空城。之后,荀偃命令下军追击齐国人。

从平阴向临淄撤军,中间有一段山路,因此齐军的撤军并不顺利,齐灵公命令夙沙卫断后。可是,齐灵公手下还有两个勇士,名叫殖绰和郭最。这二人在齐国是有名的勇士,如今看见齐灵公让一个太监断后,感觉自尊心受到了伤害。

"老沙,你前面走,我们断后。"两人主动要求断后,夙沙卫正心慌呢,一看这两人主动来接班,乐呵呵地到前面赶路去了。

殖绰和郭最一起坐一乘车,故意在后面晃晃悠悠,准备把这段断后经历变成今后吹牛的资本。可是,他们显然忘了对手是谁。

栾黡的手下有两员大将,他们是州绰和邢蒯,这也是晋国的两名勇士。

下军追击齐军,州绰的战车冲在了最前面。赶过一程,就看见前面一乘齐国战车晃晃悠悠慢慢走着,不知道的以为是掉队的齐军,实际上是殖绰和郭最哥儿俩在这里故意卖弄。

现在,殖绰遇上了州绰,齐国勇士遇上了晋国勇士。

勇士的最大特点就是决不逃跑。

所以,当齐国勇士看见了晋国勇士,他们掉转了车头,他们等的就是晋国人。

殖绰抽出了箭，州绰也抽出了箭。殖绰的箭出手，射在了州绰的战车的横木上，箭尾嘤嘤作响，等他抽第二支箭的时候，他发现自己已经没有射箭的可能了，因为另外一个肩膀上已经插上了一支箭。随后，他把手中的箭扔在了地上，因为这个肩膀上也插上了一支箭,他再也拿不稳手中的箭。

说时迟，那时快，两乘战车到了近前。

"伙计，要么投降，要么我一箭射死你。"州绰用箭瞄准殖绰。

"别别别，我家里有八十岁老娘，我投降行吗？不过，你要发誓不能杀我。"齐国勇士就这两下子，认栽了。

"我对天发誓。"晋国勇士发誓。

"那，伙计，你呢？"殖绰问郭最。

"我……你投降了，我不能丢下你不管啊，我也投降吧。"另一名齐国勇士也认栽了。

于是，州绰下车，用绳子把殖绰绑了起来。州绰的车右具丙也把郭最绑了起来。

第一四八章

齐灵公疯了

盟军一路向东挺进,直抵齐国都城临淄,随后分兵攻城。

到了这里,其实晋国已经有机会灭掉齐国。问题是,灭掉齐国对于大家并没有实际的好处。与其灭掉齐国,不如大家在这里搞些实惠。

所以,晋军的攻城成了一个搞笑的节目。

士鞅攻打雍门,看见一条狗悠闲地坐在那里。

"齐国的狗也这么无礼,看见我们来了竟然装聋作哑。去,宰了这条狗。"士鞅下令,御者下车,提着长戟杀狗去了,大家坐在车上看热闹。

齐国的狗比齐国的勇士有骨气得多,与晋国人进行了殊死搏斗,最终宁死不屈,壮烈牺牲。于是,士鞅收兵,战绩为:杀死齐国恶狗一条。

士弱率领盟军烧了申池竹林,也给自己记成功劳一件。州绰攻打东城的东闾,因为拥挤不堪,左边的马在原地转圈不肯前进,于是州绰跳下车来,利用这段时间把城门上的钉子数了一遍。

晋军在那里自欺欺人,盟军当然也有样学样,忙着抢东西。孟献子的儿子孟庄子看见一棵栒子木不错,让部下砍了下来,后来回去做了一把琴送给了鲁襄公。

基本上，临淄城郊抢得差不多了，盟国军队又向东、南两个方向进军，抢够了，到第二年的春天才收兵回朝。

309

盟国军队再次进入鲁国，从鲁国分头回国。这一趟大家的心情都不错，因为大家都是满载而归。

在鲁国，荀偃逮捕了邾悼公，因为邾国多次勾结齐国进攻鲁国。然后重新划定了鲁国疆界，把邾国的漷一带的土地划给了鲁国。

"还是得跟对人啊。"鲁襄公兴奋得像猴子见到香蕉一般，这一次鲁国算是发了大财了。

晋平公先行回国，六卿以整顿军队为由逗留在鲁国。其实，大家是惦记着再弄点儿实惠。

鲁襄公很有眼力见儿，他知道几位留下来的意思，要赶紧打发，否则他们不知道要留多久。晋国大军留在这里，不说别的，每天要吃掉多少粮食啊。

鲁襄公以最快的速度准备好了礼品，六卿每人赠送三命礼服一套，其余司马、军尉等中级军官，每人一命礼服一套。卿大夫的礼服分为一命、二命、三命，三命为最高等级，而鲁国的礼服是全天下面料和做工最好的。

除此之外，另外赠送荀偃锦缎十匹，玉璧两对，豪华车一乘，骏马四匹，还有当年吴王寿梦赠送给吴国的铜鼎一座。

这样，荀偃赚得盆满钵满，哼着小调，率领晋国三军回国了。

俗话说：有命挣，没命花。

荀偃这一趟收获颇丰，可是命中注定他无法享用了。

晋国大军回国的路上，荀偃身上毒气发作，长了一头的恶疮。过了黄河之后，还没能回到新绛，荀偃就已经卒了。不仅卒了，还卒得很没有面子，满头流脓，两只眼睛凸出来，面部浮肿，嘴张不开，以致费了很大功夫才撬开他的嘴，把玉放了进去。

那时大夫下葬，要口中含玉。如果现在有人盗墓说盗到了春秋时期卿大夫的墓，那一定可以找到玉，如果没有玉，那就说明这不是春秋的墓，或者，这墓早就被人盗过了。

荀偃就这么死了。

荀偃死后，士匄递补为中军帅，荀偃的儿子荀吴为卿。

晋国人高高兴兴地走了，鲁国人高高兴兴地走了，盟国军队都高高兴兴地走了。

可是，齐国百姓哭了。什么都被盟国军队抢走了，没抢走的要么被破坏了，要么被烧了，这简直就是一群野蛮人。

齐国百姓恨死了晋国人。

齐灵公欲哭无泪，他怎么也想不通晋国的一帮贪污腐败分子还有这么强大的战斗力。

走出临淄城，看到的就是残垣断壁，一片狼藉。

齐灵公病了，他很后悔招惹了晋国人。

"我真傻，我知道晋国人不好对付，偏招惹他们干什么？呜呜呜呜。"每天，齐灵公不停地说这样的话。

"哈哈哈哈，好一个阳奉阴违，哈哈哈哈。"有的时候，齐灵公又会仰天大笑。

齐灵公疯了。

到了夏天，齐灵公卧床不起，只会喃喃地说"阳奉阴违，阳奉阴违"。

齐国战败，有一个人很高兴，谁？太子公子光。

齐灵公的夫人是鲁国人颜懿姬，可是她没有生孩子，于是就把陪嫁的声姬的儿子要过来养，就是公子光。

齐灵公的妾中还有仲子和戎子，是从宋国娶过来的。齐灵公非常宠爱戎子，恰好仲子生了儿子，叫作公子牙，就托付给戎子去养。戎子仗着自己受宠，枕边风一吹，请求齐灵公立公子牙为太子，废了公子光，齐灵公真就答应了。

仲子听说之后，连忙去劝齐灵公，说是废嫡立庶不吉利，何况公子光已经带兵出去这么多趟，诸侯都已经认可了他的地位，如果废了他，今后恐怕是国家动乱的根源。

"这个国家，我说了算。"齐灵公是个轴脾气，本来还有点儿犹豫，你越这么说他，他越来劲。

于是，三年前，齐灵公把公子光赶到海边钓鱼去了，立了公子牙为太子。让高厚做太傅，夙沙卫做少傅，辅佐公子牙。

为什么那次讨伐许国没让公子光去呢，因为那时候他已经钓鱼去了。

公子光跟谁关系好？崔杼。

齐灵公得了精神病之后，崔杼就看到了机会。他悄悄地把公子光从海边接回了临淄，等到五月中旬齐灵公病危的时候，崔杼动手了。

崔杼去了一趟后宫，名义上是看望齐灵公，实际上就望了一眼，然后就出了宫，来到朝堂，召来卿大夫们宣布："主公刚才回光返照的时候说了，公子牙能力有限，让公子光做回太子，继承君位。"

大家都知道，崔杼是齐灵公最器重、最信任的人，他说的话应该没错。再说了，就算崔杼在胡说，这是人家齐灵公的家事，干我们什么事？

之后，公子光坐到了国君的位置上。

夙沙卫一看形势不妙，赶紧找到公子牙，带他跑了。

公子光可不是善茬，立即进宫捉拿公子牙，没找到公子牙，就把戎子抓来砍了,然后暴尸朝廷。对于公子光的行为,大家都很不满意,为什么?因为春秋时期,"妇人无刑",没有针对妇女的刑罚,也就是说,在法律上,妇女不受刑罚。譬如,当初三郤被杀,郤犨的老婆就可以带着儿子回娘家。从这个角度说,春秋时期的妇女权益还是不错的。

即便一定要对妇女用刑,也不应该在公众场合。

公子光不管这些,杀了戎子,紧接着追杀公子牙。后来终于将公子牙也杀掉了,而夙沙卫逃到了高唐(今山东高唐)据城自守。

两天之后,精神病齐灵公说了最后一句"阳奉阴违"之后,咽下了最后一口气。公子光正式即位,就是齐庄公(史书为与吕购相区分,亦称齐后庄公)。崔杼立下头功,担任执政。

崔杼是个下手很果断的人,他看到了独揽大权的机会。

"杀了高厚,当初废你就是他的主意,所以他做了公子牙的太傅。据说,他对主公很不满。"崔杼建议。

于是,齐庄公杀了高厚,把高家的财产全部给了崔杼。不过,高家的封邑保留,由高厚的儿子高止继承。

杀了高厚,齐庄公命令庆封讨伐盘踞在高唐的夙沙卫。

庆封根本不会打仗,连续攻城一个月还拿不下来。

"真是没用。"齐庄公有点儿恼火,于是御驾亲征。

齐庄公到了高唐城下,夙沙卫恰好在上面巡城。

"哎,老夙,好久不见,怪想你的啊。"齐庄公在城下跟夙沙卫打招呼。

"哎哟,公子,什么风把你吹来了?"夙沙卫也打个招呼。

"怎么样?我明天要攻城了,你们准备好没有?"

"嘻,准备什么,我们没准备。"

知道的这是两个要打仗的人,不知道的以为是串亲戚呢。

客气归客气,客气完了,该怎样还要怎样。

夙沙卫知道齐庄公是个会打仗的人，不能再像对付庆封那样，下城之后，立即命令分发食物，准备明天守城。对于守城，夙沙卫是有信心的。不过他忘了，齐庄公是经常跟晋国人混的。

齐庄公并没有布置攻城，庆封感到有些奇怪。

"主公，要不要准备明天攻城？"庆封问。

"不用了，你睡觉去吧，看看我怎么解决问题。"齐庄公瞥了庆封一眼，把他赶走了。

下半夜，天上只有一个小小的月牙。

高唐城头的守军都已经昏昏入睡，城下两个身影迅速靠近，然后在最矮的一处抛上绳子，爬上了城头。这两个人挥挥手，又有十多个人影靠近了城下，一个个爬上了城头。

随后，十多个人影消失在了城头。

第二天天亮的时候，城门大开。齐庄公率领齐军大摇大摆进城，没有人抵抗，因为大家都看见夙沙卫的尸体就挂在城头上。

就这么轻松，齐庄公攻下了高唐。

齐庄公的办法很简单，他派了殖绰和工偻会爬上城头，然后带领十多个兄弟潜入夙沙卫的住处，杀死了夙沙卫，就这么简单。

殖绰不是被晋国人活捉了吗？是的，不过他越狱成功，和郭最双双逃了回来。

解决了国内的问题，齐庄公立即派人前往晋国，贿赂士匄之后，与晋国和解，双方再次结盟。

"阳奉阴违没有错，可是阳奉很重要啊。"齐庄公说，他觉得在跟晋国人打交道这个方面，自己比较有心得。"我感觉，晋国快出事了。"

晋国真的快出事了吗？

第一四八章 齐灵公疯了

310

这里，先要补充交代一下晋国几大家族的姓氏问题。

早在荀林父为中军帅的时期，他弟弟荀首为下军帅。出兵的时候，中军和下军都有"荀"字大旗，因此出现混淆。所以，两人同时更改了大旗，荀林父此前做过中行主帅，因此大旗改为"中行"；荀首封地在智，因此改为"智"字大旗。其后人也就分别以中行和智为姓。

所以，荀偃又称为中行偃，荀吴又称为中行吴。从这里开始，荀吴就改称中行吴。

荀首又称为智首，荀䓨又称为智䓨，荀盈又称为智盈，现在开始，荀盈就改称智盈。智，有的版本又作"知"。

由于士会封邑先后在随、范，后世又称随会、范会，其后人改姓范。士燮又叫范燮，士匄又叫范匄，士鞅又叫范鞅。从这里开始，改用范匄和范鞅。

栾黡卒了。

魏绛递补下军帅，栾黡的儿子栾盈为下军佐。

魏绛也卒了。

栾盈递补下军帅，魏绛的儿子魏嬴早死，魏绛的孙子魏舒接掌魏家。因为荀䓨的孙子智盈还没有长大，魏舒得以出任下军佐。

最新的晋国内阁如下：中军帅范匄，中军佐赵武，上军帅韩起，上军佐中行吴，下军帅栾盈，下军佐魏舒。

栾盈的性格不像他的父亲那么专横跋扈，也不像他的爷爷栾书那么低调隐忍，他的性格更像他的叔叔栾针，有侠气还有智谋。

早在父亲在世的时候，栾盈就劝告过父亲，要父亲改改脾气，不要得罪太多人。可是，栾魇的性格，会听儿子的话吗？

栾盈见劝不住父亲，他很害怕。爷爷在的时候，故吏门生不少，栾家算是平安无事。可是，父亲得罪了太多人，把爷爷留下的政治资本消耗殆尽。他想起了赵家，赵衰为赵盾留下了政治资本，可是赵盾得罪了太多人，于是到了赵朔这代惨遭灭门。

"难道我这一辈也要遭受赵家同样的命运？"栾盈常常这样问自己，然后告诉自己，"不行，我要先做准备。"

他分析了一下形势，如今的晋国，权势都在各大家族手中。范匄虽然是自己的姥爷，但是跟栾家的关系一向不好，特别是栾针死的那一次，两家的关系闹得非常僵，舅舅范鞅更是恨死了栾家，对自己也是一向没有好脸色；赵家对栾家一直心怀仇恨，因为当初灭赵家，栾书在其中推波助澜；韩家和赵家一向互为支持，与栾家则一直没有往来；中行吴是荀偃的儿子，因为在秦国时发生的事情，荀偃暗中仇视栾家，中行吴自然也是如此；智盈岁数还小，一切都听中行吴的，对栾家也说不上好。栾魇当年唯一的朋友就是魏绛，魏绛还死了，而栾盈对魏绛非常尊重，跟魏舒是朋友，可是魏舒实力有限。

遍地都是敌人，朋友只有一个。

分析清楚之后，栾盈出了一身冷汗。

如果这个时候有人喊一声"灭了栾家"，恐怕万人响应，就像当初灭赵家、灭三郤一样。

"事到如今，唯有自己救自己了。"栾盈看清了形势，暗自为自己设计策略。

栾盈性格豪爽，原本就喜欢结交各类朋友。如今，他更加刻意地乐善好施，礼贤下士，聚拢人才。同时，争取搞好和各大家族的关系。

栾盈的朋友很多，来自各大家族的都有，还有更多来自士的阶层。他慷慨，他豪爽，讲义气，还很机智，很懂得尊重人。所以，他的朋友很多，死党很多。同时,他的名声极好,渐渐地为栾家挽回了在普通民众中的形象。

可是，栾盈发现，与各大家族之间的关系始终没有进展，他觉得自己已经很谦恭了，自己已经很主动了，为什么大家对他依然保持距离，依然皮笑肉不笑，依然警惕和仇视？他想起赵朔，尽管他没有见过赵朔，可是爷爷常常跟他说起，爷爷其实很喜欢赵朔，说赵朔是一个好人，也是一个聪明人，大家其实都很喜欢赵朔。可是，赵家的存在妨碍了大家的利益，赵盾的阴影笼罩着大家，因此，大家还是毫不犹豫地灭了赵家。

于是，栾盈明白了，大家并不是仇恨自己，而是仇恨栾家。大家并不是忌讳自己，而是忌讳栾家。大家并不是跟自己过不去，而是大家的利益纠结在一起，他们已经形成了一个圈子，容不得栾家踏足。

栾盈知道，现在摆在自己面前的是两条路：第一条，学习当年的士燮求死，早死或者主动称病退休，离开大家的视线，寄望于大家淡忘栾家，放过栾家；第二条路，扩充自己的力量，让大家不敢对栾家轻举妄动。两相权衡，栾盈认为第二种方法更主动，更能掌握自己的命运。

在当时的晋国，没有人比栾盈更有才能，可是，他不得不把自己的才能用在保护自己身上。

栾家的势力在上升，果然一时没有人敢动栾家。

栾盈的精力都用在结交朋友之上，家里的事情则很少管。可是他万万没有想到的是，家里出事了。

第一四九章

姥爷不疼，舅舅不爱

政治联姻自古以来就有，但是在很多国家存在操作上的困难。譬如，鲁国和郑国，所有的卿都是公族，他们之间无法通婚，因此也就无所谓政治联姻。

最适合政治联姻的是晋国，晋国的卿们有姬姓、赵姓和士姓，因此他们之间可以联姻。赵姓就多次与公室联姻，栾家也曾和士家联姻。而栾、荀、魏、韩同为姬姓，不能通婚。

当初，栾、士两家联姻都是看中了对方的家族势力以及对方的低调风格，以为这样两个家族可以互相支持，长久地繁荣下去。而栾书知道自己的儿子脾气暴躁，因此更希望借助亲家的力量来抵消儿子坏脾气的影响。可是他万万没有想到的是，恰恰自己儿子得罪最深的就是亲家，原本应该最亲近的两家，反而成了最仇恨的两家。

"再怎么说，我孙子也是他外孙，是我们两家的骨肉，他们一定不会错待他吧。"栾书生前这样想。

可是，事情全都在他的意料之外。

311

当初栾针死后,栾黡跟老丈人家闹翻了。回到家里,老婆栾祁很不高兴。栾祁脾气非常暴躁。

原本呢,范匄把栾祁嫁给栾黡的时候,就是指望着栾家家风平和,女婿性格温和,能让着自己的女儿一点儿。可是谁知道,成亲之后才发现这两口子一个德行,平时谁也不让谁,两句话不对付就翻脸。栾书在的时候,好歹两人还不敢太放肆。栾书去世之后,这两位就放开了,整天不是吵架就是打架,栾黡是个战将,身手不用说了,栾祁是个不要命的,动起手来要死要活,也不是善类,所以栾黡也有点儿怵她。

本来两个人的关系就紧张,这回栾祁听说栾黡把自己的弟弟给赶到秦国去了,当时就不干了。栾黡死了弟弟,也正在气头上。于是,两口子从第二句话开始就干上了,这一回,栾黡没客气,扎扎实实揍了老婆一顿,不过也被老婆抓破了脸。要不是管家州宾拼命拉开,那就要闹出人命了。

栾祁被打得卧床一个月,范匄知道之后,对女婿恨得牙痒痒。

从那时候开始,栾黡两口子彻底反目为仇,谁也不搭理谁。栾盈一看老爹老妈都成仇人了,几次找机会劝他们,结果劝谁被谁骂,最后栾盈也死了心,该干什么干什么了。

直到栾黡死,两口子都没再说一句话。

栾黡死了,栾祁兴高采烈。一来,仇人死了;二来,可以追求自己的爱情了。

栾祁跟管家州宾一向就有些眉来眼去,从前不敢太放肆,如今栾黡死了,可以放开了。

州宾是什么人?管家,栾家的理财师。栾家的一草一木、一分一厘都在他的手中掌握着。

"亲爱的,咱们把栾家掏空,然后咱俩结婚。"栾祁够狠,跟州宾商量。

州宾当然愿意。短短两年时间,栾家的财产就被掏得差不多了,都到了州宾名下。

栾盈不是傻瓜,他早就看在眼里,不过为了母亲的名声,他一直在忍。现在,他有些忍不住了。

晋平公六年(前552年),终于有人行动了。

栾祁非常担心儿子会动手,如果儿子动手,州宾一定没命。怎么办?栾祁决定找自己的弟弟范鞅商量一下。

"姐姐,栾家就没有好人,现在咱爹是中军帅,咱们趁机灭了他们。"范鞅够狠。

"可是,栾盈是我儿子啊。"

"什么儿子,跟他爹一个德行,你就当没生他。"范鞅确实够狠,因为那不是他儿子,可是那也是他外甥啊。

"好,舍不得孩子套不着狼。这孩子,我舍了。"栾祁下了决心,为了情人。

如此舅舅,如此老妈……

姐弟两个去找父亲了。

"爹,我、我举报。"栾祁说,多多少少还有点儿内疚的意思。

"举报?举报什么?"范匄觉得有些奇怪,难道要举报州宾?

"我,我要大义灭亲。"

"孩子,算了,你跟州宾的事情我早就知道了,注意点儿影响就好了,也不要大义灭亲了。"范匄还劝呢。

"爹,不是州宾,他不是坏人。我要举报的,是栾盈这兔崽子。"栾祁说,骂儿子的同时,实际上也在骂自己。

第一四九章　姥爷不疼,舅舅不爱

范匄吃了一惊,老婆举报老公听说过,老妈举报儿子,自古以来没听说过啊。

"栾盈他准备叛乱,他总是说他爹是被我们范家害死的,所以一直在积蓄力量,图谋造反,灭了我们范家。"栾祁说。

俗话说:贼咬一口,入骨三分。娘咬一口会怎样?

范匄想了想,觉得事情有点儿荒唐。

"范鞅,你知道这事情吗?"范匄要问问儿子。

"爹,这事情,地球人都知道。"范鞅连眼都没眨一下,直接就说出来了。

范匄没有说话,他知道这是儿子和女儿在这里编的故事,就是胡说八道。不过,话说回来,他一直有想法要收拾栾家,只是碍于女儿和外孙这点儿亲情。现在,女儿不用考虑了,既然女儿都可以不用考虑了,外孙算个屁啊。再说,栾盈这么优秀,栾家迟早还会再站上权力的制高点,那时候说不定栾盈就会回过头来收拾范家了。

"先下手为强啊,既然证据确凿,我们就要当机立断了。"范匄下定了决心。

这是中国历史上最为奇特的一件公案,女儿原告,儿子做证,老爹当法官,诬陷亲外孙。

正是:今有熊外婆,古有范外公。

先家、赵家、郤家的命运,终于轮回到了栾家。

范匄老奸巨猾,同时有些不忍心伤害自己的外孙,从内心说,他其实很喜欢这个外孙。所以,他决定赶走栾盈,而不是杀掉他。

"栾盈,我给你派个活儿,我们准备在著地筑城,你去监管这个事吧。顺便,还能捞点儿油水,嘿嘿。"范匄把栾盈找来,给他派了个出差的活儿。

"是,姥爷。"栾盈高高兴兴走了。

听说栾盈要离开国都,那帮兄弟纷纷送行,其中,智起是智家的子弟,隐隐约约听到些对栾盈不利的消息。

"元帅，我看这事情有点儿古怪，怕不是件好事。"智起悄悄对栾盈说。

"不会吧，怎么说那也是我姥爷啊。再说，还特地告诉我能挣点儿外快。如果要害我，还会说这些吗？别担心，范元帅是要栽培我。"栾盈觉得不太可能，他觉得姥爷是善意。

智起没有再说什么，说多了就不太好了。不过，他觉得还是应该提高警惕。

栾盈走了，筑城去了。

这一边，范匄召开六卿会议。

"各位，日前有人举报栾盈谋反，情报相当可靠，因为举报人就是他的母亲，而他的舅舅愿意做证。大义灭亲啊，伟大的母亲啊，为了国家利益，举报了自己的儿子。"范匄开门见山，大家一开始还没反应过来这个伟大的母亲是谁，之后就明白了，这个伟大的母亲就是范元帅的女儿，而这个伟大的舅舅就是范元帅的儿子。

"元帅，您也是个伟大的姥爷啊。"赵武适时地拍了一个马屁。

"大家看，怎么处置？"范匄问，老脸感到有些发热。

换了别的地方，大家就该为范元帅的外孙求情了，可是这里，没人求情，因为大家知道范元帅根本就不认这个外孙了。

"元帅，都听您的。"韩起说，大家附和。

看见大家纷纷附和，特别是赵武和中行吴的跃跃欲试，范匄更放心了。

"这样，大家知道栾盈死党众多，要讨伐栾盈，必须先灭了他的死党。我这里有一份名单，大家分个工，分头抓捕。这一边，我去向主公汇报。"范匄早已经筹划好了，当下拿出一个将近二十人的栾盈死党名单，分配给在座的四人，分头行动。

抓捕行动进行得很有效率，到晚上，已经抓捕了十三人，他们是箕遗、

第一四九章　姥爷不疼，舅舅不爱

黄渊、嘉父、司空靖、邴豫、董叔、邴师、申书、羊舌虎、叔黑、伯华、叔向、籍偃。

另一边，范匄向晋平公做了汇报，晋平公一看，你们既然都已经动手了，那我还有什么办法？

"范元帅，你看着办吧。"木已成舟，也只好如此。

范匄没客气，把捉拿到的十三个人中的前面十位都给砍了，后面三位因为名声非常好，所以监禁起来，暂不动手。

智起早有防备，见势头不对，急忙通知了州绰、中行喜和邢蒯，这四个人躲过一劫，逃去了齐国。

312

栾盈在著得到了消息，他吃惊得半天合不上嘴，他怎么也不敢相信，自己的母亲、舅舅和姥爷竟然联手来害自己。

"天哪，天底下竟然有这样的事情。"栾盈的大脑一片空白，这个时候，他有两个选择：一个是回到自己的封地曲沃，据城造反；另一个是立即出逃，流亡国外。

到这个时候，栾盈哪里还有心情造反？

栾盈一面派人火速前往曲沃，通知兄弟们逃命，一面收拾了眼前的细软，带着手下，向南而去，去哪里？天下虽大，能够立足的地方却只有两个：西面的秦国和南面的楚国。

栾盈的逃亡队伍一路向南，狼狈不堪。正是：急急若漏网之鱼，慌慌如惊弓之鸟。

眼看进了王室的地界，总算放下一点儿心来。晋国虽强，也还不至于追到周王的地界里。

可是，人要倒霉了，喝口凉水都塞牙。

在周王的地盘上，栾盈的车队成了人们看热闹的对象，许多人都来看。

看着看着，有人说了："这个晋国人这么多东西，咱们这么穷，何不抢一点儿来用？"有人起了贪念，然后提出建议。

"好啊好啊。"大家都赞同。

于是，周王的臣民们不管三七二十一，将栾盈的财物抢走了一大半。栾盈人少，而且也不敢在别人的地盘上杀人，因此只能眼看被抢，无可奈何。

"天哪，这都什么世道，首善之都的良民们都这样了？白日行凶啊，真是没有王法了。"栾盈气得两眼冒火，本来被老娘一家陷害就倒霉透顶了，如今竟然又无缘无故被抢，哪里说理去？

"不行，我要找周王讨个公道。"栾盈虽然落难，但是世家大族的盛气还在，当时也不走了，派人前往洛邑找周王评理。

栾盈派的人到了洛邑，而洛邑的人们正在谈论栾盈。洛邑的人们一致认为，栾书一向对王室很尊重也很照顾，是个大好人。而栾盈没有犯任何罪就被放逐，真没天理。

正因为大家都同情栾盈，因此栾盈的使者见到了周灵王，使者说了："栾盈遭受不白之冤而逃亡，却在大王的郊外被抢劫。我无处躲避，这才冒死来申诉。当年我的爷爷栾书效力于王室，也得到王室的赏赐。可是我的父亲得罪人太多，以致今天无法守住自己的家业。如果大王还记得栾书的功劳，那么我这个亡命之徒还有地方逃避。但如果您不念栾书的贡献，只想到我父亲的罪过，那么我就只有死路一条了。冒死申诉，请天子定夺。"

"嗯，我也知道栾盈是被陷害的,怎么能落井下石呢？"周灵王还算明白。

于是，周灵王派人前去，抓捕了抢夺栾书财产的暴民，把栾书的财产都还给了他，之后派军队一直护送他到周楚边境。

栾盈进入楚国，但是之后并没有继续南下。

第一四九章　姥爷不疼，舅舅不爱

栾盈这时候有两条路可以走：第一条，投奔楚康王，这样他可以得到避难规则中的待遇，而以他的能力，可以得到更高的待遇，但是这条路是不归路，这样就再也不能回到晋国；第二条，停留在楚国边境，不要楚国的待遇，但是还有可能回到晋国。

显然，第一条比较保险，第二条更加冒险。但是，他是个喜欢冒险的人。

权衡之后，栾盈决定走第二条路，他实在不能忍受栾家数代人在晋国打下的基业就毁在自己的手里，何况，他还有很多兄弟可以出力。

就这样，栾盈停留在了楚国边境，楚国边境官员为他提供了食宿方便。由于他没有提出避难申请，因此也就没有上报楚王。

范匄并没有要杀掉外孙的意思，甚至对于整个栾氏家族也放了一马。

范匄派人前往曲沃，宣告了栾盈的罪行。之后，依然任命胥午为曲沃大夫，管理曲沃。此外，栾家的家臣全部赦免，不过，如果有人要去追随栾盈，格杀勿论。

大家都很为栾盈鸣不平，但是栾盈自己都已经跑了，大家也只能认命。有人偷偷去追随栾盈吗？当然有。可是还有一个人决定公开去追随栾盈，谁？辛俞。

辛俞大摇大摆地去追随栾盈了，他不仅要追随栾盈，还要示威兼做姿态。

辛俞被捕了，而这就是他的愿望。他被押解到了朝堂，由晋平公亲自审问。

"你胆儿肥了，竟然违抗国家命令。"晋平公发话。

"不对，我是听从国家命令的。命令说不要跟随栾盈，要跟随君主。我听说'三世事家，君之；再世以下，主之'。从我爷爷那一辈开始来到晋国，那时候人生地不熟，两眼一抹黑，是栾家收留了我爷爷，从此做了栾家的家臣，栾家一直对我们很好。到我这辈已经三代了，栾盈就是我的君主了。命令说要跟随君主，我这不是跟随君主吗？如果您要违反这个命令来杀我，行啊，让司寇开庭公开审我吧。"

辛俞一番话，大义凛然，视死如归。

"那。你不要追随他，我让你做大夫，怎么样？"这是利诱。

"不，我如果接受了您的赏赐，等于自己打自己的耳光。我如果背叛我的君主，今后不是还会背叛您吗？"他不接受利诱。

晋平公本来就知道栾盈是被冤枉的，如今看辛俞的表现，知道栾盈实际上是个好人，所以家臣才会这么忠于他。

"你走吧。"晋平公放走了他。

这一幕，是不是很像当初楚庄王放走了解扬？

辛俞前往楚国，投奔栾盈去了。

范匄的内心有些矛盾，一方面他陷害外孙，心存愧疚；另一方面，他知道栾盈的性格和能力，他决不会就此罢休。所以，一方面，他放了栾盈一条生路；另一方面，他又要提防栾盈杀回来。

范匄的想法，外孙最好投奔楚王，这样大家都安心。问题是，他不可能派人去劝告栾盈投奔楚王，那属于资敌行为。

所以，当知道栾盈就停留在楚国边境之后，范匄急了，他要想办法逼栾盈投靠楚王。

当年冬天，范匄主持召开了盟国大会，大会只有一个议题：要求与会各国不要收留晋国叛臣栾盈。

"那当然，那当然，晋国的叛臣就是我们的叛臣。"与会各国代表纷纷表示。

"他要是来了，我们抓起来送到晋国来。"齐庄公更进一步。

"那也不用，驱逐他就行了。"范匄说，他知道齐国人的话不能相信，说得越好越不可靠。

是这样吗？

第一四九章 姥爷不疼，舅舅不爱

真是这样的，别忘了齐国人的外交政策：阳奉阴违。

齐庄公回到齐国，立马派人前往楚国，邀请栾盈来访。

齐庄公的算盘打得很好：联合栾家，对付晋国，报两次战败的仇恨。齐庄公说得好啊：你范匄能阴人家栾盈，我就不能阴你？

栾盈收到邀请，他非常高兴，投靠齐国是可以的，何况，他也知道齐国阳奉阴违的政策。

于是，第二年秋天，栾盈悄悄启程，悄悄抵达了齐国。齐庄公也非常高兴，亲自接见了栾盈，随后悄悄地安置了他。

晋国人得到了线报，于是，范匄又在冬天召开了盟国大会，又是只有一个议题：各国不得收留栾盈。

"没有啊，没有啊。"大家都说。

"有人说在齐国看见了栾盈。"范匄说。

"真的吗，真的吗？我们一定要认真盘查。"崔杼说，这次是他来的。

大家都笑了，只有范匄皱了皱眉头。

各国斗争的形势很复杂啊。

第一五〇章

栾盈一步之差

那边在开盟国大会，这边齐庄公和栾盈就在讨论怎样把栾盈送回去。

首先，从各国形势开始入手。

"国际"方面，晋国还是霸主，无论是南面的楚国还是西面的秦国，都无意与晋国作对。而盟国各国中，尽管对晋国逐年加大进贡的额度非常不满，却也仅此而已，没有任何国家敢于反对晋国。

其次，对于荀偃和范匄的相继执政，诸侯都已经很厌倦，恨不得这两个腐败分子早死。

综合来看，如果栾盈回到晋国并设法铲除范匄，将是各诸侯国喜闻乐见的局势。因此，即使得不到各国的支持，大家也会装聋作哑，隔岸观火。

而齐国将提供最大限度的支持，甚至出兵。

晋国国内方面，曲沃尽管名义上已经不在栾家的手中，但是，栾家的根基没有动摇，曲沃城中军民对于栾家还是非常怀念的，曲沃大夫胥午也是栾盈的兄弟。

而在新绛，魏舒是栾盈的兄弟，栾盈已经跟他取得了联系，只要栾盈起兵，魏舒就在新绛接应。

因此，只要能够回到曲沃，栾盈就有把握立即掌握曲沃，以曲沃为基地攻击晋国国都新绛。

313

机会很快就来了。

吴国向晋国求婚，于是，晋平公决定把女儿嫁到吴国去。按照周礼，吴国也是姬姓国家，两国不能通婚。可是，吴国不讲究这个，而晋国也不太讲究。为了国家利益，周礼算什么。

按照当时的规矩，大国嫁女，小国为媵。大国国君嫁女儿，通常应该找同姓国家的女儿做媵。可是在这件事情上，一来是同姓成婚，晋国不好去找同姓国家，怕被骂没文化、没教养；二来呢，也想炫耀一下实力，不从太小的国家找，要从大国找。所以，这次的媵找的是齐国和宋国。

对于齐国来说，这本来是一件没什么面子的事情，可是这一次不一样，齐庄公从中看到了机会。

"栾元帅，机会来了。晋国人要我们出媵，那么正好，你就混在我们送人的队伍中回到晋国，然后潜去曲沃。我这边，齐国军队同时出动，讨伐晋国。咱们两面夹击，一定能够击败晋国，扫荡范匄那个老家伙，为你讨回公道。"齐庄公找来栾盈商量。

"好，一言为定。"栾盈也认为这是个好机会。

双方商定，一旦栾盈掌权，将把晋国的朝歌割让给齐国，作为酬谢。同时，帮助齐国兼并莒国。

商量妥当，分头准备。

第二年春天，齐庄公派析归父送自己的女儿和两个公族女子去晋国，准备做媵。根据阳奉阴违的原则，其实这不是齐庄公的女儿，而是随便找了一个年轻女子，培训了几天，冒充齐庄公的女儿。

栾盈带着几名得力随从，混在送行的人群中。原本，栾盈想要带着州绰和邢蒯两人，这两人有勇有谋，非常得力。可是齐庄公打了小算盘，因为这两个人来得早，齐庄公已经把他们编到了自己的侍卫当中，而且齐庄公很看好他们，想要留下他们。因此，齐庄公拒绝了栾盈的请求。没办法，栾盈只好带了其他的人，其中一个勇士名叫督戎，勇猛程度还在州绰和邢蒯之上，只可惜有勇无谋。

送亲的队伍一路顺利，进了晋国。之后，该送亲的去送亲，栾盈则悄悄地回到了曲沃。白天不敢进城，到了傍晚，悄悄地爬城头进了曲沃。

一行人回到了自己的地盘，不用说自然是地形熟悉，直奔曲沃大夫胥午的官邸。

胥午还没有睡，突然看见栾盈现身，吓了一跳，连忙请进屋里。

"元帅，你怎么回来了？"胥午急忙问。

"我回来报仇，胥大夫，你要帮我啊。"栾盈也没有遮掩，把自己怎样回来，回来又要做什么，简单说了一遍。

"这个……"胥午有点儿犹豫，他是胥家的后人，而胥家跟栾家是有仇的，可是栾盈和他的关系一直很好，"我不是怕死，我只是担心这个事情没有成功的可能。"

"我也知道这个事情很难，但是就算死了，我也决不后悔。想想我们栾家，世代为国，我不甘心就这样无声消失了。再说你们胥家，也曾经是晋国显赫的家族，你难道不想复兴家业吗？"栾盈劝说。

胥午思考了一下，觉得栾盈说得也有道理，搏一把也未尝不可。

"那好，你先躲在我这里，我来召集人。"胥午同意了，之后开始具体行动。

所以，劝说一个人跟着自己冒险，一定要让他看到好处。

胥午连夜把曲沃城里的头面人物召集来开会,大家不知道发生了什么,稀里糊涂来到了胥午的家里。

"今天月亮好圆,心情好,所以请大家来喝酒。"胥午临时找了个借口,总算月亮确实比较圆。

大家都笑了,这样的节目从前好像没有过,而这样的天气赏月似乎又凉了一点儿。

不管怎样,篝火点起来,热酒端上来,歌舞跳起来,大家感觉还是有点儿新鲜。

酒过三巡,大家都喝暖和了,胥午逐渐就把事情往正题上引了。

"唉,想想三年前的这个晚上,还是跟栾盈一起赏月啊,想不到世事难料啊。"胥午开了个头。

于是话题开始,大家谈论起栾家的事情来。所有人都认为栾家太冤,而栾盈人太好。

眼看着大家为栾家愤愤不平,渐渐地激动起来,胥午说话了。

"各位,大家都很怀念栾盈,我也一样。我问大家,如果现在我找到了栾盈的话,我们怎么办?"胥午问大家。

"如果找到了主人,我们就是为他死,也无憾。"大家激动地说,有的人站起来挥舞双拳,有的人流下了热泪。

火候差不多了,胥午举起了手中的碗。

"各位,为了栾盈,干一碗。"

"干。"

大家又是一碗就进肚,更加激动了。

"大家发誓,找到了栾盈,都听他的。"胥午说。

"我们发誓。"

栾盈款款而出。

栾盈回到了曲沃，曲沃在一个晚上又成了栾盈的地盘。

一切，秘而不宣。

栾盈派人迅速与魏舒取得了联系，魏舒表态支持栾盈，会在新绛接应栾盈；与魏舒一样愿意帮助栾盈的还有七舆大夫。

够了，有他们的支持，已经够了。

实际上，更多的支持，也争取不到。

314

四月十五日，天上的月亮格外圆。

曲沃的部队连夜行军，第二天上午，抵达了新绛。

新绛的城门大开着，这是魏舒安排人干的。

曲沃的部队一声呐喊，冲进了新绛城。新绛守军猝不及防，仓促抵抗。

范匄早已得知栾盈在曲沃，不过，栾盈的突然袭击是他没有想到的，因此难免慌乱。

栾盈的人马并不多，远道来袭，贵在精不在多。

"先去元帅府，捉拿范匄。"栾盈的思路很清晰，擒贼先擒王。

元帅府里，范匄早已得到了消息。按理说，打了一辈子仗的人，这个时候应该沉着应对，可是范匄已经全然乱了方寸，不知道该怎么办。还好，身边恰好有一个叫作乐王鲋的大夫。

"元帅，不要怕。栾盈刚从外面回来，他的人马不会太多。而且，栾家在这里的仇人这么多，大家都会出兵对抗他的。如今，元帅要赶紧保护主公，不要让主公落在栾盈的手中。"乐王鲋的思路倒很清晰。

"那、那我该怎么办？"范匄听了乐王鲋的话，不像刚才那样紧张了，可还是不知道怎么办。

第一五〇章　栾盈一步之差

"赶快找到主公，然后到固宫坚守，同时通知各大家族到固宫聚齐，围攻栾盈。"乐王鲋心里在想，亏你还是中军帅。

固宫是哪里？晋平公的别宫，以坚固而得名，就是为了不时之需的。

"那、那，我要是去保护主公的路上遇上栾盈的人马，怎么办？"范匄竟然不敢去。

乐王鲋听了，差点儿没气得乐出来，这什么中军帅啊，就是一胆小鬼啊。

"那这样吧，打扮一下吧。"

别说，乐王鲋真是有办法，他赶紧让人取了一身黑色丧服给范匄穿上，叫了一辆辇车，辇车是干什么的？专给女眷坐的车，有篷。再特地找来两个中年女人，也都换上丧服。范匄与两个女人上了辇车，范匄埋着头，假装悲伤过度，两个女人哭哭啼啼。

一辆女眷哭丧的车，就这么从中军帅府出发了，直奔后宫而去。

栾盈的部队扫清了抵抗，向中军帅府挺进。新绛的百姓听见外面喊杀声一片，都躲在家里不敢出来。栾盈早已下过命令不许滥杀无辜，有不懂事的、出来看热闹的或者来不及躲闪的，倒也没有被伤害。

前面，一辆辇车驶来，一看就不是寻常人家的车，因为太豪华。辇车比战车要宽很多，占了大半个道，栾盈皱了皱眉头，用长戟挑开辇车的门帘，只见里面有三个人，两个妇女哭哭啼啼，另一个人伏在一个女人的怀里，看不出是男人还是女人，似乎也很悲伤。

"原来是哭丧的女人，不知道谁死了。"栾盈自忖，放过了那辆车。

栾盈的部队远去了，丧车里发出范匄的催促声："快、快。"

范匄吓出了一身冷汗，甚至有些发抖。

到了后宫，范匄跳下车来。一看，儿子范鞅早已在这里了。

"好嘛，不先保护爹，先跑这里来了。"范匄开口就是这么一句，想起刚才被栾盈碰上，还有些后怕。

"爹，君为重，爹为轻啊。"范鞅说，看着爹着一身丧服，分外地刺眼。

"去你的，少跟我说这些。赶快，带上主公，前往固宫固守，等候支援。"范匄下令，这个时候，他有些底气了，中军帅的威严也出来了。

"爹，你带领主公转移吧，我赶紧派人通知各大家族到固宫增援。魏舒这小子是栾盈死党，他一定会增援栾盈，我必须在他动手之前制止他。"范鞅说，他比父亲想得更周到些。

于是，中军帅范匄亲自坐镇后宫，指挥宫甲保护晋平公转移。

另一边，范鞅驾着一辆快车，直奔魏舒家中。

栾盈的队伍包围了中军帅府，大将督戎当先，踹开元帅府大门，冲了进去。

"报告元帅，只捉到一个下人。"元帅府中的人，早已经逃得精光。这个下人之所以没有逃走，是因为拉肚子躲在厕所中，不知道外面的情况。

下人被拉了上来。

"说，范元帅跑去了哪里？"栾盈问，到这个时候，他也没有直呼自己姥爷的名字。

"不，不知道啊。不过，刚刚他还在。"

"不好，想起来了，刚才辇车里那个没有抬头的就是他。"栾盈突然回过神来，那样的辇车只有范家才有。

范匄跑了，下一个目标不用说就是后宫了。

栾盈没有迟疑，带领人马转扑后宫。

范鞅的车驾得飞快，他知道，如果魏舒和栾盈合兵一处，那不仅仅是对方战力提高的问题，那在心理上对双方的影响都是巨大的。栾盈的队伍会士气大增，而自己这边就会军心动摇。

快到魏舒家的时候，就看见魏舒家里旌旗飘摇，人声鼎沸。果然魏家

第一五〇章　栾盈一步之差

的队伍已经集结完毕，正在整理队列，准备出发。

魏舒准备带领队伍直扑后宫，在那里与栾盈会合。之所以还没有出动，因为自己的车右还没有穿好皮甲。

范鞅毫不迟疑，跳下了自己的车，一纵身上了魏舒的车，就站在车右的位置上。

"魏元帅，栾盈作乱，所有家族都已经保护主公去了，主公让我来请你，快走。"范鞅右手持着长剑，大声说道。

魏舒大吃一惊，他万万没有想到这时候范鞅会来，也没有料到他竟然上了自己的车。而魏舒手中只有弓箭，两人在同一乘战车上，动起手来，显然自己吃亏。

激烈的思想斗争……魏舒在思考对策，但是，范鞅不会给他思考对策的时间。

"还愣着干什么？快走，去固宫。"范鞅大声呵斥御者，用剑抵着他的后背。

御者看了还在发愣的魏舒一眼，无可奈何，一记长鞭，战车出动。

魏家出兵了，向固宫方向。

魏舒还在发愣，而范鞅不会给他思考的时间。一路上，范鞅在向他讲述中行、赵、智、韩几家出兵的情况，讲他们早就知道栾盈要来袭击，已经在固宫布置好包围圈的情况。其实，所有这些都是他编的，他要吓住魏舒。

"一定要赶在栾盈之前到达，否则一切都完了。"范鞅一边大声说着话，一边暗暗祈祷。

生死时速。

栾盈的队伍赶到了后宫。

后宫的绝大多数防守力量已经转移去了固宫，这里剩下的几号人马看见栾盈的部队，立即逃散。

兵不血刃，栾盈的队伍占领后宫。

可是，晋平公早已不在这里。一问，和范匄父子去了固宫。

捉范匄没捉到，捉晋平公又没有捉到，栾盈的心中有不祥的预感。

"魏舒怎么动作这么慢？"栾盈抱怨了一声，一边派人再去魏舒家里催促，一边撤出后宫，转奔固宫。

一路上，栾盈的心里有点儿乱，他在想魏舒这里是不是出了什么问题。他不知道的是，魏舒这时候也正在奔向固宫。

"快，要在各家族救兵来到之前拿下固宫。"栾盈下令。

范鞅挟持着魏舒和他的部队赶到了固宫，看到栾盈的人马还没有到，他大大地松了一口气。宫门口，范匄降阶相迎，他一把抓住魏舒的手，紧紧地握住："小魏，太好了，你来了，我就放心了。那什么，栾家的曲沃我替主公给你们魏家了，啊，那什么，赶快进来。"

魏舒现在是彻底没有办法了，他回头望了望远处，心想，老栾，兄弟对不住了。

魏家的部队进了固宫，协同宫甲和范家的部队进行防守。

范匄为什么这么激动呢？第一，他感到惭愧，感到对不起魏舒。当初栾盈逃走，空出了下军帅。按照规矩，这个位子就是魏舒的，晋平公也建议给魏舒，可是范匄认为魏舒是栾家的同党，因此宁可空着也不给魏舒。如今看见魏舒来帮助自己，范匄还以为他是主动的，所以心存愧疚。第二，魏家是武将世家，魏家的部队和栾家的部队都是晋国著名的精兵，栾魏合兵，其余几家还真是难以抵挡，所以，一定要稳住魏舒。

就因为这两点，范匄一激动送掉了曲沃这座大城。可是，这绝对是病急乱投医。一来，曲沃是座大城，魏舒这样的级别不能拥有；二来，曲沃有晋国宗室的祖庙，要封也只能封给晋国公族，而魏家不是。

不管怎样，这个时候，保命要紧，身外之物，送也就送了。

栾盈的队伍到了,他看到魏家的最后一乘战车进了固宫。然后,固宫的大门关上了。

"唉。"栾盈叹了一口气。

错过了一步,也就错过了无数。

错过了一时,也就错过了永远。

第一五一章

齐庄公耗子赶猫

栾盈的队伍在固宫之外，固宫之内，是宫甲、范家和魏家的队伍。从数量来看，双方基本相当。但是，双方的策略是不同的。

栾家的队伍远道来袭，一路疲顿，再加上担心各家族的人马杀到，因此利在速战，必须迅速攻克固宫，结束战斗。

而对于范家父子来说，固宫内尽管兵力不少，但是魏家的队伍随时会叛变，宫甲中也有很多人同情栾家，因此战斗力不强，还可能在关键时刻叛变。所以，能够依靠的也仅仅是自家的队伍。这样的情况下，上策就是固守，等待各家族援兵来到，两面夹击，击败栾盈。

两边都是会打仗的，自然都懂得这个道理。

因此，栾家进攻，范家死守。

315

栾盈的队伍在攻城的时候很吃力，因为远道来袭，都是轻装，没有带攻城的器具。现在要攻城了，尽管是小城，可是就这样进攻也是不行的。栾盈紧急命令军士砍树拆房，准备攻城器具。可是这个时候，时间就是生命。

攻城器具还没有打造好，各大家族的部队已经赶到了。赵家、韩家、中行家、智家在外围包围了栾家的队伍。可是，这是一帮老油条和小油条，多年的政治斗争经验教育了他们，面对强悍的栾家部队，这四家谁也不肯率先发动攻击。

"让他们甥、舅火并，最好一块儿死。"几家都是这个想法，栾家固然不是他们喜欢的，范家同样是他们讨厌的。

范家父子看见援兵来到，总算又放了一点儿心，可是又看到大家迁延不进，隔岸观火，心里就明白了。

"加强防守，准备迎击。"范鞅算是看明白了，这年头靠谁也靠不住。想想也是，老娘和舅舅、姥爷都能合伙害自己的儿子了，还能指望别人好到哪里去？

栾盈腹背受敌，一时间感到绝望。可是看见大家都不进攻，自然明白是怎么回事。

"事到如今，也只有一条路了，攻破固宫，杀死范家父子，再挟持国君，联合魏家，就能立于不败之地。之后再跟外面的几家和解，就万事大吉了。"栾盈在很短时间内想到了对策，他知道，现在必须尽快拿下固宫。

栾盈下令开始进攻，首先是一阵乱箭射入宫中，就听得一阵噼里啪啦声，范匄躲在屋里，吓得一阵哆嗦。

"儿啊，快想办法吧，这箭都射到脑袋顶上了。"范匄这个时候远不如儿子镇定。

"爹，眼下这个形势，死守就是等死了，外面的几家就等着我们两败俱伤呢。要等他们雪中送炭，那就一定被冻死了。为今之计，必须主动出击，如果能不处下风或者稍占上风，那帮家伙就会来锦上添花了。"范鞅太聪明了，句句都在点子上。

"儿啊，你说得对，那就拜托你了，主公和爹的老命就都靠你了。"

范鞅瞪了老爹一眼，心想老爹常常鼓吹自己在鄢陵之战中如何英勇善战，看来都是忽悠。

栾盈的手下已经开始攻城，宫墙本来就不高，再加上栾军十分英勇，眼看着形势危急。

"开宫门，杀出去。"范鞅命令。

"不行啊，督戎在外面手舞双戟，太猛了，谁出去谁送死啊。"没人敢杀出去，因为督戎在外面，此人力大无穷，绰号"赛魏犨"，手舞两只大戟跟玩一样，谁看见不怕？

"打仗还怕？养兵千日，用在一时。"范鞅大怒，强令开了城门，不过没有整队冲锋，而是派了手下两员猛将牟刚、牟劲两兄弟。两人各舞一条大戟，开了宫门，杀了出去。他们的任务就是干掉督戎，为冲锋扫除障碍。

督戎在宫门之外大声叫骂，随时准备城破之后杀将进来。猛然之间看见宫门开了，出来两员大将。

"送死来了。"督戎大喝一声，迎了上去。

说起来，牟家两兄弟也算是猛将，可是在督戎面前就不值一提了。看两人走近，督戎一人一戟，兄弟俩用戟去格，就感觉如撼泰山。再想躲，哪里来得及？两兄弟命丧当场。

"哇。"范鞅在宫门里看得清楚，一声惊叫，服了，怪不得大家都不敢出去。

现在，更没人敢出去了。

范鞅愁死了，怎么办？守，怕是守不住，出击，又不敢冲锋，难道只能等死？

这个时候，套用《水浒传》一句话：该着范家命数未绝。

"将军，让我去吧，反正我活着也没什么劲。不过要说好，我要是杀了督戎，把我从奴籍中除名，让我当公民。"有一个人说话了，范鞅一看，谁啊？斐豹，一个奴隶士兵，祖上是从北狄捉回来的奴隶，因此在奴籍中，也就是户口本的成分一栏是"奴隶"。

"那还用说，没问题，我愿意指着太阳发誓。"范鞅见有人主动出战，非常高兴，当时一激动，不知道怎么发誓好了，于是来了句"有如日"（《左传》）。

督戎一看，又出来一个送死的，而且这个会死得更惨，因为这个身材还不如刚才那两个高大，手中提着大戟，感觉拿着都费劲。

斐豹来到近前，督戎也不客气，一戟刺去，斐豹根本不抵挡，把大戟一扔，叫了一声"妈呀"，转身就跑。跑也就罢了，还不往回跑，向侧面跑。

督戎一看，大怒，心想从我手下逃命的还从来没有过，岂能放走你？当时，督戎放开脚步，追了上去。跑了没多远，前面有一处民居，刚刚被栾盈的队伍拆了大门和房梁，斐豹一下蹿了进去。督戎赶到，也直接钻了进去。为什么斐豹是蹿进去，督戎是钻进去？因为民房较矮，而督戎高大，最糟糕的是，两条大戟进了屋里，根本摆弄不开。

督戎赶进屋里，再看斐豹，哪里还有人影？当时督戎就觉得有些不妙，因为这里根本施展不开。正要退出来，大戟顶在了门框上，还没等他把大戟顺过来，就听见门口有声音，转头一看，谁？原来是斐豹刚才从窗户蹿了出去，此时手中持一把短剑正要刺来。

督戎要躲，已经来不及，要抽大戟，又被卡住，眼睁睁看着斐豹的剑从自己的后心刺入，"噗"的一声，刺了个透心凉，剑一拔出，鲜血喷溅，督戎倒在地上，连墙都被压垮，整间房塌了下来。

斐豹躲闪不及，被房压倒，也是命中注定，恰好督戎的大戟随房倒下，就砸在斐豹的太阳穴上，登时也是血流如注。

斐豹自由了，彻底自由了。命中无福。

督戎之死，迅速传遍交战三方，范家部队士气大振，栾盈则心情很坏，外围的几个家族开始准备发起攻击了。

范鞅开了城门,率领大军冲了出来。

栾盈赶紧下令停止攻城,迎击范家。两军交手,一阵混战。外围几大家族看到机会来了,一阵鼓响,发动进攻。

栾盈知道,这下大势已去了。

"突围。"栾盈下令,可是这个时候怎么突围?逃命而已。

栾家军溃散。

栾乐是栾盈的同母弟弟,也是栾祁的儿子,听到撤退命令,掉转车头突围。身后,舅舅范鞅大声喊道:"栾乐投降吧,就算杀了你,我也会向老天爷为你祈祷的。"

好一个舅舅,能为外甥做的就是杀了他再祈祷。

"去你的吧。"栾乐大骂一句,原本他还梦想着能借助姥姥家的势力自己也混个上卿呢。

骂完,栾乐拈弓搭箭,对着范鞅就是一箭,略偏。栾乐再抽出一支箭来,这一次瞄得更准,正要放箭。套用《水浒传》里的那句话:范鞅命不该绝。

栾乐的战车轮子碰上了一个槐树根,因为车速太快,整辆战车翻了过来,栾乐摔到了地上。身后战车上的栾家士兵急于要救栾乐起来,当时也是慌了神,竟然用大戟去捞他,戟钩本来就很尖利,再加上一时慌乱,结果不仅没有把栾乐捞起来,反而砍断了他的胳膊。后面范鞅的战车上来,范鞅的车右补上一戟,将栾乐刺死在地。

栾乐死了,栾盈和另一个弟弟栾鲂在栾家精兵的保护下,突出重围,夺门而逃,奔回曲沃。所带精兵,十死八九。

范匄当即下令,立即集合三军,攻打曲沃,消灭栾家。

第二天,晋国三军出动,包围了曲沃。

曲沃城高墙固,栾盈一时还能守住,但是,不可能永远守下去。

"齐国人呢?齐国人出动了吗?这个时候,只有他们能够救我们了。"到这个时候,栾盈也只能把希望放在齐国人身上了。

316

齐国人出动了没有？

齐庄公并没有如约出动，他在等栾盈的消息。如果栾盈没有动而自己动了，那就太被动了。

直到栾盈奔袭新绛兵败，被晋国三军包围在曲沃，齐庄公才知道那边已经动手了，不过没成功。

尽管时机不对，齐庄公还是决定出兵。崔杼和晏弱的儿子晏婴都表示反对，认为正面对抗晋国并不明智，鄢之战和平阴之战两次战争早已证明，齐国在军力上根本不是晋国的对手。即便这一次趁着晋国内乱能够在晋国人身上占点儿便宜，但是等到晋国内乱结束，必然会有更激烈的报复，到时候得不偿失。

可是，齐庄公拒绝听从他们的建议，执意出兵。

七月，齐庄公亲自领军，穿越卫国讨伐晋国。

晋国全部精力都在曲沃，东部基本不设防，因此齐军一举拿下晋国的朝歌（今河南淇县），朝歌是商朝的国都，商朝灭亡之后，封给了卫国，后来被晋国夺走。

首战告捷，齐庄公兵分两路，一路攻入孟门，一路直上太行山。掳掠一通，然后班师回朝。为什么要回？齐庄公心里没底，生怕晋军主力出击，所以做做姿态，也算是凯旋。

谁知道就在撤军的时候，被晋国将军赵胜尾随追击，将齐军断后的部队击溃，活捉了晏婴的儿子晏莱。

对于齐军攻击晋国本土，全天下的共同反应是：现在耗子敢拿刀追杀猫了。

晋国人完全没有在意，他们知道齐国人没有胆量深入，所以依然加紧攻击曲沃。

范匄说了，攘外必先安内，打我们的曲沃，让齐国人蹦跶去。

卫国眼看着齐国在自己的国家玩穿越，一声不敢吭，生怕齐国人顺道把自己给灭了。

宋国人全当没这回事，如果晋国人来求援，再考虑是不是援助晋国。

郑国人已经准备了战车辎重，单等晋国人下令，就奔赴抗齐前线。

要说，还是人家鲁国人仗义，不等盟主下令，叔孙豹已经率领鲁国军队出发，驻扎在鲁、卫边境，威胁齐军侧翼。只要齐军继续深入晋国境内，鲁军就从侧后方主动发起攻击。

就在齐军撤离晋国的同时，晋国军队终于攻破了曲沃。

栾盈战死，栾家被灭族，只有栾鲂趁乱逃出，逃到了宋国。

至此，栾家灭亡。

历数晋国中军帅，先轸父子、狐射姑、赵盾、郤缺、荀林父、士会、栾书、韩厥、荀罃，栾家算是插了一个队，在中行家和范家之前灭亡了。那么，中行家和范家能逃得过覆灭的命运吗？

对于栾盈的死和栾家的覆灭，史上颇多惋惜之声。栾家是晋国公族，历代都是忠勇之士，栾枝、栾书都是著名的战将，而只有栾黡暴躁一些，得罪了许多人，但是似乎也没有什么劣迹可循。栾盈更是青年才俊，本来应该是国家栋梁，却被亲娘一家陷害，最终身死灭门，实在是令人扼腕叹息。

不过话说回来，栾盈被驱逐之后，所采取的策略是不恰当的。

从当时的天下形势看，栾盈实际上有上、中、下三条策略。

上策是投奔楚国，从此当楚国人。以栾盈的级别和能力，以及手下一班兄弟的能力，如果他投奔楚国，他在楚国受到重用毫无疑问，甚至做到楚国令尹也不足为奇，比在晋国的地位只高不低。当然，楚国也有楚国的权力斗争。

第一五一章 齐庄公耗子赶猫

中策是找宋国或者郑国这样的国家避难，然后暗中请人到晋国疏通关系。其实，范家父子起初也并没有对他赶尽杀绝，一点儿起码的良知还是若隐若现的，如果所托得人，决不排除范家父子良心发现，为栾家平反昭雪，请栾盈回国的可能。而晋国同情栾盈的大有人在，即便等待时间长一点儿，栾盈回国绝非难事。而且，晋国国君有反思的传统，基本上过一段时间就会起用老功臣的后代，晋景公、晋悼公都做过这样的事情。下策，就是联结齐国，武装造反。

遗憾的是，栾盈选择了下策，也就选择了灭亡。

栾家被灭，栾家的地盘面临重新分配。

魏舒如愿拿到了曲沃。州县是栾豹的封地，受栾盈连累被没收。对这块地盘，赵武首先提出归自己，理由很简单：这块地盘原来属于温，而现在温是自己的地盘。可是，范匄和韩起也看中了这块地盘，三人争吵起来。最终赵武害怕了，决定放弃，范匄和韩起也怕了，也都放弃了，于是这块地盘意外地收归公室了。

六卿的位置腾出来了一个，原本应该给荀盈，可是他岁数还不到，于是晋平公把下军佐给了自己的宠臣程郑。程郑又高兴又害怕，高兴的是当上了卿，害怕的是凭自己的家底，说不定什么时候就被灭门了。从当上下军佐的那一天起，程郑就开始了提心吊胆的生活，天天做梦被杀。

后来郑国的公孙挥到晋国访问，程郑跟他关系不错，专门问他有什么好办法能给自己降一级。

结果，提心吊胆一年之后，程郑终于在惶恐中结束了自己的一生。还好，是病死的。

齐军撤离晋国，回到了齐国。齐庄公的心情巨好，觉得晋国人也不过如此，齐国的实力看来已经是世界一流了。

"趁着士气正高,咱们也过家门而不入,再接再厉吧。"齐庄公一高兴,干脆,大军到了临淄也不回去,直接从临淄南郊过去,偷袭莒国。

这一趟,基本上等于晋国军队偷袭莒国了,因为齐军是从晋国出发,横跨了卫国和齐国两个国家。

按照齐庄公的意思,天下无敌的齐国军队将摧枯拉朽,一鼓作气灭掉莒国。

可是,事情的进展大大出乎他的意料,远道来袭的齐军疲态毕露,而莒国军队早有防备。第一战下来,齐庄公大腿受伤;第二战下来,大将杞梁阵亡。

两战下来,齐庄公傻眼了。

还好这个时候莒国主动求和,齐庄公顺坡下驴,要了些赔偿,灰溜溜地撤军了。

回到临淄,齐国驻晋国办事处的报告也就到了,说是曲沃被攻克,栾家被灭门了。

当初的计划至此全部落空,齐庄公不得不冷静下来思考现实的问题了。

齐军的战斗力在与莒国的战斗中得到检验,检验结果是不及格,这样的军队根本不可能是晋国军队的对手。现在齐庄公算是明白齐国为什么总是打不过晋国了,战争靠的是实力。

毫无疑问,在腾出手来之后,晋国人一定会率领盟军来讨伐齐国。打,是肯定打不过。投降,恐怕也不是那么简单。

想到这里,齐庄公出了一身的冷汗。

想来想去,最后齐庄公一拍桌子:"大不了投靠楚国。"

在阳奉阴违外交政策无法继续实施的情况下,齐庄公决定换个队站站。

第二年夏天,齐庄公派人前往楚国,表示齐国愿意追随楚国,希望能够前往楚国朝见楚康王。楚康王一看,高兴得不得了。自古以来,齐国国

第一五一章　齐庄公耗子赶猫

君从没有来楚国朝见过楚王啊，自己这不是要创历史纪录吗？再者说了，如今大家都是晋国的跟班，可是晋国头号跟班要当我们的跟班了，面子无限大啊。

楚康王也没犹豫，立马派大夫薳启强前往齐国，商讨齐庄公来楚国的具体事宜。

薳启强来到了齐国，齐庄公热烈欢迎。不过，这个时候的齐庄公已经不像一开始那样迫不及待地要去楚国了。第一，毕竟他觉得楚国是个低档次国家，自己去朝见太没面子，就是晋国这边的活动，齐国国君实际上也很少亲自出席啊；第二，从来没有跟楚国人打过交道，不知道楚国人会出什么幺蛾子，万一被楚国人扣留了呢？第三，要是跟楚国人靠得太近，等于断了重回盟国大家庭的后路。

所以，齐庄公决定拖着薳启强，看看形势再说。

可问题是，楚国人来了，总不能把人家晾这里啊。

于是，齐庄公准备了一次阅兵给薳启强看。此外，还派专人陪同吃喝玩乐。

薳启强在齐国过得很爽，逢人就说："还是齐国好，我以后还愿意来。"

一转眼，从夏天到了秋天，晋国人在秋收之后果然组织了盟军，在晋国夷仪集中，要讨伐齐国。

怎么办？齐庄公有什么退敌之策？

第一五二章

又是一个风流鬼

齐庄公后悔没有去朝见楚王了,不过这个时候再去显然已经来不及了。于是,齐庄公一面布置防御,一面赶紧派大夫陈无宇跟薳启强去楚国,请求楚国出兵救援。

齐庄公非常紧张,可是,命中注定他可以躲过这一劫。

盟军顺利集结,但是在准备出发的前一天突降暴雨。这一场暴雨覆盖了整个北方地区,因此造成洪水泛滥,不要说战车,人走路都费劲。

"算了算了,让他们再多活一年吧。"没办法,范匄下令解散,各自回国参加抢险救灾。

盟军各自回国,齐国安全了。

再说陈无宇跟着薳启强到了楚国,拜见了楚康王。

楚康王原本有些不高兴,因为齐庄公说来又不来了。不过薳启强在齐国过得那个爽啊，而充当地陪的正是陈无宇，吃人家的、喝人家的、拿人家的，当然要给人家说好话。

蘧启强把齐国吹得天花乱坠，又说了很多齐庄公的好话，并且替齐庄公解释，最终，总算把楚康王哄高兴了。

"那这样吧，我们远道北上，支援齐国呢，也不太可行，我们还是老办法，楚军攻击郑国，逼晋国人来救，为齐国解围。"楚康王答应了，不过还是老套路，避免和晋国人直接对抗。

楚国人不知道的是，盟军早解散了。

楚国军队进攻郑国，郑国军队此时还没有到家，急忙联络晋军，于是，晋军紧急南下，支援郑国。

这一下，倒搞了楚国人一个措手不及。原以为晋国人此时正在齐国战场，等晋国人赶到的时候，楚军就可以从容撤军了。而如今楚军刚刚抵达郑国国都荥阳，晋国人就到了，如果楚国人这么快就撤军，岂不是太没有面子？

楚国人硬着头皮，扎下大营。

其实，晋国人也不愿意跟楚国人交手，因此进入郑国之后就放慢了前进的速度，希望楚国人主动撤退。可是再这么磨蹭下去，又显得自己心虚胆怯。

范匄想了一个办法，他决定派两个人去楚军大营挑战，也算主动出击。

范匄派了两个勇士张骼、辅跞前往，不过提出要一个郑国人驾车，因为郑国人比较熟悉地形。于是，郑国人派了宛射犬。

于是，三人出发了，乘了两辆车，一辆普通战车，一辆广车。广车比较宽，而且，后面两个位置有屏蔽，两人都可以射箭。这种车主要用来冲锋，相当于装甲车。

远远能够看到楚营了，三人找了一个隐蔽的地方，扎了一个帐篷，吃饱喝足再去挑战。两个晋国人根本没把郑国人放在眼里，两人在帐篷里面休息，却让宛射犬在帐篷外面吹西北风；两人吃饱了之后，才让宛射犬吃。

宛射犬那也是郑国公族啊，平时也是吃香的喝辣的，谁知道如今受这样的屈辱。宛射犬暗暗发誓："可恶的晋国人，今天要让你们死都不知道怎么死的。"

吃饱喝足了，三人上路，准备冲锋。宛射犬在前面驾着广车，晋国人在后面自己驾着战车，逼近楚军大营的时候，两个晋国人才跳上广车，然后躲在后座弹琴。

宛射犬一看，这两个晋国人什么时候了还要玩风度？好，让你们牛，让你们马上就牛不起来。

"啪。"宛射犬一鞭下去，四马奔腾，战车直接冲进了楚军大营。

后面两个晋国哥们儿还弹琴呢，突然发现到了敌人大营。两人急忙戴盔穿甲，然后跳下车去，一通狂杀，又活捉了两个楚国士兵，捆好了夹在腋下。楚国人被打个措手不及，等到回过神来、整装杀来的时候，宛射犬一看形势不妙，也没等他们两个，也没打招呼，驾车就跑。这两位紧跑两步，追上车跳了上来，然后用箭射击追兵。

等到脱离了危险区域，两人又开始弹琴了。

"嘿，兄弟，咱们在一辆战车上，那就是兄弟了，怎么进出都不招呼我们一下？"两个晋国人问。

到这个时候，宛射犬真的挺佩服他们。看来，晋国人是真厉害。

"开始呢，是一门心思要冲进去；后来呢，是害怕了，想快点儿逃出来。因此，都没顾上招呼你们。"

"哈哈哈哈，兄弟，我们就是急性子，想不到你比我们还急啊。好兄弟，回去好好喝一顿。"晋国人高兴了。

晋国人，有时高傲得让人讨厌，有时又痛快得让人喜欢。

终于，还是楚国人率先撤军了。

晋国人走了，齐庄公松了一口气。至少，给自己争取到了一年的时间。

第一五二章　又是一个风流鬼

可是，明枪易躲，暗箭难防。抢人家土地可以容忍，抢人家老婆那是绝对不能容忍的。而齐庄公就犯了一个错误，他不该碰别人的老婆。谁的老婆？

说起来，这是一件很丢人的事情。

东郭偃也是齐国的公族，可是混得不好，只能混到崔杼的手下做家臣。东郭偃有个姐姐，嫁给了棠公，因此叫作棠姜。

一年前棠公脑膜炎发作，死了。崔杼前去吊唁，就是东郭偃驾车去的。到了棠公家里，棠姜出面表示感谢。崔杼一看，哎呀妈呀，棠公死得太亏了，他这老婆太漂亮了。

从棠公家回来的路上，崔杼就对东郭偃说了："小舅子，哎，叫你呢，把你姐姐嫁给我怎么样？"

崔杼急啊，所以先认了小舅子。

按理说，能找到这么个姐夫，那绝对是东郭偃的造化。可是他不干，他说了："别叫我小舅子，咱可都姓姜，都是太公的后代，同姓不通婚啊，不行。"

东郭偃拒绝了。

"那是一婚，二婚就不讲究了。"崔杼一定要娶。

"不行，三婚也不行。"东郭偃挺有原则。

"那、那占卜，看看老天爷怎么说。"崔杼提了个折中的办法，也就是看上了东郭偃的姐姐，否则，东郭偃这样顶撞他，崔杼早就把他炒掉了。

回到家里，请占卜师来占卜，占卜的结果是困卦转大过卦。

"好，好卦，没问题。"占卜师闭着眼睛说，他知道崔杼想听什么。

"看见没有，好卦。"崔杼很高兴。

恰好陈无宇来串门，崔杼就请他也看看，陈无宇看完，认为不是好卦，是凶卦，对男方不利。

"她的凶险早就已经在前夫身上应验了，我怕什么？"崔杼这样说，看来，见色忘命不仅是鲁国男人的特点，也不仅是楚国男人的特点，还不仅是晋国男人的特点，更是齐国男人的特点。

就这样，崔杼把棠姜娶了回来。

崔杼强娶棠姜的事很快传遍了齐国，大家都说："哇，棠姜该有多美？"

齐庄公也听说了，他也想知道棠姜究竟有多大吸引力。于是，齐庄公找了个借口到崔杼家里做客，自然，棠姜要出来见客。齐庄公一看，哇，当时就理解崔杼为什么要强娶棠姜了。

从那之后，齐庄公经常看望崔杼，不过主要是在崔杼不在家的时候去看望他，实际上就是去看望崔杼的老婆。

崔杼不是傻瓜，早就发现老婆被齐庄公弄上床了，尽管老婆是个二婚，可是二婚也不能随便跟人上床啊。

"我、我也是没有办法啊，你是个男人，连自己的女人都保护不了，难道还要怪我？"在一个没有月亮的晚上，棠姜哭着把事情说了，不过并没有认错，而是说崔杼有错。

崔杼本来对老婆一肚子火，听听老婆说的有道理啊，男人要是不能保护女人，女人为什么要嫁给男人？

"我不怪你，我、我一定要报仇。"崔杼发誓，两口子抱头痛哭。

崔杼尽管发了誓，可是真的要弑君，还是有很多顾忌的。

可是，齐庄公似乎在变本加厉，他不仅经常上崔杼的床，甚至还要从崔杼的家里拿战利品。崔杼的帽子、衣服，一件件都被齐庄公拿回宫里去了。

有一次，齐庄公把崔杼的帽子送人了，那人不知道是崔杼的，很炫耀地戴着到处走，把崔杼气得咬牙切齿，这不是一顶普通的帽子啊，这是一顶闪闪发光的绿帽子啊。

齐庄公身边的人劝齐庄公不要这样，齐庄公不以为意，笑道："难道老崔就这一顶帽子吗？帽子嘛，谁都可以戴，哈哈哈哈。"

现在，崔杼真的下定了决心。

贾举是从晋国逃到齐国的，他原本是栾盈手下的勇士，如今和州绰一样做了齐庄公的贴身侍从。一次，因为一件小事，齐庄公鞭打了他。于是，贾举怀恨在心。想当初在晋国的时候，栾盈对大家就像兄弟一样，别说鞭打，就是斥责也没有过。

贾举的怀恨在心被崔杼知道了，于是崔杼悄悄地找到贾举。

"兄弟，有仇不报非好汉啊，怎么样，跟着我，让你升官发财。"崔杼很轻易地跟贾举达成了共识，于是，一出精心安排的谋杀案开始了。

这一天，齐庄公又要去看望崔杼了，因为根据线报，崔杼出门了。

一声令下，齐庄公率领着七八名贴身侍卫出发了。来到崔杼家里，果然崔杼出门了。齐庄公非常高兴，这下又能爽一阵子了。

"听说老崔病了，特地来看望啊。"齐庄公对迎到门口的棠姜说，使个眼色。

棠姜会意，满面春风地将齐庄公一行迎进了大院，然后来到了内院。

"各位兄弟，门外等候，门外等候。"贾举把侍卫们都挡在了院外，关上了门。

齐庄公一门心思跟着棠姜走，全然没有注意到自己的侍卫们都被卡在了门外。

来到卧室的门口，棠姜转过身来："稍等一下，我把里面收拾一下，搞点儿情调，你再进去。"说完，棠姜进了屋子，把门闩上。

屋子里面，崔杼看见老婆进来，轻轻地开了侧门，拉着老婆的手溜了出去。

门外，齐庄公等了一阵，还没见棠姜开门，有些按捺不住，于是，唱起了情歌。《左传》的说法叫作"拊楹而歌"，拍着柱子打节拍，唱起了情歌。

歌声缠绵凄婉，伴着节拍，时而低沉，时而高亢。

一曲歌罢，齐庄公陶醉在自己的声情中。

一曲歌罢，崔杼的家兵们已经悄悄地来到了齐庄公的身后。

棠姜的门没有开，地狱的大门却已经敞开了。

"兄弟们，别杀我啊，别杀我啊。"转过身来的齐庄公再也没有心情唱情歌了，面对着冷冰的大戟和一双双渴望杀人的眼睛，他只好求饶。

所有人都在摇头。

"兄弟们，放了我，我让你们都当大夫，啊，一、二、三、四……十二个，十二个人都当大夫，我们现在盟誓，我发誓，行不？"

所有人都在摇头。

"那、那别让我死得这么难看，让我在祖庙自杀行不？"

终于有人说话了。

"崔杼大夫病重在身，不能来听取国君的指示了。而我们得到的命令就是来诛杀淫贼，我们听到你唱歌勾搭良家妇女。"领头的那个人说。

齐庄公知道靠忽悠是没戏了，这个时候，只能靠自己了。还好，他是个打过仗的人，还够冷静。

"哎哟，老崔，你来了。"齐庄公向着门口的方向高声说。

大家都回头去看。

说时迟，那时快，齐庄公撒腿就跑，从侧门跑了出去，等到家兵们回过神来，齐庄公已经到了墙下。一纵身，齐庄公的双手已经攀上了墙头，向上爬去。

如果没有弓箭手，齐庄公就逃走了。可是，崔杼知道齐庄公的身手，所以，为他特地安排了两个弓箭手。

两支箭出去，一支擦着头皮飞了过去，另一支扎在了齐庄公的屁股上。

"啊。"一声惨叫，齐庄公从墙上掉了下来。

家兵们这次再也没有废话，追上去，一人一戟，完成了自己的任务。

第一五二章　又是一个风流鬼

齐庄公被杀，随后，崔家家兵四面涌出，剿杀齐庄公的侍卫们。

侍卫们尽管都是知名的勇士，可是，饿虎难敌群狼。

"别杀我，别杀我，自己人，我是卧底啊。"贾举慌了，大声喊道。

"卧你个头，杀的就是卧底。"

最终，包括贾举、州绰在内，齐庄公的侍卫们全部被杀。

318

齐庄公被杀的消息立即传遍了大街小巷，下面，来看看齐国官场的各种反应。通常，遇上这样的事情会有以下反应：声援或者支援崔杼；为齐庄公效忠并讨伐崔杼；逃亡；躲在家中探听消息并静观其变。

绝大多数人是最后一种，也就是躲在家里，派出家人前去现场探看消息。

庆封是第一种，他立即赶往崔杼家中，表态支持。

申蒯是第二种，他是一个负责渔业的官员，听说齐庄公被杀，于是对自己的家臣说："带我老婆孩子逃亡吧，我要为国君而死。"

家臣说："那不行，我要跟你一块儿去。"

结果，申蒯和他的家臣一块儿战死在崔杼家中。

闾丘婴和申鲜虞是第三种，他们都是齐庄公的宠臣，很担心崔杼和庆封会来杀自己，于是联合出逃。申鲜虞赶着车到了闾丘婴家门口，闾丘婴把老婆裹得严严实实，放到了车上，准备带着老婆一块儿逃。

"去你的。"申鲜虞一脚把闾丘婴的老婆踹下车去了，心想我都没带老婆，你凭什么带老婆？嘴上却说："国君死了你都不肯去为国君战死，却要带走老婆，哪个国家肯收留你？"

没办法，闾丘婴只好跟申鲜虞两人驾车出逃，任老婆又哭又闹又骂"天杀的"。两人奔逃两天，逃到了鲁国。其实，根本没人要杀他们。后来申鲜虞在鲁国雇了人为齐庄公守丧，不知道为什么感动了楚国人，结果把他邀请到楚国，担任了右尹。

晏婴是第几种？哪种都不是。晏婴的故事本是要放在后面讲的，因为这一段实在无法割舍，先在这里说说。

晏婴来到了崔家的门口，却没有进去。

"你要为国君战死吗？"有人问他。

"凭什么？他又不是我一个人的国君。"晏婴反问，《左传》原文："独吾君也乎哉？"这句话几千年来一直受到批判，因为既然可以说"独吾君也乎哉？"岂不是也可以说"独吾国也乎哉？"

"那，你要逃亡吗？"有人又问。

"我又没犯罪，凭什么逃亡？"晏婴又反问，《左传》原文："吾罪也乎哉？"

于是有人又说了："既然不为国君战死，也不想逃亡，那回家去吧。"

"君死，安归？君民者，岂以陵民？社稷是主。臣君者，岂为其口实，社稷是养。故君为社稷死，则死之；为社稷亡，则亡之。若为己死而为己亡，非其私昵，谁敢任之？且人有君而弑之，吾焉得死之？而焉得亡之？将庸何归？"（《左传》）这段话的意思是这样的：国君死了，我们能去哪里呢？还不是要在这个国家过日子？作为百姓的君主，他应该是管理好这个国家，而不是欺凌百姓；作为国君的大臣，应当为这个国家服务，而不仅仅是为了工资和奖金而工作。国君要是为了国家而死，我当然也要为国家而死；国君要是为了国家而流亡，我也要为国家而流亡；若是他为了自己的私欲而死，为了自己的私欲而流亡，去他的，除了他的亲信跟班，谁也不会也不应该跟他去死、去流亡。再说了，国君当初也是崔杼立的，现在也是他杀的，关我什么事？我是打酱油的，凭什么我要去死、去流亡？

事实上，这是绝大多数人的心声，只不过被晏婴说了出来。

晏婴，直爽人也。

就这样，晏婴一直在门口看热闹。等到崔家的战斗彻底结束，打开大门准备收尸的时候，晏婴才走了进去。他来到齐庄公的尸体旁，趴在大腿上哭了几声，起来跳了三下，匆匆走了。

在晏婴看来，做到这个，自己已经够意思了。

崔杼的手下问要不要杀了晏婴，崔杼说："算了，人家其实代表了大多数人的想法，杀他干什么？"

崔杼很聪明，他知道，只要不杀晏婴，绝大多数人就会安心了。

第一五三章

了不起的春秋史官

为了削弱国、高两家的势力，齐国公室几代人在扶持崔家和庆家，可以说卓有成效，国、高两家被有效削弱，崔、庆两家则异军突起。可是，齐国公室没有料到的是，几百年来，国、高两家也没有杀过国君，而崔、庆两家短短不到十年时间，已经有两任国君被他们干掉了。

事实证明，老牌贵族通常保守严谨，轻易不会做太出格的事情；而新贵往往作风泼辣，心黑手狠，六亲不认。

所以，扶持新贵要谨慎。

319

杀了齐庄公，崔杼和庆封立齐庄公的弟弟公子杵臼为国君，也就是齐景公。齐景公，是公孙敖的外孙。

立了齐景公，崔杼召集大臣们在齐国祖庙盟誓，誓言是这样的："谁要是不亲近崔家和庆家，全家死光光。"不过晏婴没有这样说，他说："我晏婴要是不跟忠君利国的人亲近，请上天惩罚我。"

对于晏婴的话，崔杼尽管不高兴，也无可奈何。

大事办完了，一切都还顺利。崔杼突然想起一件事情来，那就是要给自己留下一个好名声。于是，他找来齐国的太史。

"喂，这事情就这样写：齐庄公奸淫良家妇女，被愤怒的群众所杀。"崔杼指示。

"不好意思，我早就写好了，给你看看。"齐国太史把记录历史的竹简递了上来。

崔杼接过来一看，脸色就变了，因为上面赫然写着"崔杼弑其君"。

"改过来。"崔杼下令。

"不改。"

"不改？不改我杀了你。"

"你敢？国君也不敢杀太史。"太史够硬，不过说的也是实话，国君也没有资格杀太史。

"老子偏要杀。"崔杼不管这些。

"杀了也不改。"

"杀。"崔杼命令手下将太史杀了。

太史这个职业，属于家族事业。所以，齐国这位太史被杀之后，就轮到他的弟弟做齐国太史。

"你怎么写？"崔杼把太史的弟弟找来了，威胁他。

"崔杼弑其君。"太史的弟弟说，眼都不眨一下。

"你、你也不想活了？"崔杼有些恼火。

"你以为太史家族有软骨头吗？"崔杼想不到的是，太史的弟弟同样硬气。

"我杀了你。"

"杀了我也这样写。"

"杀。"

崔杼又杀了太史的弟弟。

现在,轮到了太史弟弟的弟弟。

"看见你两个哥哥的下场了吗?你准备怎样写?"崔杼问,特地让太史的弟弟的弟弟看到两个哥哥的尸体。

"崔杼弑其君。"太史弟弟的弟弟说,毫不畏惧地盯着崔杼。

"你、你也要找死?"

"怕死的不做太史,有种的就来吧。"这位更硬。

"你、你真不怕?"崔杼有点儿心虚了,他感觉自己在气势上被震慑了。

太史弟弟的弟弟没有理他,只是轻蔑地看着他。

"来人,杀、杀了他。"崔杼有些受不了了,又让人杀了太史弟弟的弟弟。

太史一共是兄弟四个,如果老四再被杀,那就成了满门抄斩了。

所以,当老四来到的时候,崔杼感觉自己有些把握。

"你,怎么样?"崔杼问。

"崔杼弑其君。"老四说。

"何必呢,人生苦短,何必这么认真呢,啊?你难道不怕你们家断子绝孙吗?只要你听我的,金玉、美女任你挑选,怎么样?"威胁不成,崔杼决定利诱。

"崔杼弑其君。"老四没有回答他,重复了这句话。

"你们家难道都不怕死?"崔杼还不甘心。

"崔杼弑其君。"还是这句话。

"唉。"崔杼叹了一口气,他认栽了,"我服了还不行吗?你走吧。"

老四捡起了被崔杼扔在地上的竹简,走了。

刚出崔杼家的门,看见南史氏家的兄弟来了。

"四哥,怎么样?我来了,我兄弟在后面准备着。"来人说道。

南史氏是太史家族的别支,一旦太史家族灭绝,就轮到南史家族担任太史。听说太史兄弟被杀了,南史家族派人来了,他们也准备这么写。

于是,齐国的历史就这么记载:"崔杼弑其君。"

春秋的历史为什么这么精彩、这么真实?因为我们有许许多多伟大的史官,从某种意义上说,春秋的历史是他们用鲜血和生命写成的。相比于他们,后世的史官们应该感到可耻。

春秋史官永垂不朽,他们是真的不朽。

这一年,是齐庄公六年(前548年)。

崔杼和庆封达成了紧密合作的关系,两家商量好,要像国家和高家一样互相支持。

于是,崔杼出任右相,庆封出任左相。至此,齐国以左相和右相取代了上卿的地位,在形式上进一步架空了国、高两家。

齐国的事情发生在夏天,秋收之后,晋国人又纠集了十二国盟军准备讨伐齐国。

"各位,我真倒霉,刚当上国君就遇上这种事,怎么办吧?"齐景公急忙召集会议,讨论当前严峻的形势。

"好说,咱们派人前去求和,把从前的事情都推到庄公身上。"崔杼出主意,他早就想好了。

于是,就这么办了。

说是这样说,但是崔杼没有胆量去晋军求和,他知道范匄看见他非砍了他不可。于是，这个光荣的任务就交给了庆封。

庆封没办法，只能硬着头皮来到盟军驻地。盟军已经做完了动员，正准备出发。

庆封知道该怎样做，他带了两样东西：艺人、礼品。

带艺人和礼品干什么？先说礼品。

庆封没有首先去见晋平公，而是去见了范匄和赵武。当然，大包小包的礼品拎着。

"两位元帅，我代表齐国来投降了。前几年我们得罪了晋国，都是齐庄公那老东西搞的，如今我们杀了他，立了新国君，我们日思夜想要重新加入盟会，在晋国各位元帅的领导下，为了和平而奋勇前进呢。那个什么，两位元帅辛苦了，我们准备了一点儿小意思，不成敬意，啊，不成敬意。"庆封先把责任都推到齐庄公身上，然后直接拿出礼品。

范匄和赵武对于谁负责任其实没有任何兴趣，他们对礼品有兴趣。两人当即收下礼品，一看，笑了，礼品还不错。

"那什么，我们也知道这事情肯定是齐庄公等一小撮人干的，只要齐国人迷途知返，重新加入盟会，我们的怀抱就是敞开的。不过，话是这么说，我们两人能够感受到你们的诚意，可是，下面的弟兄们不一定理解啊。"范匄是个老油条，话说得很有艺术，意思就是只给我们礼品，怕大家有意见。

庆封听完笑了，来之前崔杼就跟他交代好了，晋国人是个官就腐败，只打点中军帅是不够的。所以，来的时候，就按照人头准备了礼物，此外还多备了几份。当时庆封还觉得崔杼有点儿神经过敏，现在看来，崔杼是对的。

"元帅，我们齐国就算没有贵国强大，也不至于连这点儿事都不懂啊，元帅放心，我已经准备好了礼物，犒劳大家。那什么，麻烦给我们个花名册。"庆封连忙表示。

范匄和赵武也没客气，叫人进来准备了花名册，这些人是：六卿、五吏、三十个领军将领、三军大夫、各部门主管、本地地方官。

一百多份礼物，庆封派人一一送到，齐国人折腾得够呛，晋国人则很开心。礼送到位了，事情就好办了。

之后，范匄和赵武亲自带着庆封去见晋平公，晋平公也有礼物，就是祭祀用的器皿和乐器。礼物送足了，再加上六卿一窝蜂为齐国说好话，基本上把齐国吹得天花乱坠，只有一个坏人叫齐庄公，其他都是贤人。

"主公，为了表达我们的诚意，我还特地带了一帮男女，现在已经在您的大帐外面排成了两排，请您检阅。"庆封看一切顺利，又使出了最后的绝招儿。

"什么？"晋平公没弄明白什么意思，不过没关系，看看就明白了。

晋平公带着六卿出了大帐，只见外面排了两排齐国人，男女都有，穿的都是卿大夫的服装，不过是投降用的服装，一个个低垂着头，等待晋平公受降。

原来，庆封从齐国后宫把齐庄公的艺人们给弄来了，相当于齐国的国家歌舞团。让这帮人装扮成齐国的高官，在这里现场表演投降。

"哈哈哈哈，你们齐国人太有才了。"晋平公忍不住大笑起来，大家都放声大笑。

庆封也笑了，他知道，和平又来到了。

所以，不要小看艺人的力量，他们常常改变世界。

此后，艺人们在盟军中巡回表演，算是劳军。

320

天下太平了。

范匄决定退休，一来是年纪大了，老年痴呆的症状越来越明显；二来是必须给儿子腾位置了，儿子总是当不了卿，混不进那个圈子，会影响今后的发展。再说，范匄越来越觉得跟那帮小兔崽子说不到一起，大家的观念完全不同，也就是俗话说的"有代沟了"。

所以，范匄申请退休了。晋平公假惺惺地挽留了几句，还是批准了。

现在，晋国的六卿是：中军帅赵武、中军佐韩起、上军帅中行吴、上军佐魏舒、下军帅范鞅、下军佐智盈。这，也就是晋国的六大家族。

按照晋国的不成文规矩，只要上辈做过中军帅，后辈自然进入卿的行列。看看现在的六卿，范家、赵家、智家、韩家、中行家都符合这个条件，如果魏舒今后能够混到中军帅，也就意味着晋国六卿完全是世袭，别人再也没有机会。

现在的现实就是，六卿的能力普遍不高，可是叔向、张侯、籍偃这些能力和人望都很高的人却没有可能成为卿。

已经说不清楚这是第几代领导团队了，只能说现在的领导团队是富二代、富三代甚至富四代。这一代领导团队最大的特点就是没有真正打过仗，都是在家族的优越条件中成长起来的。对于他们来说，"争霸"是个没有什么意义的词，每天吃香的喝辣的，什么都有，争什么霸？冒着生命危险跟楚国人战斗，图什么啊？

这么说吧，这一代人是享乐的一代，而不是战斗的一代，更不是创业的一代。

"各位，和平的生活无限美好，为什么要打仗呢？"六卿会议上，新任中军帅赵武提出了这个问题，大家喝着茶，还有歌舞助兴。

"是啊，放着好日子不过，为什么要去打打杀杀呢？我们讨厌战争。"大家都这么说。

"那，我建议我们展开和平计划吧！"赵武建议。

"我沙发。"韩起赞同。

"我板凳。"中行吴拥护。

"我、我地板。"魏舒支持。

第一五三章　了不起的春秋史官

"我顶。"范鞅响应。

"我再顶。"智盈叫好。

"你们呢?"赵武问正在歌舞的艺人们。

大家没有说话,都露出了笑脸。

纯表情跟帖。

话不是这些话,意思就是这么个意思。

这是一次具有重要意义的六卿会议,尽管这次会议没有被历史记载下来。

新官上任三把火,赵武决定点一把火。

按照上任做减法,下任做加法的原则,赵武上任做的第一件事就是减少诸侯的贡品。

自从荀偃和范匄先后担任中军帅以来,两人连续做加法,对于诸侯的盘剥日甚一日,诸侯的贡品定额逐年增加,搞得盟国怨声载道。后来郑国的子产给范匄写了一封信,针对贡品定额太高进行了谴责和劝诫,因为信写得好,范匄做了做姿态,将定额减少了一部分,但是依然很高。

子产的信中有这样一句:"毋宁使人谓子'子实生我',而谓'子浚我以生'乎?"

什么意思?你是愿意让大家说"老范给了我们好生活",还是要让大家说"老范靠压榨我们而过上了好生活"?

其实,历朝历代的统治者都应该拍着良心问问自己这个问题。

赵武上任,由于自己没有战功,只是靠年头熬上来的,因此需要做一些事情来让诸侯拥护自己,想来想去,就干这件事情最得人心。

"其实,晋国也不差这点儿东西,大家表达个心意也就够了。今后东西少给点儿,平时的礼节到位一点儿,诸侯得实惠,晋国得面子,不是双赢吗?"赵武对六卿说,大家都觉得有道理。

这件事情一做,诸侯都说:"赵元帅真是个好人哪,为我们做了一件实事。"

从那之后，诸侯的使节们跑晋国跑得更勤了。

赵武还有更进一步的和平计划，那就是跟楚国人展开和平谈判，两大阵营今后和平相处。他先后找来了鲁国的叔孙豹和宋国的向戌，对他们说："齐国刚刚发生了内乱，崔、庆两家肯定没心思惹是生非。两位跟楚国的令尹关系也不错，今后不妨找机会跟楚国人坐下来谈谈，从今之后摈弃武力，让大家都过上安生日子。"

为什么赵武没有找郑国人？因为郑国人不具备这样的地位。

对于这个建议，叔孙豹和向戌都纷纷叫好，谁不想过安生日子啊？

不过具体做起来就不一样了，鲁国人尽管拥护，但是却没有多少主动性。再说了，这项方案对他们来说，意义不是太大。

而宋国不一样，他们的外交方针是"独立自主"，他们谋求独立地位，而办成这件事情恰好有助于他们地位的提升。另一方面，宋国紧邻楚国，是两个超级大国争霸的主要受害者，因此晋、楚和平对于宋国的好处是看得到的。

所以，向戌做这件事情很卖力。

向戌先去晋国和六卿探讨了和平模式，晋国六卿经过讨论之后制定了和平方案，具体就是：第一，晋、楚两国互相承认对方的霸主地位以及对方的势力范围；第二，双方的仆从国除了朝拜自己的盟主，还要朝拜另一个霸主。

向戌拿着这个方案去了楚国，楚国人这时候正处于下风，看到这个平等方案当然非常满意，于是立即同意。

两个超级大国同意之后，大的局面基本就确定了。但是，还有两个国家需要单独说服，一个是秦国，另一个是齐国。秦国表示同意，因为他们也在谋求和晋国之间的和平，而齐国一开始并不愿意，因为他们觉得没面子，朝拜一个国家也就算了，还要朝拜两个国家，太没面子了。可是，经过讨论之后，齐国还是同意了。

从晋平公十年（前548年）赵武接任中军帅，到晋平公十二年（前546年），两年时间里，宋国的向戌竟然把事情办妥了。

这一年的六月，诸侯将在宋国首都睢阳聚首，见证和平的到来。

在和平来到之前的短暂时间里，我们要抓紧时间介绍一下这些年来楚国发生了什么。

第一五四章

廉政风暴

在中原战场，楚国人在疯狂的军事竞赛中最终败下阵来。

之所以不再与晋国人逐鹿中原，不仅是因为楚国耗不起，还有一个重要的原因，那就是在东面的战场上，吴国人不定期地侵扰楚国，让楚国人根本没有办法把全部精力放在对付晋国上。相对于争霸中原，当然是本土的安全更为重要。

相对于中原战场的失利，东面战场更让楚国人心烦和窝火。狡猾的吴国人自从得到晋国军事专家的支援之后，战斗能力和军事理论都有大幅提高，而且他们不讲礼法，专门趁楚国有事的时候来骚扰。由于两国边境多是山区，楚军也没有办法深入作战，只能被动防守。

与吴国人的几次战争中，吴国人基本上采取游击战术。因此，楚军尽管实力占优，却是胜少负多，连续两任令尹子重和子囊都是因为被吴国击败之后心情郁闷，突发疾病而死。

中原被晋国人占据，东面还有吴国人骚扰，楚国人实际上所能号令的只有三个小国：陈国、蔡国和许国。这三个紧邻楚国的国家实际上是可以随时灭掉的，楚国之所以留下他们，也是为了面子——晋国人手下有十二个跟班，我楚国总不能一个也没有啊。

然而，令楚王郁闷的是，就这么三个跟班，还总想着投靠晋国。

为什么呢？

321

楚国人的腐败，与晋国人相比也毫不逊色。

按理说，楚国为自己的仆从国所制定的进贡标准是很低的，基本上也就是象征性的。可是，楚国官僚们到各国索贿、受贿以及吃喝玩乐的疯狂程度比晋国人有过之而无不及。因此，三个仆从国感到受不了，他们很向往加入晋国人所领导的盟会，摆脱楚国人的压榨。他们幻想着加入盟会就能过上有尊严不被敲诈的日子，因为他们不知道晋国人跟楚国人是一路货色，天下乌鸦一般黑。

从楚共王到楚康王，他们看到了晋国人的腐败，也看到了自己手下的腐败。他们常常困惑于晋国人对于腐败问题的无能为力，也就常常下决心要在解决腐败问题上比晋国人做得好。

晋国是内阁制，腐败生于内阁成员，而内阁成员之间往往不愿意互相得罪，即便是中军帅也睁只眼，闭只眼，一来这国家不是自己的，何必那么认真；二来谁没有死的时候，自己死了，谁知道谁当中军帅，要是得罪了人，自己的儿孙可就不好混了。所以，面对腐败，中军帅基本上不闻不问。而国君权力较小，也很少会干预这一类的问题。楚国不一样，他们不是内阁制，而是国王制。所以，楚王可以随时处置腐败分子。

楚共王二十年（前571年），楚国进行了第一次"廉政风暴"，右司马公子申在诸侯国中索贿受贿，被诸侯投诉。楚共王一点儿也没客气，杀了公子申，传首诸侯，算是给大家一个说法。

后来到了楚共王二十三年（前568年），陈国暗中准备投靠晋国，楚共王知道后责问陈国人，陈国人就说杀了公子申，还有后来人，现在子辛索贿受贿比公子申还过分，逼得大家没有活路了。子辛是谁？子重之后的楚国令尹。

楚共王没客气，把子辛也给砍了。这一次，是第二次"廉政风暴"。

所以，说起反腐来，楚王的决心是很大的。可是，即便如此，楚国的腐败还是很严重。

子辛被砍之后，子囊接任令尹。说起来，子囊是个廉洁奉公的好领导。在子囊担任令尹时期，楚国的腐败有所遏制。

到楚康王二年（前558年），也就是晋悼公去世的那一年，子囊去世，于是子庚（公子午）被任命为楚国令尹，公子罢戎为右尹，蒍子冯为大司马，公子橐师为右司马，公子成为左司马，屈到为莫敖，公子追舒（子南）为箴尹，屈荡为连尹，养由基为宫厩尹。

子庚也是个比较廉洁的领导，之后的几年，楚国比较收敛，百姓的生活则比较安定。

到楚康王五年，这一年，荀偃率领盟军讨伐齐国。楚国人原本准备看看盟国内部狗咬狗就算了，谁知道还是有人找上门来了。

谁？郑国的子孔。

自从郑国西宫事变之后，子孔掌握了大权，但是，时间长了，难免露出马脚来，渐渐地，就有人怀疑子孔是当年的内线，兄弟们被害都是他搞的鬼。

时间对子孔很不利，因为真相就像沉在水底的尸体，时间长了，总会浮出水面的。子孔隐隐感觉到不妙，似乎大家都已经准备好了要铲除自己。

怎么办？子孔暗暗下定了决心，他要投靠楚国，然后依靠楚国人的力量铲除身边的威胁，也就是自己的侄子们。

而现在，正是大好时机，因为郑国一半的兵力都跟随晋国去了齐国。

子孔的私人特使来到了楚国，找到了令尹子庚，先说了一通晋国怎样横征暴敛、贪污腐败，然后表达了郑国百姓向往重新回到楚国怀抱的强烈愿望，最后希望楚国能够抓住这个天赐良机，讨伐郑国，子孔为卧底，一举拿下郑国。

"卧底？我讨厌卧底。"子庚拒绝了，他不喜欢子孔这样的人，也不喜欢偷偷摸摸的行事风格。

于是子孔的人找到了楚康王。

"什么，这么好的机会为什么不抓住？我继位都五年了，无所作为，再不出兵，别人都以为我是贪图享乐的人了。"楚康王兴趣很大，于是他立马派人去找子庚，要求他出兵。

子庚这下没办法了，只能出兵了，不过他提了条件："我先领军出征，行的话大王再随后增援，不行的话我就撤。"

还没出征，先提这样的条件，基本上这次出征就不会有什么成果了。

楚军兵分三路侵入郑国，左、右两路进展顺利，所到之处，郑国守军不敢迎战，楚军到处进行掳掠。

中路由子庚亲自率领，进抵荥阳。按照子孔的说法，此时就该里应外合，献出城池。可是子孔没有料到的是，子展和子西看透了自己的计划，一方面加强守城；另一方面对自己严密监视，竟然没有时机里应外合。

子庚在荥阳的纯门外驻扎了两天，看里面没有子孔的动静，再看看天气似乎不太好，要变天了，子庚没有耐心再等下去，下令立即班师回国。

可是，晚了。因为，西伯利亚寒流来了。

西伯利亚寒流来势汹汹，所到之处，狂风大作，气温骤降。楚军在沙河渡河的时候遇上雨雪，本来就冻得浑身哆嗦，如今雨雪下来，无处可躲。结果三军冻死过半，剩下一半也多数被冻伤。

楚军凄惨回国，通知各家领尸。

楚军撤了，这边子孔的日子可就不好过了，等到盟军讨伐齐国完毕，郑军回国，弟兄们就动手了，结果子孔当然不是那帮侄子的对手，全家被杀，还连累子革和子良两家被驱逐，子革和子良两人逃到了楚国，后来子革还担任了楚国的右尹。

这个子良不是十一兄弟中的子良，而是士子孔的儿子，也就是子孔的侄子。

楚国官制，令尹相当于首相，军政一把手，其下为左尹、右尹，左尹和右尹协助令尹管理国家，地位仅次于令尹。此外，还有大司马、左司马和右司马，属于令尹在军队中的助手。

申鲜虞和子革先后担任右尹，说明楚国很重视外来人才在国家管理上的才能，因此大胆使用。但是，在军队体系，外来人才很少有机会。

322

元气大伤的楚国人再也没有力量北上了。

三年之后，令尹子庚去世。楚康王的意思，蒍子冯接任比较合适。

当不当令尹呢？蒍子冯很犹豫。因为楚国的腐败已经很严重，自己要是不管呢，说不定哪天廉政风暴来了，自己的脑袋也保不住；要是管呢，那绝对得罪人。所以，他很犹豫。于是，他去找申叔豫求教。

"大王的宠臣很多，而他又没什么主见，千万别当。"申叔豫这样忠告，他是申叔时的孙子，楚国最有智慧的家族的传人。

蒍子冯觉得很有道理，可是又不能直接拒绝，怎么办？

"装病。"申叔豫给了个建议。

蒍子冯派人去见楚康王，说是自己卧床不起，不能接受任命了。于是楚康王派医者去看望蒍子冯，顺便看这家伙是不是装病。医者来到蒍子冯家里，蒍子冯正卧在床上呢，医者一看，吓了一跳，只见蒍子冯穿了两件棉袄，外面还套了一层皮大衣，正躺在床上睡觉呢。大夏天的，别人恨不得光膀子，他竟然穿这么多。

医者来到床边，就觉得寒气逼人，看来，蒍子冯是病得不轻。看脸色不太好，医者摸了摸脉，就觉得一股寒气从蒍子冯的身上吹来，令人发抖，不过呢，脉搏似乎又没什么问题。

医者怎么想也想不通这是什么病，没办法，回去回复的时候就说了："大王，他的身体很虚弱，但是血气没什么问题，是一种怪病。"

楚康王没脾气了，只得任命子南为令尹。

那么，蒍子冯究竟得了什么病？什么病都没有，他就是弄了很多冰放在自己的床下，又把自己饿了半天。

寒气逼人，那是冰，不是病。

早在春秋以前，人们就已经在地窖里藏冰了，到了夏天拿出来避暑，相当于开空调。

蒍子冯是对的吗？看看事情的发展吧。

子南当上了令尹，他决心像子庚一样做个廉洁的令尹。

子南一开始还拒贪腐，但是，你不贪，不等于你的亲戚朋友不贪。所谓一人得道，鸡犬升天，自从子南担任令尹，子南的亲戚老表、亲信哥们儿就打着子南的旗号，到处招摇撞骗，大发横财。

对于家族和亲信们的腐败行为，子南知道吗？他当然知道。一开始他还管管，后来尝到了甜头，就懒得管了。再后来，干脆同流合污了。

"孙叔敖过时了，我要学习管仲。"子南说，他的意思是他发财是学管仲。

子南上任一年，楚国的腐败之风越刮越烈。几个诸侯小国又发出抱怨的声音，暗中开始准备投靠晋国。

子南终于有点儿坐不住了，他找来几个亲信，讨论目前的形势。

"看来，不反腐是不行了。几位，谈谈看法。"子南首先发言。

所有在座的都是腐败分子，都是腐败的既得利益者。与腐败分子讨论反腐，结果当然只能有一个。

"日子过得好好的，反什么腐？"一个叫作观起的小兄弟立即提出反对意见，观起官不大，但是不到一年时间就暴富了，家里有十多辆车，几十匹马。

"可是，国家在衰落啊，我身为令尹，不能坐视不管啊。"子南说。

"令尹啊，你想想，现在全楚国都在说我们腐败，真要反腐，只怕是搬起石头砸自己的脚啊。"子南的小舅子提出。

在座的，没有一个人支持。腐败分子们一致表示，宁可亡国，不能亡家。"楚国完蛋了，咱们还能去晋国、去齐国过好日子啊。家族完蛋了，咱们别说好日子，连命都没了。"

子南决定，不反腐了。

不过，有的腐败分子未雨绸缪，选择了转移财产到别国，或者把老婆孩子送到别国，而他们的目标主要是齐国。

腐败分子们显然低估了楚康王的力量。

对于楚国的腐败现象，楚康王看在眼里。对于子南的腐败行为，楚康王已经到了忍无可忍的地步。他决定，楚国要进行第三次"廉政风暴"了。

子南的一个儿子叫作弃疾，现在在宫中担任卫士，很尽心尽力，楚康王很喜欢他。如今准备对子南动手，楚康王就觉得有些对不住弃疾。所以，最近接连三次见到弃疾，楚康王都会默默流泪。

"大王，您已经三次在我面前流泪了，是不是我有什么罪过？"弃疾终于忍不住要问一问了。

"弃疾，你父亲贪污腐败，触犯国法，我准备惩罚他。请问，你今后还能留下来吗？"楚康王问，他并没有准备杀弃疾，而是希望他继续留下来。

弃疾恍然大悟，其实最近这段时间他已经感觉到楚康王会有大的行动，

第一五四章 廉政风暴

没有想到是针对自己父亲的。

"大王，父亲被杀了，即便儿子留下来，大王还会相信他吗？不过，泄密也是严重犯罪，大王放心，我不会告诉我父亲的。"弃疾哭了，他知道，自己是救不了父亲的。

楚康王也哭了，但是他知道，自己必须行动了。

第二天，子南上朝的时候被当场捉拿。

"大王，为什么？"子南大叫。

"为什么？把观起带上来。"楚康王没有回答他，他事先捉拿了观起。

观起被押了上来。

"观起，贪污腐败，索贿受贿，敲诈勒索，你认不认罪？"楚康王亲自审问。

"大王，冤枉啊。"观起大声喊冤。

"冤枉？经查，你有豪华车辆十三乘，良马五十匹，此外家中还有牛羊皮若干张，锦若干匹，铜器若干。以你的薪水及田地收入，要一千年不吃不喝才能挣到这么多。说，不是贪污腐败，你的财产从哪里来的？"楚康王厉声问，他是做了充分调查的。

"这，这个……"观起张口结舌。

那年头，还没有股票，也没有彩票，老婆炒股、孩子中彩之类的凭空洗钱术还没有，观起也只能干瞪眼。

观起没话说了，楚康王又开始问子南。

"子南，你怎么说？"

"我、我坚决拥护大王处置观起，我真是瞎了眼，怎么没看出观起是这么个腐败分子来呢。"子南连忙说，转移话题。

"不是说他，说你自己，你家里的财产比他多多了，你也说说哪里来的？"

"我、我、我真不知道啊，都是我老婆在打理。"到了这个时候，子南也只好把老婆推出来。

"你是令尹还是你老婆是令尹啊？啊，你这就是巨额财产来源不明，你还有什么话说？"

"我、我，嘻。"子南叹了一口气，装作很后悔地说，"我、我对不起大王的栽培和信任，我、我惭愧啊，在今后的工作中，我一定改正错误，百尺竿头，更进一步。"

"没有今后了。来人，拉下去砍了。"楚康王下令。

武士上来，不由分说，将子南拉了下去，片刻，正法完毕。

子南被杀，观起怎么样？

观起被五马分尸，然后全国展览。

子南的尸体在朝廷外示众。三天之后，弃疾请求收尸，楚康王批准了。

埋葬了父亲，有人问弃疾是不是要流亡了。

"我参与了杀自己的父亲，哪里还会收留我呢？"弃疾说。

"那，继续在朝廷上干？"

"父亲被杀，却去为杀父仇人卖命，我怎么能做得到呢？"弃疾又说。

流亡也不行，继续在楚国工作也不行，那不是无路可走了？还真是。

弃疾埋葬了父亲之后，就上吊了。

弃疾，一个有原则、有骨气的人，却被贪污腐败的父亲连累。

第一五四章　廉政风暴

第一五五章

楚材晋用

廉政风暴，子南被杀。

楚康王再次任命蒍子冯为令尹，这一次，不能再装怪病了。没办法，只好硬着头皮当了令尹。

当了一段时间，蒍子冯在朝廷上遇上申叔豫。

"老申，早上好。"蒍子冯打了个招呼。

申叔豫就像没听见一样，只是用余光扫视了蒍子冯半眼。

"老申，早上好。"蒍子冯又说一句。

这一次，申叔豫甚至没有用余光扫视蒍子冯。

"老申，早上好。"

这一次，申叔豫不仅没有回答，还匆忙走开了。

玩深沉？蒍子冯就觉得有什么问题，急忙追了出去。来到朝廷外，看见申叔豫在前面急速地走，蒍子冯追了上去，申叔豫显然知道他在后面，于是一拐弯来到一处集市，消失在人群当中。

下了朝，蒍子冯没有回家，直接去了申叔豫的家。因为担心申叔豫不见他，索性自己一个人驾车前往。

"老申，三次跟你打招呼，都没理我，我难道有什么过错吗？你为什么不告诉我呢？"蒍子冯对申叔豫说，他知道申叔豫那样做肯定是有缘由的。

"我之所以不敢在朝廷搭理你，是怕受到你的连累。"

"怎么连累你呢？我不贪污不腐败啊。"

"从前观起受到子南宠信，结果子南被他连累，观起也被五马分尸，亲近子南的人也都遭了殃。你说，我怎么能不害怕呢？"

"老申，说明白点儿好吗？"

"我说得够明白了，你要是连这也听不明白，我也没必要再跟你说什么了。"

蒍子冯有点儿郁闷，闷闷地离开了申叔豫的家。

一路上，蒍子冯就在想申叔豫的话，一路想一路驾车，车子总是偏离正道。快到家的时候，他终于恍然大悟。

原来，蒍子冯手下有八个人受他宠信，这八个人并不是卿大夫，可是最近都发了财，人人有车有马。蒍子冯想明白的就是，这八个人就是自己的观起。

"各位，大路朝天，各走一边，明天开始，各位自便吧，我这里没你们的茶位了。"蒍子冯没客气，把八个人都赶走了。

从那之后，楚康王才算对蒍子冯放了心。

不过，蒍子冯在令尹的位置上还是干得小心翼翼，提心吊胆，恨不得早一点儿死，结果仅仅干了三年就去世了。在这一点上，蒍子冯和晋国的士会父子倒颇为相似，不同的是，士会父子怕的是权力斗争，蒍子冯怕的是廉政风暴。

323

蔿子冯去世，屈建（子木）担任令尹。

相比于蔿子冯，屈建更喜欢对外用兵，上任当年就灭了吴国的附庸舒鸠国。第二年，屈建联络秦国，楚、秦联军进攻吴国。

楚、秦两国军队抵达吴国边境的时候，发现吴国人早已经有了防备，于是决定撤军。可是就这么回去又觉得挺失败，干脆两国联军屁股一歪，打到郑国去了。

郑国守卫边境的是皇颉，猛然发现楚国人和秦国人来了，仓皇之间率军出战。郑军当然不是楚、秦联军的对手，大败而归。

皇颉弃车而逃，结果被楚军的穿封戌活捉。穿封戌正要押着皇颉回去，迎面过来一员大将，谁啊？楚康王的弟弟王子围。

"哈哈，我活捉了郑军主将，哈哈。"王子围来到近前，一把揪住皇颉，大喊起来。

穿封戌一看，分明是自己捉住的，这位怎么上来就说是他捉住的？

"喂，搞错了吧？没看见我正押着他吗？"穿封戌说。

"我可没看见你押着他，是我抓住他的。"王子围索性来个不要脸。

"是我捉住他的，你不要脸。"

"你才不要脸，是我捉住他的。"

两人争吵起来。

穿封戌只是个小军官，他不知道对面这位是楚康王的弟弟？知道，可是他咽不下这口气。

正在争吵，来了一个人，谁？伯州犁。

"哎，咱们别争了，伯老来了，楚国最有学问的人来了，咱们问他，让他判断。"王子围提出建议。

"那，那行吧。"穿封戌没办法，只好答应。

两人把问题交给了伯州犁，要说呢，还是晋国人有办法。

"这还不好办？谁捉的他，他自己最清楚啊，问他不就行了？我来问。"伯州犁有办法，听上去还真不错，穿封戌挺高兴，心想这一回该真相大白了。

伯州犁来到皇颉面前，先做一下铺垫："这位，看上去你是个聪明人、文化人，有些事情你自己知道怎么办吧？"

皇颉一听，有点儿弄不明白这句话是什么意思。不过，他是个聪明人，也是个文化人，他知道这句话一定有什么深层含义，自己要小心了。

伯州犁抬起手来（《左传》："上其手"），指着王子围说："这位先生是王子围，身材魁梧，体格健壮，是我们大王最宠爱的弟弟。"

然后，伯州犁把手放下来（《左传》："下其手"），指着穿封戌说："这位名叫穿封戌，楚国边境小县的县尹。"

皇颉现在什么都明白了。

"现在请听题，王子围和穿封戌，谁捉住了你？"伯州犁问。

皇颉抢答了："我遇上了王子围，打不过他，就被他活捉了。"

正确答案。

伯州犁笑了，王子围也笑了，甚至皇颉都笑了。

"老子跟你拼了。"穿封戌暴喝一声，提起手中的大戟，就要来跟王子围拼命。

王子围吓得脸色惨白，掉头就跑，幸亏在场人多，夺下了穿封戌手中的大戟。

"什么王子，臭不要脸。"穿封戌大声叫骂。

这段故事，后来成为一个成语：上下其手。

"上下其手"，比喻玩弄手法，串通作弊。

从郑国捞了一票之后，楚、秦两军各自回国了。

回到楚国，屈建发现有客人在等他，宋国来的客人，是向戌派来的。虽说宋国是晋国阵营的，屈建和向戌的私交还是不错的，私下里常有些书信往来。

"哎哟，老向有什么好消息给我？"屈建挺高兴，他想不到的是，后面的事情能让他更高兴。

"令尹，是这么回事。"来人是向戌派来的和平特使，当下把向戌的和平计划介绍了一遍，说是晋国人很感兴趣，要是楚国也有兴趣的话，宋国愿意做东道主，请晋、楚两国到宋国进行和平谈判，今后双方的盟国互相朝拜，邦交事务都以和平方式解决，世界和平的伟大理想就能实现了。

屈建听完了介绍，非常高兴，算一算，世界和平对楚国实在是好处太多了。第一，目前楚国处于下风，对抗晋国很吃力；第二，晋国的盟国多，楚国的盟国少，互相朝拜，自己就赚多了；第三，要是在自己手上实现了世界和平，那自己岂不是名垂青史了？

屈建决定响应宋国的建议，于是去向楚康王汇报。对于这个建议，楚康王也很感兴趣。两人一商量，决定派人去晋国打探一下对方的态度。可是派谁去呢？想来想去，派谁去都不合适，因为现在双方还是敌对国家，万一对方根本没有诚意，自己这边贸然派人过去，岂不是很丢面子？

最后，屈建提了一个建议：咱们让蔡国派人去，这样就怎么也丢不了楚国的面子了。

蔡国接到了楚国的命令，说是派一个人去晋国，观察一下晋国的情况，同时探一探晋国人的口风，看他们是不是真的爱好和平了。

蔡国派出了上卿声子，一来级别够，二来声子口才很好。

声子上路了，路过郑国的时候，在荥阳郊区遇上了一个人。

"哎哟，世界真小，伍兄，怎么在这里遇上了？"声子很高兴，遇上的人名叫伍举，说起来，就是楚庄王嬖人伍参的儿子。

当初，伍参和声子的父亲子朝私交很好，两家因此也多有往来，声子和伍举也就成了朋友。如今在异国他乡相遇，正是他乡遇故知啊。

"我去晋国，你呢？"伍举说。

"我也去晋国公干，你去干什么？"

"我，唉，我流亡。"

"啊，你在楚国受迫害了？"

原来，伍举娶了王子牟的女儿，可是最近王子牟犯了事，畏罪潜逃了。有人就举报伍举，说是他送老丈人跑的。这下伍举害怕了，连忙出逃，这是要逃到晋国去政治避难的。

"唉，我们家好不容易在楚国混出个模样来，现在又要去晋国二次创业，苍天啊，大地啊，为什么就这么不公平呢？"伍举很沮丧，他对前景很悲观。

"伍兄，不用担心，你尽管去晋国，就当度假了，我保证能够让你回楚国。"声子看见老朋友这样伤心，决心帮他。

"你？你有办法？"

"有。"

"什么办法？"

"不能说，说了就不灵了。"

324

声子在晋国受到了热情招待，他还见到了赵武，就宋国的和平方案进行了讨论，赵武的态度非常积极。临走，晋平公设宴招待声子，六卿大夫等人参加。

晋国人的热情证实了他们的诚意，声子非常高兴。

离开了晋国，声子没有回国，直接来到了楚国，向屈建汇报晋国人的态度。

声子把自己在晋国受到的热情招待介绍了一遍，说晋国人很有诚意，而且对宋国的方案也很满意，楚国方面不用担心。

屈建非常高兴，说完了正事，跟声子随便聊起晋国的事情来了。

"哎，晋国的大夫和楚国的大夫相比，谁更贤能一些？"屈建问，楚国人对这个都很感兴趣。

"这么说吧，晋国的卿不如楚国的卿，可是晋国的大夫比楚国的大夫强，他们的大夫都是卿的材料。"声子考虑了一下说，他说的倒是真话，晋国这一代的卿确实是历史上最弱的，而晋国的大夫如叔向、张侯等人的能力确实比卿要强很多。

"既然我们的卿更强，为什么晋国比我们要强大？"对声子的回答，屈建很受用，不过他还接着问。

"这个，就像杞木、梓木、皮革一样，晋国人用的都是楚国运过去的。楚国虽然人才多，但是都被晋国人用了。"声子假装考虑了一下说，因为这是他早就想好的。《左传》原文："虽楚有材，晋实用之。"

"晋国人就没有什么宗族亲戚之类的？他们自己就没有人才？"屈建略略吃了一惊，这个观点他还是第一次听说。说实话，从前对晋国人，他是有一点儿自卑的，所以听到这个观点，尤其诧异。

"当然有啊。不过，晋国人对楚国人才的使用非常到位，非常充分，特别是用楚国人才对付楚国方面。我听说'善为国者，赏不僭而刑不滥'，善于治理国家的人，赏赐不要失当，处罚不要泛滥。赏赐失当，就可能让坏人得到好处；处罚泛滥，就可能冤枉好人。如果二害择其轻，那就宁可赏赐失当，也不能处罚泛滥。宁可让坏人得到好处，也不能让好人受到冤枉。好人都被赶跑了，这个国家也就没戏了。"声子开始发挥，由于准备充分，当时引经据典，从《诗经》到《夏书》到《商颂》，滔滔不绝，娓娓道来，全程只有一个中心思想：不能冤枉好人。

屈建听得目瞪口呆，活这么大岁数，没见过这么有学问的。

声子一看，心中得意，于是继续忽悠。

"不幸的是，楚国的问题就在于处罚泛滥。所以，楚国很多大夫被迫流亡国外，政治避难，结果呢，所到之处受到重用。反过来，他们再帮助敌国来对付楚国，那是比卧底还可怕啊。想当初子仪叛乱，析公逃到了晋国，晋国人让他做了谋士，结果楚、晋绕角之战，就是他给晋国人出了夜袭的主意，导致楚国大败。晋国人随后攻入蔡国，活捉蔡国国君，又战胜了申、息两地军队，活捉了申丽，郑国从此不敢亲近楚国。雍子的父兄诬陷雍子，楚共王没有分辨是非，于是雍子逃亡到了晋国。到晋国攻打彭城的时候，晋军与楚军狭路相逢，雍子给晋军出主意，做出决一死战的架势，把楚军给吓跑了，晋国人因此才能拿下彭城。子反和巫臣争夺夏姬，巫臣为此逃到了晋国，晋国人把他封在了邢，他不仅帮助晋国人打击北狄，还派他儿子到吴国，教唆吴国人背叛楚国，教吴国人用兵车打仗，吴国人从此频繁骚扰楚国，让楚国疲于奔命，腹背受敌。斗越椒之乱，他儿子贲皇逃到了晋国，晋国人把苗封给了他，鄢陵之战，苗贲皇给他们出主意，结果他们集中优势兵力攻击我们的中军，楚军大败，共王伤了一只眼睛，子反也因此而自杀。这么说吧，郑国的背叛、吴国的强大、楚军失去诸侯等，实际上都是楚国的人才干的，不是晋国人击败了楚国，而是楚人自己击败了楚国。"这一段话，声子说得口干舌燥，不过句句在理，而且耸人听闻。

屈建愣了半天，等到终于想明白之后，一头的冷汗都出来了。

"是、是、是这么回事啊。"屈建现在只会说这一句话了。

声子喝了一碗水，润了润嗓子，接着忽悠。

"现在，有一件空前严重的事件，我不敢不说。伍举做了王子牟的女婿，前不久王子牟犯罪潜逃，有人诬陷说是伍举帮他老丈人逃走的，吓得伍举逃到了郑国。据说他在郑国的时候还在盼望得到赦免，经常向南方眺望，希望回国。我从晋国回来的时候，听说他已经到了晋国，晋国人准备给他封地，享受和叔向一样的待遇。如果伍举今后为晋国人出主意对付楚国的话，其危害恐怕更大啊。天哪，我都不敢想象了。"声子说得声情并茂，说来说去，把话落在了这里。

"是、是。"屈建浑身冷汗都出来了，他在想象，想象伍举被晋国人所用，于是晋国人所向披靡，楚军节节败退，最后楚王一生气一发火一拍桌子，自己的脑袋就可能搬家了。

声子擦了擦汗，说得激动，以至于浑身冒汗了。不过，不是冷汗。

"我、我要跟大王汇报这件事情。"屈建说。

当天，屈建去向楚康王汇报声子前往晋国的情况，之后把声子上面这段话照搬了过去。

"哎呀妈呀。"楚康王也听出一身的冷汗来，当时就下令了，"老屈，你立即派人去晋国，把伍举请回来，我给他升官，给他加薪。"

第二天，屈建就派了伍举的二儿子伍鸣前往晋国，把伍举给接回来了。

当然，和平进程正常推进，屈建派人前往宋国，表达了楚国对和平建议的肯定，表示：楚国一向爱好和平。对于和平大会，楚国将积极参加并抱有美好期待。

这是一段中国历史上著名的忽悠，声子的忽悠水平堪称措辞高雅、有理有据、繁而不杂。既给你自尊，又打击你的自信。既有事实，又有推理。既晓之以理，又动之以情。让你听起来有理，细想更有理。

其实，春秋时期，各国人才流动已经相当频繁，各国也都很重视他国人才。楚材晋用，晋材同样楚用。而事实上，伍举在晋国受到重用的可能性并不大，一来，伍举级别较低；二来，赵武等人并不是很进取的人物，对于人才未必看重。

不管怎么说，声子一番成功的忽悠，让伍举因祸得福。所以，忽悠真是一门学问，自古以来就是。

这一段长篇大论，见于《左传·襄公二十六年》，建议背诵。

这段话中，诞生了两个成语：楚材晋用，引领以望。

此外，运用了两个成语：夙兴夜寐，疲于奔命。

第一五六章

和平大会

周灵王二十六年（前546年），五月，春风和煦，百花盛开。

中原大地，宋国国都睢阳布置得分外妖娆，就像将要出嫁的少女。西门之外，和平大会会场已经修整完毕，设计新颖，装修豪华。

宋国百姓欢欣鼓舞，等待着和平的隆重降临。

最令宋国百姓兴奋的是，时隔六百年之后，商汤后人的土地再一次成为天下的中心，诸侯从四面八方来到这里，就像商朝的时候诸侯从四面八方来朝拜商王一样。

感觉好极了。

325

五月二十七日，从北方来了大队人马，那是北方盟主晋国的和平特使们到了。

在队伍的最前面，是晋国中军主帅赵武，他将是此次和平大会的晋国全权特使；在赵武的身边，是太傅叔向，这位享有崇高威望的晋国头号学者将作为赵武的副宾；在他们的身后，是晋国的下军佐智盈。

这样，晋国代表团的成员是：一个上卿；一个下卿；一个上大夫。这个阵容谈不上豪华，但是很恰当，而且，这是三个恰当的人。

五月二十九日，从西面来了一队人马，那是郑国人来了。

郑国派出了上卿良霄，他是郑国三号人物，除了郑简公和子展，就数到他了。这种场合，他也是合适人选。

六月二日，鲁国的叔孙豹来到。随后，齐国的庆封也赶到了。晚上，卫国的石恶抵达。

十日，邾悼公来到。这样的会议，大国由卿参加，小国就必须国君亲自出席了。

到现在，北方联盟的国家到得差不多了。

十六日，楚国的公子黑肱来到。

之后，晋国和楚国之间进行了预备谈判，谈判双方是智盈和公子黑肱。

二十一日，宋国的向戌来到陈国，在这里会见了正在陈国访问的楚国令尹屈建，双方就和平协议的最后文本进行讨论。屈建提出，让晋、楚两国的盟国交叉朝拜，希望落实这一条。

二十四日，向戌回到宋国，向赵武通报了和屈建会谈的内容。

"晋、楚、齐、秦实际上是四个地位相当的国家，晋国不能指挥齐国，就像楚国不能指挥秦国一样。如果楚国能让秦国的国君到晋国朝拜，那我们就想办法让齐国的国君去楚国朝拜。"赵武表示，他知道楚国不能指挥秦国，因此也提到齐国，免得自己这一边吃亏。

二十六日，向戌又来到陈国，把赵武的意见告诉了屈建。屈建立即派出快车赶回郢都向楚康王请示这个问题。

楚康王批示："齐国和秦国的事情暂时放在一边，先让其他国家互相朝见。"

七月二日，楚康王的指示送达陈国，向戌当天回到宋国。于是，当天晚上，赵武和公子黑肱拟定了盟誓的誓词，双方达成一致。

七月四日，楚国令尹屈建抵达睢阳，同时来到的还有陈国的上卿孔奂、蔡国的上卿声子。当日，曹国和许国的上卿也都抵达。

至此，与会各国成员全部抵达，秦国缺席。

北方联盟在睢阳城北扎寨，南方联盟则在睢阳城南扎寨。

七月五日，和平大会召开，主要程序就是结盟，大家歃血为盟。

结盟之前，楚国人和晋国人都很紧张，都很惧怕对方万一搞个突然袭击。

"命令所有人在外衣里面穿上皮甲，以防万一。"屈建下令。

屈建的担心是有道理的，他知道当初楚成王就曾经在盟会上搞突然袭击，楚国曾经不讲信用，谁能担保晋国人这一次就讲信用？再说，这里是宋国的地盘，是晋国人的势力范围。

随同前来的太宰伯州犁看见了，提出反对意见："令尹，这样不好。集合了天下诸侯，我们却不讲信用，这样的话，天下诸侯又怎么能够信服我们呢？"

屈建看了他一眼，坚持自己的做法，说："晋、楚两国之间的不信任由来已久了，我们之间打交道，怎么对自己有利就怎么做，信用不信用不重要。"

楚国人做了最坏的准备，晋国人呢？

晋国人也在做最坏的准备。

"元帅，我看楚国人很紧张，有可能他们会发动突然袭击。"智盈从楚军营地观察到一些不同寻常之处，急忙来对赵武说。

"不怕，如果他们发动袭击的话，我们立即转移进宋国都城，他们奈何不了我们。"赵武并没有太当回事。

可是，当赵武来到会场，他发现楚国人明显是穿了皮甲的，这时候，他有点儿紧张了。

"楚国人有备而来啊，咱们怎么办？"赵武悄悄地问身边的叔向。

"不怕，一个人不讲信用，就不能在江湖上立足。如今这样的大会，一个国家不讲信用，又怎么能立威呢？再者说了，咱们的人也不少，盟国也比楚国多，还有宋国的大军压阵，怕什么？真要动起手来，楚国人再多一倍也不是对手。放心，他们这样，只是说明他们心里害怕。"叔向断言，他一点儿也不怕。

叔向的分析是正确的，楚国人之所以有防备，是因为他们感觉到自己的弱势，怕被暗算。但是从另一个角度说，楚国人的弱势太明显，如果晋国人存心要袭击他们，即便他们有准备也是无济于事的。

所以，屈建的做法确实不够明智。与其如此，不如大大方方，坦诚相待，反而体现出自己的大国风度和自信来。

和平大会在紧张而热烈的气氛中进行。

宋国人在音乐和礼仪上都很有造诣，或者说很有传统，不仅楚国人看得目瞪口呆，晋国人看得瞠目结舌，就是齐国人、郑国人也自叹弗如，甚至连鲁国人也要赞叹不已。

气氛祥和，充满了和平的味道。

晋国人怡然自得，举止自若。

楚国人很后悔，暗暗说："真傻，穿多了。"

一切按照程序进行，主持人是东道主国的向戌。

终于，到了歃血为盟的时刻。

这是历史性的时刻，晋国人和楚国人要第一次歃血为盟了。

可是，到了历史性的时刻，出了问题。

按照向戌想当然的想法，歃血为盟的顺序是晋国人先来，因为无论从哪个方面来说，都应该晋国人先来。实际上，前面的入场、宣读到会人员等程序，都是晋国排在前面。

但是，楚国人不这么想，正因为是弱势，就更需要占先。

"为什么晋国人先来？我们楚国要第一个歃血。"屈建提出异议。

大家都没有想到，特别是向戌，尽管私交不错，可是这是大是大非问题，向戌谁也不好得罪，当时说不出话来。

"我们晋国本来就是盟主，当然我们第一了，谁有资格在我们前面？"赵武出来说话了，这里，只有他有底气跟楚国人争论。

"你们晋国人口口声声说晋国、楚国是平等的，可是在刚才的程序中你们处处在前面，那不是等于说我们楚国的地位低下？再说了，晋国是盟主，我们楚国也是盟主啊，轮也该轮到我们排一次第一了。"屈建提高了声音。

说起来，屈建是有道理的，如果每个程序楚国都排在老二，那就等于是自认老二了，那这次和平大会就成了以晋国为盟主的盟会了。

咦？赵武心想，你们楚国人真狡猾，前面不吭声，等到现在这个关键环节冒出来了。

赵武不吭声了，可是也不让步。气氛开始紧张，赵武和屈建的脸色都很难看。

但是，脸色最难看的是向戌，他现在有点儿后悔，早知道有这个问题，就不张罗这事情了，要是因为这个而让晋、楚双方在这里打起来，那宋国绝对没什么好果子吃啊。

向戌这个后悔，心想我真傻，怪不得人家都说我们宋国人是二百五。

后悔是来不及了。楚国人下意识地摸了摸自己的衣服，摸到里面硬邦邦的皮甲。

叔向站在赵武的身后，他凑了上去，轻轻地说："元帅，我们晋国做盟主，靠的是德行，而不是主持盟会。实际上，咱们的盟会也经常由小国来主持的。

算了,就当楚国是个主持盟会的小国吧。"

赵武想了想,点了点头,然后在心里默念了十遍"楚国人真傻",说话了:"好吧,就让楚国人先来吧。"

赵武特地把"让"字念得很重,听上去,就像在命令楚国人先来。

楚国人如愿以偿,晋国人在心理上也没有吃亏,向戌长长地出了一口气。

"看人家晋国人,胸怀宽广啊。"大家暗暗赞叹。

楚国人赢得了自尊,晋国人赢得了人心。

屈建第一个歃血,随后是晋国、鲁国的代表依次进行,宋国作为东道国不参加此次盟誓,齐国也没有参加。

皆大欢喜。

326

六日,宋平公设宴招待晋国和楚国的代表,这一次,赵武为主宾,屈建其次。因为有了歃血为盟的楚先晋后,对于宴请的排名,屈建没有异议。

赵武和屈建非常客气,两人进行了亲切友好的会谈。酒过三巡,大家高兴,开始谈天说地。

到了这个时候,赵武就发现自己的脑子不够用了,屈建知识渊博、反应敏捷,说出话来条理清晰而且很风趣,相对比,赵武完全跟不上对方的思路。

赵武一看自己不灵了,心想不能给晋国百姓丢脸啊,怎么办?上厕所。

上厕所能解决问题吗?当然不能。

"叔向,来来来,我去方便一下,你陪屈令尹好好聊聊。"赵武上厕所是假,要让叔向来对付屈建是真。

俗话说:占着茅坑不拉屎。赵武是:借口拉屎腾茅坑。

看着赵武被屈建说得张口结舌答不上来,叔向早就为他着急了,可是又不好插嘴，只能干着急。如今赵武腾位置了，叔向赶紧挪了过来。

屈建一看，差点儿笑出来，他知道赵武这是找借口让位。对于叔向，他有所耳闻，知道这人很有学问。

两人一交谈，屈建就发现坏事了，自己固然知识渊博，可是跟叔向相比，那就不值一提了；自己固然思维敏捷，可是跟叔向一比，那就是反应迟钝了。

三言两语后，屈建就能感受到刚才赵武的感觉了。

"我也上厕所算了。"屈建准备照方抓药，可是一看旁边坐着的是公子黑肱，还不如自己呢，让他来更丢人。

也是屈建反应快，索性扮一回单纯。

"那什么，羊舌太傅知识渊博啊，望尘莫及。咱们别光聊天，喝酒啊，行个令，老虎棒子鸡怎么样？老虎，老虎……"屈建转移话题了，自顾自地喊了起来。

赵武站在门口，"扑哧"一声，笑得把嘴里的鸡肉都喷出来了。

大家都笑了。

当晚，尽醉而归。

九日，东道主宋国单独搞了一次盟誓。

这一次，宋平公主盟，各国大夫参加，算是给了东道主一个极大的面子，也算是感谢东道主的热情款待。

赵武和屈建现在已经是好朋友了，两人站在一起，歃血的时候还互相推让了一番，最后同时歃血。

"赵元帅，我听说士会这个人很了不起，他究竟怎么样？"歃血完毕，屈建问赵武。

"他治家很有条理，对于国家又很坦荡无私，他的祝史向上天祷告的时候从来不说谎言。"赵武说，他也很敬佩士会，尽管他从来没有见过。

"叔向怎么样？"屈建又问，他很喜欢叔向。

"他似乎有士会的风格。"赵武说,他也很喜欢叔向。

十日,各国大夫回国。

告别的时候,屈建和赵武竟然有些依依不舍,屈建还盛情邀请赵武和叔向在合适的机会前往楚国访问。

和平大会圆满成功。

屈建回到了楚国,来向楚康王汇报整个和平大会的情况。

屈建把整个过程介绍了一遍,说到歃血为盟跟赵武相争的那一段,做了检讨,说是那样做得不偿失,还是晋国人比较有风度,楚康王频频点头。

屈建说到赵武怎样介绍士会的时候,楚康王也对士会很佩服,他说:"士会真是个高尚的人,难怪他能一连辅佐五代国君,而且让晋国成为盟主啊。"

屈建紧接着又介绍了晋国几个与会使者的情况,说赵武是个实在人,可以相信。

"声子说得不错,晋国的大夫确实比他们的卿要强,像叔向这样的人,我们楚国一个也找不出来,所以,不要跟晋国人争雄了。"屈建说,他对叔向非常佩服,把那一天赵武上厕所和自己行酒令的事情说了一遍,听得楚康王哈哈大笑起来。

从那之后,楚康王和令尹屈建没有心思再与晋国争霸了。

和平大会结束了,曲终人散,人走茶凉,东道主收拾锅碗瓢盆。

向戌两个多月以来累得半死,总算是天道酬勤,圆满完成,与会各方都非常满意。基本上可以这样说,春秋以来,这是规模最大,也是最成功的一次大会。

立了这么大的功劳,该如何?向戌想想,自己当初就为国家贡献了一座偪阳城,如今又立了这么大功劳,说什么也该弄点儿奖赏啊。于是,向戌去找宋平公了。

"请免死之邑。"(《左传》)这句话什么意思？古来的解释通常是：这次大会得以成功，使我免于一死，请赐给我城邑。或者：这次大会我冒死促成，请赐给我城邑。

两种解释都非常牵强。

合理的解释应该是：我促成了和平大会，使宋国能够脱离战争，宋国百姓免于死亡，因此，请赐给我城邑。

宋平公想想，向戌确实做了件了不起的事情，于是决定封给他六十邑。六十邑是六十座城邑吗？当然不是。

春秋时期，按规定，战争时每一邑出战车一乘。所以，"百乘之家"就是指拥有一百邑的大夫。理论上，大国的卿最多可以拥有一百邑，不过后来早就不受这个限制了。

六十邑在《左传》中多次出现，说明这个数字比较特别，可能是下卿的标准配置，因此，"免死之邑"可能还有另外一种解释，那就是六十邑可以作为卿死罪的赎罪物。

不管怎样，宋平公准备给向戌六十邑。当时令人在竹简上刻好了命令，给了向戌。

向戌得意扬扬，这下算是名利双收了。国君签字画押了，谁来执行呢？司城子罕（乐喜）。郑国有一位子罕，宋国也有一位。

子罕看见向戌吹着口哨过来，满脸的不高兴，等到接过向戌递过来的"土地使用通知书"的时候，勃然大怒，之后，说了一段很牛的话。

"对我们这些中小国家来说，外部有晋国和楚国的军事威胁，我们就会害怕，怕了就会内部团结，团结就能安定国家，同时想办法讨好大国，我们的国家就能生存。如果外部没有威胁，我们就会骄傲放纵，骄傲放纵就会动乱，动乱就会灭亡。老天给我们金木水火土，我们都要用到，缺一不可。武力也是上天给我们的，谁能够废弃它？战争由来已久，就是用来警示各种越轨行为并且弘扬各种文治德政的。圣人因此而崛起，坏人因此而灭亡，国家的兴衰存亡，君主的贤明昏庸，都是战争决定的。而你竟然要消灭战争，不是自欺欺人吗？你用骗术忽悠诸侯，还有比这更大的罪恶吗？你这样的罪恶，不惩罚你算是走运，还好意思要奖赏？真不要脸，真贪得无厌。"子罕把向戌一通臭骂，骂得狗血喷头，然后拿出刀来，把那片竹简削成几段，扔在地上。

向戌的脸色红一阵白一阵，浑身直打哆嗦。

"算了，我不要了。"向戌说完，走了。

第一五七章

司城子罕的大智慧

"凡诸侯小国，晋、楚所以兵威之。畏而后上下慈和，慈和而后能安靖其国家，以事大国，所以存也。无威则骄，骄则乱生，乱生必灭，所以亡也。天生五材，民并用之，废一不可，谁能去兵？兵之设久矣，所以威不轨而昭文德也。圣人以兴，乱人以废，废兴、存亡、昏明之术，皆兵之由也……"（《左传·襄公二十七年》）

这是司城子罕的原话。对于战争与和平的理解，子罕的话坦诚得令人吃惊。在他看来，战争就像金木水火土一样是人类社会所必需的，没有战争，反而会毁灭。

子罕说得对吗？几千年的历史已经证明了其正确性。人们可以追求和平，但是和平不可能永久。外部的和平来临，内部的斗争必然要起来。

327

回到家里，向戌渐渐冷静下来，这个时候，他开始反思，那时候的人喜欢反思。

他首先想起两年间的三件事情，分别发生在楚国、郑国和卫国。

楚国令尹屈建领兵灭了舒鸠，楚康王很高兴，就把舒鸠赏给屈建。可是屈建推辞了，他说这都是先任令尹蒍子冯的功劳，于是楚康王把那块地给了蒍子冯的儿子蒍掩。从那之后，屈建得到了楚康王充分的信任。

郑国成功讨伐了陈国，郑简公要给子产六邑，子产一再推让，结果最后只接受三邑。

在卫国，流亡齐国的卫献公成功复位，于是赏给头号功臣公孙免馀六十邑，可是公孙免馀坚决不要，最后也只接受了三十邑。

以上的三个人，都是著名的聪明人，他们为什么有赏赐都不要呢？

想了别人，向戌又想起自己的往事来了。

当初，宋国整个桓族被赶到了楚国，只剩下自己因为跟华元关系好而留下来，并且因祸得福做了左师。做了左师之后，贪污腐败的事情也没少做，不过做得比较高明一些。譬如，那一次跟荀偃和士匄合伙攻打偪阳，就完全是借助晋国人的力量，宋国人没话可说。

即便如此，自己这些年来也是风风雨雨，忐忑度日，有被人欺负的时候，也有昧着良心干坏事的时候。

十年前华元的儿子华阅死了，华阅的儿子皋比还小，于是华阅的弟弟华臣就想侵吞侄子的家产，派人在向戌家附近把皋比的管家华吴给杀了，恰好被向戌给碰上了，怎么办？见义勇为？傻瓜才见义勇为呢。

"几位好汉，我、我什么也没有看见。"向戌决定保自己的命要紧。

"记住了，这是皋比让我们杀他的。你要是敢出去乱说，杀你全家。"几个刺客这么对他说，然后把华吴的老婆也给带走了。

过了两天，宋平公知道这个事情了，把向戌找来商量，要把华臣驱逐出境。向戌想起那天的事情来就害怕，他怕华臣以为是他告的密，于是对宋平公说:"主公,算了,家丑不可外扬,再怎么说,华臣也是个卿啊。"

宋平公听了向戌的话,没有追究华臣。可是,向戌自己反而怕得要命,他给自己准备了一条短一点儿的马鞭子,只要是经过华臣家,一定打马快速通过。

终于有一天,发生了一件让向戌想不到的事情。

这一天,有一条疯狗在城里咬了人,大家很愤怒,拿起棍棒追打疯狗。狗跑得挺快,打狗的人也越聚越多,简直是成千上万,一路呼喊着一路追赶。也是命中注定,这条狗慌不择路,竟然钻进了华臣家中,打狗的人们也就冲了进去。

华臣正在家里喝茶,猛然听见外面人声鼎沸,一片喊打喊杀声,当时吓得够呛,以为是来杀自己的。怎么办?当时来不及细想,翻墙而出,一路狂奔,竟然逃亡到了陈国。后来尽管知道那一次人们不是来杀自己的,但是已经吓得神经衰弱,再也不敢回宋国了。

从那之后,向戌才有了安全感。

除了这件事情,还有一件事情也让向戌想起来就睡不好觉。

就在一年前,向戌还害死了一个人。这个人是谁?宋平公的太子公子痤。

原来,当初芮司徒生了个女儿,浑身很红而且都是毛,于是就给扔掉了。宋平公老妈的侍女给捡了回来,取名叫弃,就养在宫里,长大了出落得非常漂亮,就伺候宋平公的老妈。有一天被宋平公看见,惊为天人,要到了自己身边。后来生个儿子叫作公子佐,相貌奇丑但是性格温和。

宋平公的太子叫作公子痤,大概生下来脸上就有粉刺吧。公子痤很帅,但是心黑手狠,向戌很怕他。公子痤有一个太监叫作伊戾,虽然是太监的头儿,可是不被公子痤信任,非常恨公子痤。

那一天楚国有使者来,因为跟公子痤私交很好,公子痤就请求在郊外设宴请他，宋平公同意了。伊戾也请求跟着去，宋平公也让他去了。公子痤之所以要在郊外宴请楚国特使，就是因为这种私人场合适合朋友聚会。这边在吃喝，伊戾悄悄地叫了几个哥们儿，在附近挖了一个坑，杀了牛羊，放了一份盟书，制造了一个公子痤和楚国使者盟誓的假现场。布置完毕，立马回去报告宋平公，说是太子跟楚国人私下盟誓，准备借楚国人的力量叛乱。

"怎么会？他已经是太子了，没必要吧？"宋平公不相信。

"他想早点儿当国君啊，夜长梦多知道不？"

宋平公还不信，派人去查看现场，发现确实有物证。

宋平公有点儿怀疑了，于是找来向戌和弃夫人询问。

"我们早就听说了。"两人异口同声。

等楚国人走了，宋平公就把太子给关进大狱了。太子知道是被人给陷害了，可是没机会申辩，就请人把公子佐给找来，请他去帮自己到父亲那里解释。

"老弟，都靠你了，要是你中午还不回来，我就知道没戏了，我就自杀算了。"公子痤挺有骨气，做了两手准备。

公子佐是个实在孩子，找到父亲为哥哥做解释，宋平公决定放了太子。

公子佐高高兴兴出来要去把好消息告诉哥哥，谁知道一出门遇上了向戌，向戌早就打听好了公子痤的话，所以就在这里跟公子佐聊上了，什么天文地理，什么奇门八卦等，一口气聊到了中午。那边公子痤一看时间到了，也没犹豫，准时上吊自杀了，上吊的绳子也是向戌让人给准备好的。

公子痤死了，公子佐就做了太子，弃夫人成了第一夫人。

实际上，就等于是向戌害死了公子痤。

后来，宋平公知道了真相，把伊戾蒸了喂狗了。

为这件事，向戌一直睡不好觉，一怕冤鬼，二怕宋平公追究自己的责任。

那么，弃夫人不是很感激向戌吗？不是可以做后台吗？向戌对此也没信心，这就要说到另一件事情了。

就在公子佐当上太子之后不久，有人在向戌面前吹嘘弃夫人，这时候弃夫人被称为君夫人。

向戌对君夫人很不满，因为公子佐能够当上太子，自己的功劳很大，君夫人竟然没有一点儿表示。

"你谁啊？你哪个单位的？"向戌故意问那个人。

"我是君夫人家的。"

"君夫人？君夫人哪个单位的？"向戌装疯卖傻。

那人回去之后向君夫人做了汇报，君夫人一听，这不是对我不满吗？没错，我欠你人情，我还不行吗？君夫人派人送了玉璧、锦缎、马匹等给向戌。

"哎哟哎哟，多谢君夫人。"向戌得到了好处，也不问是哪个单位送来的了。

好处得到了，可是，向戌心里有点儿打鼓了，他不知道君夫人现在怎么看自己。早知道，不如留着这个人情。

想了这么多，向戌终于想明白了。钱财乃身外之物，不是越多越好。命只有一条，保住命才是最重要的。自己是桓族，而宋国是戴族的势力，自己只能说是弱势群体。另外，不知道宋平公怎么看自己，也不知道君夫人怎么看自己，说不定他们早就看自己不顺眼了。

这么说吧，如果有人存心要害自己，罪名并不难找。在这样的情况下拿到六十邑，那不是招人嫉妒吗？那不是自己找死吗？

想到这里，向戌一身的冷汗，自己能够活到现在，简直可以说是奇迹了。

"是啊，我已经有一百邑了，还要那么多干什么？找死吗？"向戌想明白了。

这个时候，家里有人听说宋平公封赏给向戌的六十邑被子罕拒绝了，吵嚷着要出兵攻打子罕，向戌立即制止了他们，他说："我将亡，夫子存我，德莫大焉，又可攻乎？"

向戌终于明白，子罕是救了自己。

从那之后，向戌不再贪污腐败了。

公孙向父是宋桓公的孙子，公孙向父的孙子向戌以祖父的名为姓，向戌就是向姓的得姓始祖。向姓在宋版《百家姓》中排第129位，郡望在河南郡、河东郡、山阳郡。

328

说完向戌，就要顺便说说司城子罕了，否则就很不公平。

子罕叫作乐喜，是戴族的人，因此家里的根基比向戌要厚实得多。即便如此，子罕也没有仗着权势贪污腐败。

有一件事情对子罕的触动很大，那是十二年前的事情了。当时郑国的尉氏、司氏、堵氏几家叛乱，杀死了子驷、子国和子西，族人逃到了宋国。后来郑国人送来一百六十匹马和师筏、师慧两名乐师到宋国，请求交换郑国的逃犯。子罕当时贪图郑国的贿赂，就把堵女父、尉翩和司齐给送去了郑国，因为比较欣赏司臣，偷偷把司臣送到了鲁国。后面不用说，送回郑国的三个人都被做成了人肉干。

送来的两个乐师都是盲人，那时候的职业乐师都是盲人。有一天，师慧经过朝廷门口的时候想要小便，搀扶他的人说这是朝廷门口，咱们前面找个角落解决吧。师慧说了："没事，这里没人。"搀扶他的人就说怎么能说朝廷没人呢，师慧说了："朝廷肯定没人，否则怎么能用几个大夫换我们这两个盲人呢？"

师慧最终还是找了另外的角落解决了问题，但是他的话传到了子罕的耳朵里，子罕当即坚决请求宋平公把师慧送回郑国。为什么？因为他惭愧。

按照惯例，别国前来避难的人都是客人，即便他在原国有罪，流亡的国家也有义务保护他们。为流亡的人提供保护事关国家尊严，即便所在国没有能力保护他们，也决不能交给原来的国家去处罚他们。即便是晋国、楚国这样强横的国家，也不会逼迫别国把罪犯交给自己，当初晋国也只是要求各国不要收留栾盈，而不是一旦发现就移交晋国。所以那时候，晋国的罪犯可以逃到晋国的盟国，楚国的罪犯也能到楚国的仆从国继续生活。

而宋国为了一点儿好处，就把郑国的罪犯送回了郑国，可以说是有损国格的。

对此，子罕原本就有些后悔，到师慧以撒尿来讽刺宋国人没有尊严的时候，子罕就已经痛心疾首了。

"我再也不能动这样的贪念了。"子罕下定了决心，这件事对他触动极大。

这件事之后不久，有人拿了一块宝玉献给他。准确地说，是一块璞玉，没有加工的那种。

"你拿走吧，我不要。"子罕拒绝了。

来人以为子罕没有看出来这是块玉，于是说："这块玉我请人看过了，说是上等好玉，因此我才敢来献给你。"

子罕笑了，之后说了一段流芳千古的话："我把不贪作为我的宝贝，你把玉作为你的宝贝。你要是把玉给了我，我们就都没有宝贝了，还不如各自留着。"

来人还不甘心，又说了："我说实话吧，我有这个宝贝，很怕来往各地不安全，把它献给你是为了避免自己被谋财害命。"

子罕想了想，收下了玉。之后，他找人把玉加工好了，卖了出去，把卖的钱给了来献玉的人，于是那人发了财，回老家去了。

子罕那段著名的话原话是这样的:"我以不贪为宝,尔以玉为宝,若以与我,皆丧宝也。不若人有其宝。"

子罕这人的思维方式很别致,或者说很理智,堪称有大智慧的人,具有典型的"春秋先贤"特征。

十年前,宋国太宰皇国父在农忙季节为宋平公修别墅,子罕请求农忙之后再修,宋平公没有同意。修别墅的民工们就唱歌:"白脸黑心皇国父,逼迫我们修别墅;黑脸红心是子罕,为命请命把心暖。"

子罕听说之后,就亲自拿着鞭子去督工,鞭打那些出工不出力的人。于是,再也没有人唱歌了,大家都骂:"当官的,没一个好东西。"

有人问子罕为什么这样做?

"小小一个宋国,如果有人被诅咒,有人被歌颂,这个国家一定会乱的。"子罕说。

有道理吗?太有道理了。

宋国就是这么一个国家,一个出傻瓜的国家,也是一个出哲学家的国家。

和平大会之后第二年,宋国闹灾荒,子罕去找宋平公,请求把公家的粮食借给百姓。同时,子罕也把自己家的粮食借出去,而且都不要借据。大夫们也被要求把粮食借出去,有的大夫家里确实没有余粮,子罕就把自己的给他们一些,让他们借出去。

这一年,宋国虽然闹灾荒,但老百姓都没有挨饿,而且,整个官场焕然一新,因为好事是大家一起做的,至少老百姓是这样认为的。

和平大会开得非常成功,但是,也埋下了两个伏笔。

有两个重要国家没来参加,一个是秦国,另一个是吴国。

按照双方的约定,各自的盟国各自通知。楚国故意没有通知秦国,原因很简单，他们很乐于看到秦国继续骚扰晋国。晋国也没有通知吴国，同样的理由，他们也乐于看到吴国继续骚扰楚国。

不管怎么样，和平大会的成功还是出乎晋国和楚国的意料。大会结束之后不久，晋、楚两国就分别派遣了智盈和蒍罢到对方国家出访，监督盟约执行情况。

第二年夏天，盟约开始执行了，也就是说，朝拜之旅开始了。

齐景公、陈哀公、蔡景公、北燕伯、杞伯等国君前往晋国朝拜。

与此同时，郑国派游吉前往楚国朝拜。刚进入楚国境内，楚王就派人来让他回去。

"你回去吧，好像你的规格不够，我们将派人去晋国问一问，到底该国君前来还是派个大夫来做做样子就行了。"楚国人也没给面子，直接给赶回来了。说起来，这不怪楚国人，我这边都派盟国国君去晋国了，凭什么你的盟国派个大夫来就行？

"哎，这你们就不对了，和平大会上你们说得好啊，说凡事要考虑小国的利益，利于小国的和谐稳定。如今我们国家闹灾荒，国君不方便出来，这才派我出来，怎么就不行了呢？"游吉也挺能说，而且郑国确实闹灾荒了。

"别说这些，不好意思，我们也是奉命行事，别让我们为难好不好？"

说来说去，游吉还是被赶回去了。

原本，中原国家都跟郑国打的一个算盘，都打算派个卿去敷衍楚国人。如今游吉被赶回来了，大家知道要忽悠楚国人是没戏了。

没办法，秋收一过，中原诸侯纷纷上路，前往楚国朝拜去了。当然，齐国除外。

郑简公第一个到，朝拜完之后匆匆回国了。鲁襄公和宋平公出发较晚，在路上听到了楚康王薨了的消息，于是宋平公和向戌掉头回国，而鲁襄公还是坚持去了楚国。

楚康王在位十五年，这一年，楚国令尹屈建也卒了。

天下诸侯都派了特使参加楚康王的葬礼，而赵武派了家臣参加了屈建的葬礼，表达朋友的情谊。

第一五八章

孟姜女的传说

世界和平了，这一次是真的和平了。

连续两年没有战争，而且没有战争的迹象。

不仅和平了，各国之间还很友爱。

晋平公给天下诸侯发了一道通知，大抵是说杞国百姓需要帮助，希望大家出钱、出力、出人去帮他们修建都城。

除了楚国，其他国家都遵照执行，离杞国最近的鲁国、齐国和宋国出力最多。

为什么晋国对杞国这么关怀？说起来，就要说到儿子好还是女儿好了。

当初晋悼公登基不久，杞国国君杞桓公到鲁国访问，跟鲁成公谈起晋悼公。鲁成公对晋悼公赞不绝口，说是小孩人品好、能力好、帅气十足、有气魄等，把晋悼公捧上了天，而且语气和表情都很真诚。杞桓公一听，当时就有想法了。什么想法？

杞桓公有个女儿，恰好十三四岁，生得聪明伶俐，貌美如花，人见人爱，杞桓公决定，趁别人没动手之前，赶快把宝贝女儿嫁给晋悼公，有了这个金龟婿，杞国还怕谁？

于是，杞桓公立即派人到晋国向晋悼公提出通婚的请求。晋悼公还是个小孩，听杞桓公的人把个女儿吹得天花乱坠，当时就同意了。

就这样，杞桓公的女儿成了晋悼公的夫人，晋悼公对夫人也是百般宠爱，后来，就生了晋平公。

如今天下太平，晋悼公夫人就对晋平公说："儿啊，反正也不打仗了，大家闲着也是闲着，你舅舅家的城墙都垮了，让大伙儿去给帮忙修修吧。"

就这样，晋平公下令让天下诸侯给杞国修城墙去了。所以说，儿子好还是女儿好？儿媳妇好还是女婿好？您自己体会吧。

329

城修好了，鲁国的功劳最大，于是，晋平公派司马女齐前往鲁国表示感谢。同时，还转达一项命令：把过去侵占杞国的田地还给杞国。

女齐来到了鲁国，首先表达晋平公和太后对鲁国的感谢，鲁襄公还哼哼唧唧假装客气了一番。但是随后，正题来了。

"主公，不好意思，我家主公请你们把当年侵占杞国的田地还给他们。"女齐吭哧吭哧说了出来，他自己都不好意思说。

"什么？"鲁襄公当时差点儿把眼珠子瞪出来。好嘛，不错，世界和平了，我们帮杞国修城，出钱出人出力也就算了，现在还要把田地还给他们，合着世界和平给我们带来的就是这个啊。

女齐叹了一口气，算是表达自己的同情。

"太过分了吧？晋国是盟主啊，不关心王室的兴衰，不关心同姓的兄弟国家，却要兄弟国家牺牲利益去帮助异姓小国，今后还怎么当盟主啊？谁还愿意跟你们混啊？"鲁襄公再也忍不住了，一通抱怨。

女齐对鲁襄公的说法深有同感，他也觉得晋平公的做法太没道理。

"主公，算了，其实我们大家感同身受，我们也知道各个国家都有意见。可是我们也没办法，太后一定要这样，大家不敢违抗啊。"女齐帮着鲁襄公说。

尽管很愤怒，鲁国人最终还是同意了。鲁国把侵占杞国的田地还给了杞国，不过，只还了一半，另一半是"历史遗留问题"。

女齐睁只眼，闭只眼，稀里糊涂地在协议执行书上签了名，回晋国去了。

女齐前脚回到晋国，后脚杞国的使者就到了，说鲁国只还了一半，另一半说是什么"历史遗留问题"，还说什么"搁置争议、共同开发"之类，总之不肯还。

晋悼公夫人一听，很生气，当时就对儿子说了："女齐这人不行，办个事也办不好，鲁国的田地只还了一半他就回来了。要是你爹活着的话，一定不高兴。"

晋平公也不是傻瓜，他也觉得这么做很过分，所以哼哼唧唧没说什么，私下里，让人把老娘的话转告给了女齐，意思是说这事我帮你扛着了。

女齐听了晋悼公夫人说的话，本来就一肚子火，当时也不客气，对着晋平公的使者就发了一通牢骚："你回去告诉主公，虞、虢、焦、滑、霍、杨、韩、魏这些国家都是咱们同姓的兄弟国家，依靠兼并这些国家，晋国才渐渐强大起来。如果不是侵略小国，又到哪里去取得土地呢？从晋武公、晋献公以来，历代先君兼并小国的土地很多，后来还给谁了？杞国是夏朝的后代，亲近东夷，鲁国是周公的后代，是我们最亲近的兄弟国家。如果把杞国送给鲁国倒还可以，怎么能要求鲁国把田地全部还给杞国呢？鲁国对待晋国，一向是贡品源源不断，珍贵的玩物时有奉献，卿大夫也时常来朝见。如今，为什么要削弱鲁国来增强杞国呢？如果先君知道这件事情，他大概会让太后自己去办理这个事情，哪里会用我这个无用之人呢？"

晋平公可不敢把这话转告给老娘，睁只眼，闭只眼，这事也就算过去了。

说起来，杞国也不容易。我们来看看杞国的历史。

周武王灭了商朝之后，照例，要寻找历代圣贤的后人加以分封。于是，舜的后人封在陈国，商朝的后人封在宋国，夏朝的后人找了半天，找到了东楼公，就封在了杞，也就是今天的河南杞县。说起来，杞国是大禹的后代。

杞国从一开始就是小国，经常受欺负，因此经常搬家，比如搬到过今天的山东省新泰，后又迁至昌乐，再迁到安丘一带。最后，靠跟鲁国通婚，算是安顿下来。不过，鲁国不高兴的时候也常常找他们的麻烦，抢他们的土地。而鲁国欺负杞国的理由很搞笑，通常是四个字："讨不敬也"。杞国怎么会不敬鲁国？因为杞国是夏礼，比较简单，而鲁国是周礼，很烦琐，杞国稍不留意，就会"不敬"。正是：欲加之罪，何患无辞。

说起来，杞国也就这些年跟晋国攀上亲戚之后稍稍扬眉吐气了一些。最终，杞国在战国初年被楚国所灭，这是后话。

《史记·陈杞世家》称："杞小微，其事不足称述。"

杞国最著名的故事就是《杞人忧天》了。《列子》中记载，一个杞国人整天发愁，担心天塌地崩，于是有人来劝他，告诉他天不过是空气，不会塌；地呢，都是实在的东西，没地方可崩，所以放心活着吧。列子就评价说：担心天塌地崩的没道理，说天不会塌、地不会崩的也没理由，因为谁也不知道。既然谁也不知道，操这闲心干什么？

杞人忧天，就是这么来的。

为什么这个故事安在了杞国人的头上？因为杞国人总是被欺负，早上起来不知道晚上会搬去哪里，所以整天担忧。终于世界和平了，城墙也有人帮自己修了，田地也还给他们了，没别的好担忧的，于是就担忧天会掉下来。

类似杞国的小国生存都很艰难，我们再来看看另外几个有代表性的小国是怎样在夹缝中苦苦求存的。

330

许国出于姜姓,是上古四岳伯夷之后。周初,被封在今日河南许昌一带。许姓就是许国的后人,得姓始祖就是许国开国国君许文叔。许姓在宋版《百家姓》中排列第二十位,郡望在汝南郡、高阳郡、河南郡、太原郡、会稽郡。

许国百姓在整个西周的生活是很幸福的。可是到了东周,郑国从陕西搬到了河南,开始激烈扩张,许国就成了他们眼中的一块肥肉。

郑国联合齐国和鲁国占领了许国,并夺取了许国一半的土地。

后来,许国投靠齐桓公的齐国,又过了一段安稳日子。再往后,日子就更艰难了。

由于站队的问题,楚国两次讨伐许国,许国国君搞了两次"肉袒"才算过关。不过楚国并不是许国的头号苦主,郑国才是。

郑国几乎以一种变态的方式欺负许国,动不动就揍许国一顿。一段时间里,郑国和许国都跟着楚国混,可是郑国还是欺负许国,许国就找楚国主持公道。鲁成公五年(前586年),郑悼公和许灵公在楚共王面前进行了辩论,结果郑悼公辩论失败,被命令把侵占许国的土地还给许国。郑悼公非常气愤,干脆转而投靠晋国去了,对许国更加仇恨,骚扰也变本加厉。

许国实在受不了了,于是请求楚国帮他们搬家。鲁成公十五年(前576年),楚国的公子申帮助许国搬到了楚国的叶(今河南叶县),原先许国的地盘就被郑国人占领了。

叶不是什么好地方,是楚国的北部边境,属于穷乡僻壤。更糟糕的是,还是在郑国旁边。

郑国人还是不放过许国,依然上门欺负。许国动了很多脑子,一度甚至想要搬到晋国去躲避郑国人。

到鲁昭公九年（前533年），许国百姓终于迎来了值得庆贺的一天，楚国的公子弃疾（后来的楚平王）把许国迁到了楚国内地的国城父（今安徽亳州东南），总算是再也不用跟万恶的郑国人当邻居了。

可是好日子没过几年，到鲁昭公十三年（前529年），楚平王又把许国给迁回了叶。又过了五年，楚国担心郑国和晋国联合攻击许国，把叶抢占，索性再次给许国搬家到容城（今河南鲁山南）。

搬来搬去，最终许国还是没能够逃过郑国人的魔爪。

鲁定公六年（前504年），郑国趁楚国被吴国击败的机会，出兵灭了许国。

基本上，经常搬家，许国人堪称春秋时期的吉卜赛人。

许国给历史留下的记忆不多，只有一个教训。

许国搬到容城的那一年，许悼公患了疟疾，太子公子止从江湖郎中那里弄来一服药给父亲吃，结果把老爹吃死了。太子止吓得半死，跑到了晋国。

史书就记载：（公子止）"弑其君。"这事情就说不清楚了，其实公子止很可能是好心办了坏事。所以《左传》写道："尽心力以事君，舍药物可也。"什么意思？即便你很爱一个人，也要懂得分寸，犯忌讳的事情不要去做，否则你说不清楚。

邾国，又称邾娄，连读后就读为"邹"了。邾国本姓曹，是黄帝后裔曹安的后代。

邾国在鲁国以南，位于今天山东邹城一带。小于鲁国，但是大于更南面的滕国、薛国等小国。所以，尽管总是被鲁国欺负，有的时候也敢跟鲁国对着干，曾经有一次战胜了鲁军，几乎活捉鲁僖公，把鲁僖公的头盔挂在城楼上炫耀。

为了求得大国保护，邾国一向投靠盟国。晋国称霸以后，跟着晋国混，跟鲁国则是时好时坏。有一段时间，邾国跟齐国勾搭在一起，南北夹击鲁国。

对邾国来说，对抗鲁国并不明智，因为鲁国有晋国撑腰，邾国永远不可能是鲁国的对手。

在鲁国不断的重压之下，邾国除了偶尔在晋老大那里告个状，也只能忍辱求存。后来，邾国百姓干脆破罐子破摔，国家越来越差，地盘越来越小。邾国的公子、大夫们也喜欢逃到鲁国去，而且通常都是带着封地逃过去，这最要命。

后来到了战国初期，楚国出兵彻底灭了邾国。

邾国给历史留下了一个模范人物——邾文公。鲁文公十三年（前614年），鉴于鲁国不断地征伐侵扰，邾文公准备把国都从平原地区迁到地处山区的绎（今山东邹城东南），占卜的结果是"利于民而不利于君"。对此邾文公说："苟利于民，孤之利也。天生民而树之君，以利之也。民既利矣，孤必与焉。"意思是，如果迁都有利于民众，那么也就有利于我。上天生育了民众然后为他们立了国君，国君归根结底要为民众的利益着想。民众得利，实际上就是我得利。

邾文公毅然决定迁都，从而成为千古美谈。

莒国为己姓，莒国疆域最大时大致据有今山东的安丘、诸城、胶州、沂水、莒县、莒南、日照等县市，是今山东境内仅次于齐、鲁的中等国家。

莒国东面临海，北面是齐国，西面是鲁国。这个国家比较独特，对于周文化比较抗拒。由于与鲁国之间交通不便，因此莒国主要的威胁来自齐国。齐国对莒国就像鲁国对邾国以及郑国对许国一样，不停地侵扰。事实上，早在春秋以前，莒国就曾经迁都以躲避齐国的侵略。

莒国和齐国、鲁国都有联姻关系，但是这不能改变被以上两个国家欺负的命运。莒国的策略就是投靠强国，齐桓公的时候投靠齐国，晋国称霸之后又投靠晋国。

基本上，莒国人有一定的实力，与齐国的战争偶尔能够取得胜利，而与鲁国之间似乎不分伯仲。总体上，莒国人的战斗力不错。

被大国欺负的同时，莒国也欺负周边的小国。他们夺取了杞国的牟娄，吞并了向国、鄑国。

莒国有一个问题跟邾国一样糟糕，那就是他们的公子、大夫们喜欢逃亡到齐国和鲁国，而且也是带着封地逃过去。就因为这个，莒国的地盘逐年缩小。

到战国初年，莒国被楚国所灭。不过不久，又被齐国夺得。

《墨子·非攻中》记载："东方有莒之国者，其为国甚小，间于大国之间，不敬事于大，大国亦弗之从而爱利，是以东者越人夹削其壤地，西者齐人兼而有之。"

莒国历史上留给人们的故事不多，这大概与他们始终没有融入周文化有关。不过，他们还是和齐国人联合贡献了一个家喻户晓的传说：孟姜女哭长城。

孟姜女哭长城不是秦朝的事情吗？据考证，其实是春秋时期的故事。

齐灵公攻打晋国之后，回头顺道攻打了莒国，结果大将杞梁战死。两国随后讲和，齐军返回国都临淄。在城郊，齐灵公遇上了杞梁的妻子，于是向她报告了杞梁战死的噩耗，同时表示吊唁。杞梁的老婆不干了，她说："如果我家老公有罪，也就不用您吊唁了；如果是为国捐躯的烈士，那就该到我家里吊唁，在这荒郊野外的，吊什么唁？我不接受。"

齐灵公大感惭愧，第二天登门吊唁了。

这段故事，随后几经演变，且看这个演变过程。

到了战国时期，《礼记·檀弓》引曾子的话对这段故事作了修改："其妻迎其柩于路而哭之哀。"

从这里开始，哭了。

《孟子·告子下》中又做了修改："杞梁之妻，善哭其夫而变国俗。"

第一五八章 孟姜女的传说

从这里开始，不仅哭了，而且善哭，而且成了国俗。

西汉时，刘向在《列女传》中写道："杞梁之妻无子，内外无五属之亲，即无所归，乃枕其夫之尸于城下而哭之，内诚感人，道路过者莫不为之挥涕，十日而城为之崩。"

到这里有了重大进展，哭倒了城墙。

东汉时，有《杞梁妻叹》琴曲，并称此曲系杞梁妻自作。

到这里，不仅哭，还有歌了。

西晋时，崔豹《古今注》中进一步写道："（杞梁妻）抗声长哭，杞都城感之而颓，遂投水而死。"

现在，哭倒了杞国都城，然后投河自尽。莒国人杀了她老公，结果她把杞国的城墙哭倒了，杞国人到哪儿讲理去？估计就是这次哭倒了城墙，晋平公才派诸侯帮他们修城墙吧。

到了唐朝，诗僧贯休作诗《杞梁妻》：

秦之无道兮四海枯，筑长城兮遮北胡。
筑人筑土一万里，杞梁贞妇啼呜呜。
上无父兮中无夫，下无子兮孤复孤。
一号城崩塞色苦，再号杞梁骨出土。
疲魂饥魄相逐归，陌上少年莫相非。

贯休直接把杞梁变成了秦朝人，并被筑在城墙里，其妻哭崩了秦长城。

再后来，杞梁的老婆有了名字：孟姜女。

当然，除了和齐国人合作了孟姜女的传说，莒国其实还为无数的故事提供了一个素材。

鲁昭公年间，莒国国君庚舆荒淫残暴，他喜欢玩剑，每铸成一把剑，就要用活人来做实验，莒国人对他十分仇恨。终于，有一个叫乌存的大夫率领国人起义，庚舆怕得要死，想逃到鲁国去，可是又怕乌存在路上杀他，有人就对他说了："你尽管走，乌存以勇敢就可以出名了，没必要再靠杀你博眼球了。"

于是，庚舆逃到了鲁国。

想一想，是不是有无数的故事里，暴君每天或者每做一件什么事情就要杀一个人？其思路的根源都在庚舆这里了。

小国在大国的夹缝之间生存，可以说是非常艰难的。类似以上的国家，他们除了受欺负，还是受欺负，不像郑国、鲁国这些国家，除了受欺负，还能欺负别人。

中等国家可以依靠结盟，获得超级大国的保护，尽管有时也没有尊严，但是生存是有保障的。而小国面临的问题就是，跟超级大国结盟，邻近的大国也不放过自己，而自己又缺乏存在的战略价值。那么，怎么办？

以上几个小国苦苦求存，受了几百年的苦，颠沛流离、妻离子散之外，最终还是被兼并。客观一点儿说，越早被兼并越好，类似申国、息国、魏国、韩国，从前被侵略，一旦被楚、晋这类大国兼并，立马成了侵略者。

所以，春秋时期，小国的存在，对于该国的老百姓来说不是好事。

第一五九章

王子围

晋国人女齐从鲁国走了，转年的春天，楚国人来了，来的是蒍罢。

楚康王薨了之后，太子熊员继位，也叫郏敖。令尹屈建卒了之后，王子围继任令尹。王子围是谁？就是上下其手那哥们儿。

蒍罢前来，属于友好访问，因此，鲁国的接待也很周到。除了鲁襄公的国宴，叔孙豹还安排了私宴。

"据说王子围做了令尹，执政情况怎么样？"叔孙豹问起来，王子围的名声一向不好，所以叔孙豹有些担心。

"嘿嘿，我们这些小人为了混口饭吃而听人使唤，就这还经常担心完不成任务而受批评，哪有工夫管那么多。"蒍罢说。

"说说观感也行啊。"

"没有。"

"别人有什么看法？"

"我是真不知道。"

叔孙豹再三问，蒍罢再三不肯回答。

等到蒍罢回国之后，叔孙豹对鲁国的大夫们说："楚国令尹可能要发动政变了，蒍罢肯定是帮凶，他之所以闭口不谈王子围，就是要替他掩饰。"

王子围真的要发动政变了？

331

王子围，楚共王的儿子，楚康王的弟弟，现任楚王的叔叔。此人身材高大，体格魁伟，目光如炬。

当初，楚共王没有嫡子，宠姬所生的庶子倒有五个，该立谁为太子呢？楚共王祭祀了神灵，然后把一块玉璧在神灵面前展示，说："请神灵帮我确定谁来当太子。"

祭祀之后，楚共王把玉璧埋在祖庙里，然后让五位公子斋戒，按长幼顺序依次入庙下拜。楚康王第一个下拜，两脚跨在玉璧两旁。

"正点。"楚共王暗想，太子就是康王了。

尽管太子实际已经确定，楚共王还想看看另外四个儿子的表现。

第二个进来的是王子围，王子围站得靠后了，但是下拜的时候，一条胳膊压在了玉上。

"嗯，这小子估计还有点儿福气。"楚共王自忖。

第三个进来的是子干，第四个进来的是子皙（公子黑肱），这两位根本不着边。

"唉，唉。"楚共王连着叹了两口气，这两个儿子看来不行。

最后一位进来的是小儿子公子弃疾，那时候刚刚两岁，是抱着进来的。弃疾稀里糊涂拜了两次，结果两次手都压在玉璧的纽上。

楚共王皱皱眉头，不知道这意味着什么。

后来，楚康王继位，四个弟弟也都顺利长大。

第一五九章　王子围

王子围从小块头比别人大，而且总耍无赖，喜欢巧取豪夺，什么好处都想要；子干、子晳性格相近，都比较老实，两人的关系也比较好；公子弃疾岁数小，但是性格沉稳，不惹事，几个哥哥都很喜欢他。

楚康王和屈建先后病故，楚王郏敖还小，于是，新任令尹王子围成了楚国的第一实权人物。王子围非常欣赏一个人，谁？伍举。所以，伍举就成了王子围的头号亲信。

"我要先做一件实事。"令尹王子围对自己说，什么实事？杀了穿封戌？

杀了穿封戌对王子围有什么好处吗？没有。所以，他不会杀穿封戌。

王子围杀了大司马蒍掩，罪名是巨额财产不能说明合法来源，蒍掩是蒍子冯的儿子。当年蒍子冯就是因为怕这个罪名而不敢当令尹，想不到自己的儿子还是死在了这个罪名上。

蒍掩真有巨额财产吗？当然有，没有的话王子围为什么杀他呢？王子围杀他，就是为了侵吞他的巨额财产。

现在，蒍掩的巨额财产成了王子围的，如果今后有人问王子围的巨额财产从哪里来的，王子围就可以说："从蒍掩那里来的。"

除了抢夺了蒍掩的家产，王子围还向楚王租借了他的离宫——蒲宫。

按照第一次和平大会的决议，诸侯国每五年要举行一次和平大会。

鲁昭公元年（前541年），第二届和平大会在郑国的虢举行。与上一次和平大会一样，这一次依然是"卿会"，而不是国君大会。

王子围率领楚国代表团北上，他决定要在和平大会上出出风头，展示一下楚国的风采。于是，挑选了三千楚国精兵随同北上。同时，特地向楚王借了服装和器具，准备在大会上使用。

除了参加和平大会，王子围这次去郑国还有一个重要目的，就是迎亲。前段时间王子围的夫人去世了，于是上次和平大会之后他就向郑国求亲，结果公孙段决定把女儿嫁给他。所以，这次去也是顺便把老婆娶回来。

刚开春，王子围的迎亲代表团就到了郑国国都荥阳，郑国现在是子产执政，他一看楚国来了数千号人，而且都是精壮大汉，当时心里就发毛了。

"这是来抢亲还是来迎亲啊？"子产立即决定，原定王子围入住城内使馆的计划取消，暂时让他们住在城郊的使馆里。同时命令加强城防，以防万一。

子产派了子羽去安置楚国人，然后在郊外举行了聘问仪式，算是王子围对郑国国君表达敬意。随后，王子围提出要进城迎娶老婆。

"不行，我们国都小，怕是容不下你们这么多迎亲人员，还是在城外举行婚礼吧。"按照子产的指示，子羽拒绝了王子围的请求。

王子围很恼火，心想老子不过是想来炫耀一下，又不真打你们，你们这么不识相。

可是在人家地盘上，也不敢太横。问题是，堂堂楚国令尹，娶个老婆要在荒郊野外举行婚礼，太没面子了。

跟随王子围前来的伍举眼看双方僵持不下，想了一个办法，他去找到子羽，说："你看，郑、楚两家结亲，我们令尹非常高兴。在国内先摆了宴席，还去庄王和共王的庙里祭告了祖先，这才来到郑国。可是你们却要让我们在荒郊野外举行婚礼，那不成野人了？我们令尹太没面子了，他没面子，也就是楚国没面子啊，他回国非被撤职不可啊。希望你们再认真考虑一下，是不是改变决定。"

"伍大夫，我知道你们的难处，可是，我们也有难处啊。本来我们是非常欢迎你们的，整个郑国都是你们的宾馆，想住哪儿住哪儿，可是看看你们的队伍，你说我们能不害怕吗？如果不是因为害怕，我们巴不得在我们的祖庙里举行婚礼，我们也有面子啊。"

话说到这里，大家都很坦诚。

大家都坦诚了，事情也就好办了。

第一五九章　王子围

"这样吧,我们倒背着弓袋进城,怎么样?"伍举提出一个建议,意思就是,楚国人不带武器进城。

楚国人的建议得到了子产的赞成,于是,王子围带领着迎亲队伍进了城,在公孙段的祖庙里举行了迎亲典礼。随后,楚国人依然出城居住。

第二届和平大会在郑国的虢正式举行。

楚国的王子围、晋国的赵武、齐国的国弱、鲁国的叔孙豹、郑国的罕虎、宋国的向戌以及卫国、蔡国、陈国、许国、曹国等十多个国家的大夫云集这里。

这一次的和平大会只有一个议题,就是重温五年前宋国和平大会的精神,再次重申那一次的盟约。

每次的会议都会遇上一个无法躲避的问题:歃血为盟,谁排第一个?

按理说,上一次在宋国的结盟是楚国人先歃血,这一次就应该是晋国人了。可是,王子围怎么会同意?他绝对不会同意。于是,他和伍举想了一个办法。

预备会议召开,大家依次而坐,叙叙旧情,互相拍拍马屁。然后,话入正题。

"我们建议,既然是重复上次的盟约,那就简单点儿,杀了祭祀的牲畜之后,别歃什么血,由东道主郑国的罕虎宣读一下上次的盟约,然后放到牲畜身上就行了。"王子围提出建议,说起来是为了省事,其实就是要省略掉歃血为盟这个程序。

所有人都笑了,大家都听说过王子围是个赖皮,人称楚老赖,上下其手的故事早已流传四方。不过,听说归听说,这次当面见到,大家还是忍不住笑了。

别人无所谓,关键看晋国。

"好啊,就照令尹的方案吧。"赵武让步了,他对这些形式看得不重。

三月二十五日，结盟仪式按照王子围的建议进行，罕虎宣读了上一次的盟约，然后放在祭祀的牲畜上面，算是完成了结盟。

结盟仪式上，最出风头的依然是王子围。

王子围身穿楚王的衣服，身边的器具也都是楚王的，身前、身后各有两个执戈卫士保护，所有这些，完全是楚王的规格。

傻瓜都能看出来，王子围有野心。

大家议论纷纷，王子围听在耳朵里，很得意。

"哈，各位不要乱说啊，这些都是令尹这次出来前向楚王借的。"伯州犁觉得事态有点儿严重，于是向各国大夫解释。

"嘿嘿，只怕有借无还吧。"各国大夫依然议论纷纷。

盟会结束，王子围宴请赵武。这次盟会，他准备把风头出足。

"我先来吟诵一首诗，元帅见笑啊。"王子围话说得客气，实际上不客气，不等赵武回答，先念上了，"明明在下，赫赫在上。天难忱斯，不易维王。天位殷适，使不挟四方。"

赵武一听，吃了一惊。俗话说得好：流氓不可怕，就怕流氓有文化。王子围这首诗出于《诗经·大雅》，名叫《大明》，是赞颂周文王取代商朝的。

从前，楚国人不玩这些，近些年才开始玩。王子围也算是有文化的人，当然不会平白无故念这首诗。

"这小子看来是迫不及待要篡位了。"赵武明白了，于是他念了一首《诗经·小雅》中的《小宛》："人之齐圣，饮酒温克。彼昏不知，壹醉日富。各敬尔仪，天命不又。"

这一段的意思就是：正派人少喝酒，酒喝多了容易做蠢事。老老实实认命吧，该干什么干什么。

王子围听出来了，这是在奉劝自己不要乱来。

王子围会听赵武的劝告吗？

332

回到楚国，王子围加快了行动的步伐。

首先，他派出弟弟公子黑肱和太宰伯州犁去楚、郑边境修城。

郑国人很惊慌，担心楚国人是不是要在这里派兵。不过子产很镇定，他看透了王子围的意图："大家不要怕，王子围的心思根本不在我们身上，他是要找借口除掉这两个人而已。"

到了当年冬天，王子围又到郑国去聘问，他怎么这么爱郑国？其实，聘问是假，目的是要在聘问之后回国的路上顺道视察修城的情况，找个类似"进度太慢"或者"惊扰友邻"之类的罪名，把那两位给咔嚓掉。

想得挺好，可是人算不如天算，还没出楚国边境呢，在宫内的卧底快马来报："令尹，大王重病。"

王子围一听，机会比想象中来得快啊，这还去郑国干什么？于是把聘问的任务就交给了副手伍举，自己赶回郢都去了。

来到郢都，王子围立即前往王宫探望楚王。果然，楚王卧病在床。

"你们都出去，我有要事向大王汇报。"王子围一声令下，把宫里的人都赶出去了。

大家平时就怕他，这时候谁敢不听？看见所有人都走开了，王子围来到床前。

"大王，病得怎么样？"王子围问。

"还、还成，吃了两服药，好些了。令尹有什么要事？"楚王的病不轻，但是也不是要命的病，类似重感冒而已。

"要事嘛，就是要命的事。"

"什么要命的事？"

"要你命的事。"王子围说着，眼中冒出了凶光，顺手从床上拿起一条缎带，勒在了楚王的脖子上。

楚王本来就身子虚，再加上王子围身高力大，哪里挣扎得了？

不一会儿，楚王便枉死宫中。

杀了楚王，王子围顺便把楚王的两个小儿子也都掐死了，这才堂而皇之离开了王宫。

楚王死了。

人人都知道是令尹王子围所杀，但是没有人敢说。王子围立即展开行动，捉拿自己的两个弟弟子干和公子黑肱，不过两人早有防备，子干逃去晋国，公子黑肱逃去郑国。

伯州犁消息不灵通，被王子围派人杀死。

清除障碍之后，王子围登基，就是楚灵王。他把被自己杀死的侄子葬在了楚国北部的郏地，因此历史上称其为郏敖。

楚灵王登基之后，任命薳罢为令尹，薳启疆为太宰。

同年，赵国的赵武卒了，韩起递补为中军帅。

楚灵王的野心自然不仅仅在楚国国内，他很想尝一尝当盟主的滋味。

"晋国人很肉嘛，根本没有传说中那么强，老子要压过他们，当真正的老大。"楚灵王下了决心，他的眼力还是不错的，晋国这一代领导人是很肉。

跟伍举一商量，楚灵王有办法了。

登基仅仅两年，楚灵王决定搞一次和平大会。这次和平大会就在楚国举行，到时候在自己的地盘上就不用跟晋国人争什么了，自己说什么就是什么，让晋国老老实实当老二。

有了这个想法，楚灵王开始行动了。

楚灵王三年（前538年）开春，郑简公和许灵公两个老冤家竟然同时到楚国朝拜，不期而遇。朝拜完之后，两人急急忙忙都要走。

第一五九章　王子围

"哎，两位，先别急着回去，我们楚国人好客，两位跟我一块儿去南方打猎吧，顺便给你们沟通沟通感情。"楚灵王下令了，说得客气，其实就是命令。

没办法，两个老冤家留在楚国，跟着楚灵王到江南打猎去了。

这一边打猎，那一边，楚灵王就派伍举去了晋国，要办两件事。

"我们大王说了，楚国、晋国是一家。其实，我们大王对于晋国的敬仰那是如滔滔江水。为了表达自己的景仰，也为了促进两国的友好合作关系，我们大王向贵国求亲，希望成为主公您的女婿。"伍举办的第一件事情是为楚灵王求亲，楚灵王始终有个想法，他总觉得各代楚王虽然牛，但是血统不够高贵，所以，他要从晋国娶老婆。

这个请求是无法拒绝的，不要说楚王，就算是宋国、陈国来求亲，这个面子也要给的。

"好，能够与楚国联姻，这是我们晋国的荣幸啊，我一定挑选一个出色的女儿嫁给楚王。"晋平公同意了，两个超级大国之间还从来没有通过婚，如果今后的楚王是自己的外孙，自己面子上也有光啊。

第一项任务完成了，伍举开始第二项任务。

"我们大王说了，多承贵国国君的恩惠，使得在宋国的和平大会顺利召开。盟约中说了，两国的盟国应该互相朝见。由于今年多灾多难，我们希望在楚国举办一次和平大会，晋国和楚国国君亲临，各国国君也都参加。如果贵国国君同意的话，请通知你们的盟国参加。"伍举要办的第二件事，就是请求晋国支持召开和平大会。

晋平公一听，什么？让我也去楚国？那不是找死？谁不知道王子围的德行啊。

"这个，和平大会五年一次啊，还没到时间呢。"晋平公找了这么个理由拒绝。

"嘻，其实吧，就是想让各国一次性朝拜两个国家的君主，大家都省事，也算是我们两个超级大国为大家做点儿实事。同时呢,这也是你们翁婿见面,一叙亲情的机会啊。"

"你等等,我们先商量一下。"晋平公打发伍举出去,召集卿大夫讨论。

六卿一听,全体反对,这摆明了就是楚国要当老大,要把晋国打成老二。

只有一个人认为应该同意,这人就是司马张侯。

"俗话说:欲让其灭亡,先让其猖狂。楚王干了很多缺德事,但是都很顺利,这是老天要惩罚他,所以故意让他先万事如意。既然这样,我们为什么不让他如意呢?他是在自取灭亡啊。如果我们让他受挫折,那等于在挽救他啊。"张侯的观点很独特,不过这倒符合不与楚国正面对抗的执政思路。

所以,大家都同意了张侯的说法。

于是,晋平公派了叔向去回复伍举。

"楚王的建议非常好,具有时代意义,我们主公很赞同。不过,因为国务繁忙,到时候不一定能抽出时间前往。至于其他的诸侯,是我们的盟国也就是楚国的盟国啊,不必征求我们的意见,楚国可以直接召集他们。"这是叔向的回答,实际上就六个字:"不反对,不参与"。

第一六〇章

楚灵王争霸

派了伍举去晋国之后，楚灵王把随同郑简公前来的郑国的子产请来了，他知道子产是个非常聪明的人。

"你帮我分析分析，晋国人能答应我们的要求吗？"楚灵王把事情大概说了一遍，然后问子产。

"没问题啊，晋国国君追求安逸，他们的卿又都很平庸很腐败，没有能力辅佐国君。"子产毫不犹豫地回答，楚灵王听了很高兴。

"那你说，诸侯会来吗？"

"大部分会来，只有卫国、鲁国、邾国和曹国可能不敢来。因为鲁国和卫国都要仰仗晋国，邾国和曹国分别依附于鲁国和宋国，这种场合他们不敢来。"子产分析得很到位，楚灵王直点头。

"那，我有什么要求都会如愿以偿吗？"

"求逞于人，不可；与人同欲，尽济。"(《左传》)意思是强迫别人是不行的，如果符合别人的意愿，那就没问题。

楚灵王没有说话，不过他在心里说："老子偏要求逞于人，让你们看看济不济。"

333

夏天，诸侯都来了。依照规矩，齐国可以不来，因此齐国没来。此外，卫国、鲁国、邾国和曹国没来。鲁国的借口是正碰上祭周公，时间冲突，卫国的借口是卫襄公有病，邾国和曹国的借口则是国内不安定。一切，都在子产的预料之中。

除了这几个国家，实际上重要的国家中也就郑国来了国君，宋国来了卿向戌，太子佐也随后赶来，其余与会者都是小国。

六月十六日，楚灵王在申地举行和平大会。会前，楚灵王特地找来伍举商量和平大会的方式。

"据我所知，礼法很重要。现在咱们要想让诸侯口服心服，就要合乎礼法，只有这样才能成就霸业。从前夏启有钧台的宴享，商汤有景亳的命令，周武王有孟津的盟誓，周成王有岐阳的阅兵，周康王有丰宫的朝见，周穆王有涂山的会见，齐桓公有召陵的出师，晋文公有践土的会盟，大王，您准备用哪一种？"伍举一通卖弄，搞得楚灵王晕头转向，就记住了晋文公的践土会盟和齐桓公的召陵出师了。

"那，就跟齐桓公一样吧。"想来想去，楚灵王觉得怎么也不能跟晋文公一样，那样会招来晋国人的嘲笑。

"好，那就把宋国的向戌和郑国的子产叫来，这两位学识渊博，他们知道怎样操作。"伍举说，原来他也不懂。

楚灵王把向戌和子产找来，果然这两位博学多才，把整个过程的礼仪说得清清楚楚。

"伍举，你就站在我身后，我有什么做得不对的地方，立即给我指出来。"

和平大会召开之前，楚灵王给伍举布置了任务。

"没问题，大王就放开胆子做吧。"伍举满口答应。

和平大会其实被搞成了盟会，大家宣誓尊楚国为老大。整个过程非常顺利，大家也想明白了，谁也不是傻瓜，谁也不吃眼前亏。

楚灵王的自我感觉很好，他把这次大会定义为"史无前例的成功"。

盟誓结束之后，楚灵王突然发现整个过程中伍举没有纠过一次错，看来自己的所有做法都合乎礼仪。

"嘿嘿，看见没有，礼仪这套东西，我一点就通，全做对了。"楚灵王很得意地对伍举说。

"啊，大王怎么知道自己全做对了？"伍举有些惊讶。

"我要是没全部做对，你怎么没有纠正我？"

"嘻，我没纠正你是因为我根本没见过啊，我不懂啊。"伍举恍然大悟。

"啊，原来是这么回事。"楚灵王也是恍然大悟，刚才的自豪感消失了一大半，他有些不高兴了，"既然你不懂，站在我后面干什么？"

"大王，我要不站在您后面，您能这么自信吗？您总不能让子产站您后面吧？再说了，您是盟主，您怎么做不都是对的？"

"哈哈哈哈，这话我爱听。"楚灵王又高兴起来，他喜欢伍举，觉得这人什么事情都能透过现象看本质。

盟誓仅仅是楚灵王这次和平大会的一个议题，接下来，楚灵王准备向诸侯展示武力。

七月，楚灵王让郑简公和宋国的太子佐先回国，而各国大夫留下来随同楚军东征，现场参观楚军攻打吴国。

太子佐有些郁闷，因为来得晚，楚灵王拒绝接见他，直接打发他回国了。

楚灵王原本想攻打吴国的跟班徐国，可是这次徐国国君好像有预感一样，竟然不请自来参加和平大会了。楚灵王没客气，把徐国国君给拘留了。

本身拘留徐国国君就有些说不过去了，如果再攻打徐国，那就太说不过去了。

所以，楚灵王决定攻打吴国。攻打吴国有两层含义，第一是炫耀武力，第二是做给晋国看，因为吴国是晋国的盟国。如果攻打吴国而晋国没有反应，也就等于晋国服软了。

谁也没有想到楚灵王会在和平大会之后出兵，诸侯没想到，吴国人同样没想到。结果，楚国大军一举攻克了吴国的朱方（今江苏镇江东丹徒南）。

随后，楚灵王屁股一扭，率领大军直取赖国（今湖北省随州东北）。赖国国君吓得半死，干脆来个裸奔，肉袒出降。楚灵王这次没杀他，接受了他的投降，然后把整个赖国迁移到了鄢。然后命令在赖地筑城，准备把许国迁过来。

到现在为止，楚灵王可以说是算无遗策，心想事成。来总结一下。

娶老婆，想娶郑国的就娶郑国的，想娶晋国的就娶晋国的。

盟会，想不歃血为盟就不歃血为盟；想在楚国召开就在楚国召开。

对诸侯，想扣留许灵公就扣留许灵公；想扣留郑简公就扣留郑简公；想不见太子佐就不见太子佐；想攻打吴国就攻打吴国；想杀庆封就杀庆封；想攻击赖国，赖国国君就裸奔；想把赖国迁走就把赖国迁走；想在赖国筑城就在赖国筑城。

对此，楚国大夫申无宇有一段精彩论述："楚祸之首，将在此矣。召诸侯而来，伐国而克，城竟莫校。王心不违，民其居乎？民之不处，其谁堪之？不堪王命，乃祸乱也。"

什么意思？楚王想怎么干都能干成，没有人能约束他、监督他，老百姓哪里还能安居乐业？老百姓不能安居乐业，他们就会无法忍受。老百姓无法忍受，国家不是就要乱了？

这段话告诉我们一个道理：如果统治者想做什么都能做成，并不是一件好事。

第一六〇章　楚灵王争霸

楚灵王的一系列炫耀加试探都没有引起晋国人的抗议或者不满，这让楚灵王多多少少也有些惊讶，不过这也给了他更大的信心，他决定彻底压制晋国人。

第二年的春天，楚灵王派遣令尹薳罢和莫敖屈生前往晋国迎亲，而晋平公派了中军帅韩起和上大夫叔向送亲。

老婆还没有送到，楚灵王就召集大臣们开会了。大家想这个时候开会，大概是研究婚礼的事情和怎样接待老丈人的使者之类的事情。可是，大家都错了。

"各位，晋国是我们的仇人，我爹的眼睛就是被他们射瞎的。如果能够报复他们，我们将不计后果、不择手段。现在他们派来了上卿和上大夫，如果我们砍了韩起的脚，让他守门；阉了叔向，让他当太监，嘿嘿，这样就羞辱了晋国人，我们也就算战胜了晋国人，各位觉得我这主意怎么样？"楚灵王的主意一说出来，一片哗然，这哪里是楚王，这分明还是原先那个无赖王子围啊。

所有人都觉得这个主意实在太缺德，好几代楚王都在尽心尽力地让楚国摆脱蛮夷形象，好不容易获得了诸侯国的初步认同，这位这么一搞，岂不是让历代楚王的努力前功尽弃？

没人说话，因为没人赞成；没人说话，因为谁也不敢反对。

最终，还是太宰薳启疆忍不住说话了："可。苟有其备，何故不可？耻匹夫不可以无备，况耻国乎？是以圣王务行礼，不求耻人。朝聘有珪，享眺有璋，小有述职，大有巡功。设机而不倚，爵盈而不饮；宴有好货，飧有陪鼎，入有郊劳，出有赠贿，礼之至也。国家之败，失之道也，则祸乱兴。城濮之役，晋无楚备，以败于邲。邲之役，楚无晋备，以败于鄢。自鄢以来，晋不失备，而加之以礼，重之以睦，是以楚弗能报，而求亲焉。既获姻亲，又欲耻之，以召寇仇，备之若何？谁其重此？若有其人，耻之可也。若其未有，君亦图之。晋之事君，臣曰可矣：求诸侯而麇至，求昏而荐女，君亲送之，上卿及上大夫致之。犹欲耻之，君其亦有备矣。不然，奈何？韩起之下，赵成、中行吴、魏舒、范鞅、知（智）盈；羊舌肸之下，祁午、张趯、籍谈、女齐、梁丙、张骼、辅跞、苗贲皇，皆诸侯之选也。韩襄为公族大夫，韩须受命而使矣；箕襄、邢带、叔禽、叔椒、子羽，皆大家也。韩赋七县，皆成县也。羊舌四族，皆强家也。晋人若丧韩起、杨肸，五卿、八大夫辅韩须、杨石，因其十家九县，长毂九百，其余四十县，遗守四千，奋其武怒，以报其大耻。伯华谋之，中行伯、魏舒帅之，其蔑不济矣。君将以亲易怨，实无礼以速寇，而未有其备，使群臣往遗之禽，以逞君心，何不可之有？"

这段话见于《左传》，因为非常精彩，所以原文照录。这段话什么意思？

大意如下：我看行。如果我们准备充分，有什么不行的呢？羞辱一个人都要防备报复，何况羞辱一个国家？说句老实话，人家晋国近年来待咱们不薄了，非常够意思，这样你还要羞辱人家？再说，人家晋国人才济济，兵力强大，你这样只能让他们团结一心，同仇敌忾，到时候，我们这帮给您打工的全要成晋国的俘虏了。没关系，你是老大你高兴，就这么干吧。

蘧启疆的话说得有点儿激动，一方面，确实有道理；另一方面，他对叔向一向很敬佩，两人关系也很好。

"打住打住打住，别再埋汰我了，我错了行不？"楚灵王这点好，不怕丢面子，当场认错，"那，现在讨论一下怎么招待老丈人家来的贵客吧。"

哄堂大笑，楚灵王的主意也变得太快了。

结果，韩起和叔向在楚国受到隆重招待。楚灵王一高兴，给韩起赠送了厚礼，但是没给叔向。为什么不给叔向？因为楚灵王听说叔向学识渊博，他要羞辱一下叔向。

于是，春秋版群英会开始了。

楚灵王大宴，召集了楚国大夫中能言善辩、学识渊博的人来，要出题考翻叔向。谁知结果是叔向从容应对，不仅对答如流，还把楚灵王的大夫们问得张口结舌。

"有学问啊。"楚灵王现在服了，他开始喜欢叔向了，于是也赠送了他厚礼。

334

晋国成了亲戚，天下诸侯都服气了，吴国人也被击败了，还有什么要干的？楚灵王还真有点儿犯愁。

楚灵王六年（前535年），发生了一件事情，这件事情给了楚灵王灵感。什么事情呢？

原来，楚灵王登基之后建了一个章华之宫，用来干什么呢？用来接纳各路逃亡人士，其中既有国外流亡人士，也有很多国内的犯罪分子。说起来，《水浒传》里的柴进就是跟楚灵王学的。

一天，申无宇的看门人犯了罪，逃到了章华之宫。申无宇去宫里抓人，结果人没抓到，自己反而被抓起来，送到了楚灵王那里。

"老申，你怎么敢跑到我的宫里抓人？胆儿肥了你？"楚灵王有些生气，质问申无宇。

说起来，楚灵王跟申无宇还有一段过节，那是楚灵王还是令尹公子围的时候，一次公子围搞了一面楚王才能用的旗子去打猎，被申无宇一剑把旗子给砍了，当时还斥责公子围怎么冒用楚王的东西。

不过楚灵王这点好，他不记仇，所以不仅穿封戌到现在没事，申无宇也没事，而且楚灵王还有些欣赏他。

"他偷了我的东西跑到了宫里，我不去宫里抓他，去哪里抓？当初周文王的法律规定：有人逃亡，四处去抓。楚文王也说过：窝藏逃犯和赃物，与盗贼同罪。如果用周文王和楚文王的法律，大王您也是盗贼了。"申无宇一点儿也不害怕，反过来痛斥楚灵王。

楚灵王有点儿傻眼，别看他横，碰上更横的，他真傻眼了，何况人家说得有道理。

"唉，算了算了，你走吧。不过给我个面子，人你就别抓了。"楚灵王服软了，提出妥协。

申无宇气哼哼地走了，算是给了楚灵王一个面子。

送走了申无宇，楚灵王来了灵感。这章华之宫是收纳罪犯的，那我再弄一个叫章华之台的，专门在这里招待诸侯，岂不是更有意思？

说干就干，楚灵王命令修建章华之台。

章华之台修好之后，请谁第一个来呢？晋平公？那肯定不来；齐景公？那肯定也不来。干脆，请鲁昭公算了。

于是，楚灵王派了薳启疆去请鲁昭公。

薳启疆去了鲁国，对鲁昭公说："昔先君成公，命我先大夫婴齐曰：'吾不忘先君之好，将使衡父照临楚国，镇抚其社稷，以辑宁尔民。'婴齐受命于蜀，奉承以来，弗敢失陨，而致诸宗祧。日我先君共王引领北望，日月以冀。传序相授，于今四王矣。嘉惠未至，唯襄公之辱临我丧。孤与其二三臣，悼心失图，社稷之不皇，况能怀思君德！今君若步玉趾，辱见寡君，宠灵楚国，以信蜀之役，致君之嘉惠，是寡君既受贶矣，何蜀之敢望？其先君鬼神，实嘉赖之，岂唯寡君？君若不来，使臣请问行期，寡君将承质币而见于蜀，以请先君之贶。"

这段话见于《左传》，之所以又是原文照录，在于这又是一段经典的话。实在太精彩，因此不忍舍弃。

看看文中用了多少拍马屁的话，就知道薳启疆忽悠得有多么精彩，基本上就是说：您要是不去的话，我们楚国人都不想活了。

但是，最后一句，薳启疆来了一点儿威胁：您要是不去的话，我家大王就会带着礼物来拜会您了。潜台词就是：我家大王就会领兵来打您了。

话说到这个份儿上,马屁拍得肉麻,威胁小小点缀,鲁昭公说什么也不能不去了。

薳启疆,伟大的文学家也;薳启疆,伟大的外交家也。一个字——"牛"。

四月,鲁昭公到了楚国,楚灵王非常高兴,就在章华之台举行国宴招待。

为了招待鲁昭公,楚灵王特地把章华之台的服务生全部换成了高大魁梧的男人,以此显示楚国的力量。

除了显示力量,楚灵王还卖弄文化,上次从子产和向戌那里学来的周礼经过消化吸收之后,运用得更加恰当,连鲁昭公都感到惊讶,鲁昭公的随从们都自惭形秽。于是,鲁国人从一开始的敬畏到后来是真的很佩服楚灵王了。

楚灵王非常高兴,正是酒逢知己千杯少。

喝多了的时候,楚灵王就觉得鲁昭公很够朋友,于是让人拿出自己珍藏的一把稀世宝弓,叫作大屈。

"老鲁,听说过这个吗?这叫大屈,天下最好的弓。"楚灵王卖弄,递给鲁昭公。

"哎哟,听说过啊,真是闻名不如见面,确实是一把好弓。"鲁昭公倒不是恭维,把弓拉开,手感出奇地好,这确实是一把宝弓。

"那什么,送给你了。"楚灵王高兴,再加上喝多了,就送给了鲁昭公。

"多谢多谢啊。"鲁昭公没有推辞,因为他知道楚国有很多宝贝,自己不用客气。

当晚,尽醉而归。

第二天酒醒之后,楚灵王想起来自己把大屈送人了,这叫一个后悔。别忘了,王子围是出了名的财迷,什么东西舍得送人啊。

楚灵王把薳启疆找来了,几句废话之后,就说起大屈的事情,说是昨天一激动送出去了，如今想要回来，可是不好意思去要，怎么办？

"要不，咱派人扮强盗抢回来？或者，派人偷回来？"楚灵王想了这么两个办法，可是，都觉得不大妥当。

"大王，我就知道你会后悔，昨晚使劲给你使眼色，你都没搭理我。"薳启疆当时就批评楚灵王，他知道，对楚灵王，别客气。

"我喝多了，哪里看得到？快想办法吧。"

"算了，这事情交给我了，大王你别管了。"看，薳启疆会者不忙。

"交给你了啊，弄不回来，扣你三年俸禄。"

薳启疆找到鲁昭公，鲁昭公正在那里欣赏大屈呢。见薳启疆来，急忙叙礼。

"恭贺主公啊。"薳启疆说。

"有什么好恭贺的？"鲁昭公没弄明白。

"恭贺主公得到这把大弓啊，不瞒主公说，这把大弓，吴国人和齐国人都垂涎已久，吴国人总是攻打我们，就是为了这把弓；晋国国君把女儿嫁给了楚王，也说要这把弓，大王没舍得给他。所以主公回去把这把弓收藏好了，还要防备这三个国家的入侵。不管怎么说，还是祝贺主公。"薳启疆搞了这么一段。

鲁昭公一听，吓了一跳，这哪里是宝物，这不是祸水吗？再想想，昨天楚王刚给自己，今天薳启疆就来说这个，不是明摆着想要回去吗？早听说楚王是个财迷，看来真是这样。

"那什么，这么危险，我不要了，麻烦先生帮我还给楚王吧。"鲁昭公想明白了，主动退还。

"那不行，大王给的，怎么能要回去呢？"薳启疆还要做做样子。

"不是大王要，是我主动归还啊，这么贵重的东西，我们不配啊。无论如何，请你帮帮忙。"

第一六〇章 楚灵王争霸

"这，大王会责怪我的。"

"楚王要责怪你，我去帮你解释。"

"那，我试试吧。如果大王还让我退给你，那可就没办法了。"

"多谢多谢。"

天不怕，地不怕，楚灵王真的谁都不怕？不然，其实楚灵王始终对一个人心存敬畏，谁？穿封戌。

楚灵王七年，陈国内乱。于是楚灵王借机灭了陈国，把穿封戌封为陈公，这个级别一般只有王子能够达到，是楚国的一等爵位。为什么这样封赏穿封戌，楚灵王自己说了："这家伙很耿直，不拍马屁，不畏权贵。"

等穿封戌来当面受命的时候，楚灵王问他："老兄，你要是知道我今天能当大王的话，那时候你还敢追杀我吗？"

穿封戌回答："我要是知道你有今天，那时候我拼了老命也要杀了你，让楚国安定下来。"穿封戌还跟从前一样，看见楚灵王好像看见了王子围，一点儿也不客气。

"哈哈哈哈，你一点儿都没有变，我喜欢。"楚灵王哈哈大笑，他就喜欢穿封戌，他就不喜欢伯州犁。

说起来，楚灵王其实也有可爱的一面。

从登基到现在，楚灵王一切顺风顺水，俨然要成为新一代的霸主。

但是，别忘了那句话：谁猖狂，谁灭亡。

楚灵王，其实已经成了别人的猎物。网，在慢慢收紧。

北面，晋国人警惕地盯着楚灵王；东面，吴国人摩拳擦掌，随时来犯。那么，究竟谁在瞄准着楚灵王呢？